Scrittori italiani e stranieri

Mauro Corona

Quattro stagioni per vivere

ROMANZO

MONDADORI

Dello stesso autore in edizione Mondadori

Favola in bianco e nero
I misteri della montagna
Una lacrima color turchese
La voce degli uomini freddi
Guida poco che devi bere: manuale a uso dei giovani per imparare a bere
Venti racconti allegri e uno triste
Come sasso nella corrente
La ballata della donna ertana
La fine del mondo storto
Torneranno le quattro stagioni
Il canto delle manére
Storia di Neve
Le voci del bosco
Cani, camosci, cuculi (e un corvo)
I fantasmi di pietra
Vajont: quelli del dopo
L'ombra del bastone
Storie del bosco antico
Aspro e dolce
Nel legno e nella pietra
La via del sole
Nel muro
Il passo del vento. Sillabario alpino (con Matteo Righetto)
L'ultimo sorso

Questo romanzo è frutto dell'immaginazione. Gli eventi di cronaca e i personaggi realmente esistenti o esistiti sono trasfigurati dallo sguardo del narratore. Per il resto, ogni riferimento a persone e fatti reali è da ritenersi casuale.

mondadori.it

www.maurocorona.it

Quattro stagioni per vivere
di Mauro Corona
Collezione Scrittori italiani e stranieri

ISBN 978-88-04-74612-6

Pubblicato in accordo con MalaTesta Lit. Ag. Milano
I edizione marzo 2022

Quattro stagioni per vivere

A Valerio Quinz,
guida alpina eccelsa e galantuomo

AUTUNNO

Novembre

Sto accucciato ai piedi di un abete bianco, le mani dietro la testa. Sopra il bosco, tonda e chiara, la luna di novembre. Mi sta guardando, bella e luminosa, non fa freddo, pensavo peggio.

Quassù, a milleottocento metri di quota, la luna si muove, vuole vedermi il muso. Forse le faccio pena, cerca di aiutarmi. Per adesso me la cavo, ma temo l'inverno. Quando i cani del gelo morderanno il mio corpo mi chiedo come farò a resistere.

Il paese è laggiù in fondo allo sbrego della valle, dove vagano lenzuoli di nebbia. Lo nascondono ma io lo vedo, lo sento come un cattivo odore. È un paese piccolo, acido, ci si conosce tutti. Metà degli abitanti non parla con l'altra metà. Antiche ruggini, contrasti che sono passati in eredità di padre in figlio, come un bosco, un prato, la caldera per il formaggio. "Io sto per crepare, ma tu a quello devi fargliela pagare. La vendetta che non ho fatto io, devi finirla tu." Così dicono i moribondi, altro che pentirsi. Altro che paura dell'inferno! Astio e odio portati avanti nel tempo, la parola "perdono" mai pronunciata. Assente, sconosciuta: se qualcuno la conosce, ne ignora di proposito il valore.

Laggiù, tra quelle case affumicate e sporche, c'è due osterie. Metà degli abitanti non entra in una, l'altra metà non va nell'altra. Vecchie storie, faide silenziose che portano dentro l'anima da anni. Le allevano da piccoli. Nutrono con tenacia il cancro dell'odio. Non si rendono conto che alla fine se li mangerà vivi. Rabbie e rancori, ficcati nel corpo come spine avvelenate, creano malattie mortali. Intanto il tumore li lascia vivi, a consumarsi nel fiele livido della loro anima sporca. Ogni mattina uscivo di casa per andare all'osteria. Io frequentavo l'una e l'altra, non facevo differenze. Appena fuori dalla porta, guardavo la bacheca di legno per vedere se c'era appeso qualche annuncio funebre. A volte c'erano, e a volte ero contento che uno fosse appeso lì. Anch'io ho la mia parte di odio: "Spero abbia tribolato forte prima di allungare i piedi". Guardavo la faccia nella foto inchiodata alle assi. "Finalmente è crepato, quel bastardo." O bastarda, era uguale. A volte mi dispiaceva, quello della foto era un amico. O amica. Pochi in verità. Ora che son qui, sotto un abete bianco, vedo anche la mia faccia inchiodata a quelle assi. Una bella foto, magari di quando ero giovane. So che qualcuno le ha, le tiene in un cassetto. È una donna. Il tempo che restammo innamorati le regalavo il mio volto. Non avevo altro. Ero povero, e sono rimasto povero. Le foto me le faceva un amico. Gratis. Uno di quelli che ho visto attaccato alla bacheca, uno di quelli che mi è dispiaciuto vedere lì. Nelle foto ridevo quasi sempre, ora non più. Non si ride di fronte alla morte. Se mi fanno un ritratto adesso prendono paura. Ansie, sofferenze, dolore ti scavano la faccia come la sgorbia dello scultore. Io però lo scavo me lo sono procurato. Il mio cranio è smagrito per colpa mia. Prima o dopo verrà annunciata anche la mia morte. E non perché anziano. Ho cinquantasei anni, ma dopo quel che è successo difficile diventi vecchio.

Però, giuro su mia madre morta, venderò cara la pelle. Non li temo quei bastardi. Paura ne ho, chi non ha paura di morire alzi la mano. A pensarci bene, vista la vita ultima, a uccidermi mi fanno un favore. Altrimenti, se va come spero, il favore lo faccio io a loro. Vediamo chi è più forte, furbo e fortunato. In questa faccenda occorre avere fortuna. Bravura e forza non bastano, come in tutte le cose.

Mi ficco nel sacco a pelo, fa un po' freddo, la luna è andata dall'altra parte, poco più in là. Canta un gufo reale, il barbagianni gli risponde. Sono entrambi sull'abete bianco. Mi fanno compagnia, come la luna, come questi boschi e queste montagne che conosco da una vita.

Ma anche loro li conoscono, palmo per palmo. Intendo i fratelli Legnole. Quelli son venuti a sapere e non perdonano. Per mandare avanti il perdono al posto della vendetta occorre avere testa. Loro hanno solo un ciocco di legno impiantato sulle spalle. Alti due metri, sono gemelli. Cacciatori e bevitori, senza donne. Come me, peggio di me. Quei due se prendono una donna la disfano. Vedevo come le fissavano. Io sto attento a come guarda la gente. Impari molte cose, capisci i caratteri studiando gli sguardi. Me ne intendo di persone come di animali. Un tempo io e quei due eravamo amici. Compari di caccia e bevute. Ora non più. Mia mamma, riposi in pace, non voleva quell'amicizia. Me lo ripeteva sempre. «*Svalt, no impirète co chi doi, lassi stè.*»[1] A me, dico la verità, parevano a posto. Almeno credevo, di sicuro non pericolosi. Vai a pensare, tu. Invece sono cattivi. Per essere buoni bisogna essere intelligenti. Per conoscere le persone devi fargli un torto. Io a loro gliel'ho fatto e non l'han presa bene. Qualcuno ti perdona e sorride, qualche altro giura vendetta. Ti vuole ammazzare.

I gemelli Legnole hanno circa la mia età. Cinquantadue anni per uno. A guardarli, non sai chi è uno o chi è l'altro. Sono uguali, due gocce d'acqua. Si chiamano Gildo e Gianco. Gianco sarebbe Gianfranco, ma va bene così. Da qualche tempo mi braccano per farmi fuori. Vogliono uccidermi, gli ho fatto un torto. Un torto da niente, roba da poco, ma va-

[1] Osvaldo, non metterti con quei due, lasciali perdere.

glielo a spiegare tu. Se non fossero ignoranti e vendicativi, avrebbero capito. Invece no, non hanno capito, non vogliono capire né sentir ragione. Gli ho rubato un camoscio e non l'hanno presa bene. Ma perché io, cacciatore come loro, se non più bravo, ho rubato un camoscio ai fratelli Legnole?

La storia è lunga. È questa qui.

Si era appena ammalata mia mamma Pilina. Era grave, forse moriva, e vederla così mi doleva il cuore. Io e mia mamma eravamo un albero solo, si mangiava dalle stesse radici. Come tanti figli, non ho mai conosciuto mio padre. E lei, mia mamma, non ha mai voluto dirmi chi l'aveva messa incinta. È morta senza dire il nome. Quando ero piccolo era quello così e quello cosà. Ascoltavo senza capire a chi si riferivano. So che ridevano, questo me lo ricordo. Comunque, di mio padre ho fatto a meno volentieri, sentivo che non serviva. Mi bastava la mamma. Fu per lei che rubai il camoscio ai fratelli Legnole. Era malata, stava per morire. Io non sapevo che stava per morire. Lo seppi quando morì. Pensavo se la cavasse, era sempre stata forte. In ultima rimaneva sempre a letto. Un giorno sospirò che desiderava una scodella di brodo.

«Accoppo il gallo» dissi prontamente.

«Camoscio, brodo di camoscio» sospirò, «non di gallo.»

La guardai come se la vedessi per la prima volta. Ed era vero. Con quegli occhi e quella faccia, e quelle mani di neve, non l'avevo mai vista.

«Mi ci vuole almeno un giorno a prendere il camoscio» le dissi.

«Anche due» rispose forzandosi a sorridere, «purché sia camoscio, sento che mi farà bene.»

Allora, quella stessa notte mi avviai alle porte di Gea, dove stavano i più bei camosci del mondo. A tener compagnia alla mamma, lasciai una donna, fidata, pregandola di stare attenta e non mollarla un minuto.

«Io la guardo» promise, «ma mi dai un po' di carne quando torni.»

«Ti regalo il camoscio intero» dissi, «ne tengo solo un poco per il brodo.»

La donna mi guardò. «Non intendevo questo, ma va bene così, prenderò il camoscio.»

Giunto alla spalla del Duranno albeggiava, quando sentii un colpo di fucile. Mi nascosi sotto un mugo a spiare. Vidi i fratelli Legnole che trascinavano un camoscio per le corna. Era intorno ai primi di novembre, periodo ideale per quella selvaggina. La montagna era pulita e limpida come vetro lavato. Si preparava a ricevere l'inverno, l'amante gelido abitava poco lontano. Un corvo imperiale fece *cra* a sinistra della mia testa, come volesse avvertirmi di qualcosa. Guardai da quella parte. Vidi Gildo e Gianco Legnole nascondere il camoscio dentro una scafa di roccia e coprirlo con dei mughi. Poi s'avviarono verso le cime Centenere. Pensai che volessero prenderne un altro prima di tornare a casa. E non sbagliavo. Quando si è in due si torna con due bestie, in tre con tre, e così via. Non mi pareva vero avere già il brodo per la mamma. Lasciai che si allontanassero un bel po'. Cavai l'animale dal buco e mi avviai verso casa. Due giorni di fatiche sparagnate, pensai. Avessi solo immaginato che quel gesto mi avrebbe procurato mesi di fatiche, paure, freddo e fame, altro che due giorni! Una volta a casa, spellai la bestia nell'angolo del portico.

Passò Tin della Gioba che tornava dalla stalla: «Ostia, già tornato col camoscio?».

«Colpo di fortuna» dissi, «era qui vicino.»

Penso sia stato lui a dire ai Legnole che scuoiavo un camoscio. Forse anche no, magari mi avevano visto o immaginato. Non lo so, chi può dire come successe. Sta di fatto che da allora i gemelli mi cercano per farmi fuori. Ho tentato di rabbonirli mandando loro biglietti di scuse dopo che mi avevano sparato sulla costa dei Puntàles. Fu quel giorno che capii l'antifona. Mancarono il bersaglio per un pelo, la pallottola tranciò il ramo sopra la mia testa. In un altro biglietto chiedevo di essere perdonato. Che gli restituivo due camosci. Gli facevo recapitare i messaggi da un ragazzo al quale insegnavo la caccia. Questo tornò con un biglietto dei gemelli. Diceva: "Presentati a casa nostra a dimandare perdono, vedarai che sarai perdonato a dovere". Avevano scritto "vedarai" e "dimandare", sono quasi analfabeti. Non che io sia tanto meglio ma un po' ho studiato, a scrivere me la cavo e anche a parlare con la gente. Ma adesso con le persone parlo poco e niente, devo stare nascosto o quelli mi fanno fuori. Però giuro che gli renderò la vita difficile. Potrei ucciderli io, subito, non è che mi manchino armi e determinazione. Ma sacramento, per un camoscio devo ammazzare due persone? Anche se non li stenderei per il camoscio bensì per salvarmi la pelle. Neanche pensare a roba simile! Eppure Gildo e Gianco vogliono ammazzarmi per un camoscio. Questo è. Vagli a dire tu che ho rubato spinto da necessità, che ero alle strette, che mia mamma moriva e che qua e che là. I gemelli capiscono la ragione loro, quella dell'istinto. E l'istinto è privo di logica come ne son privi i fratelli Legnole.

Mia nonna insegnava il bene e tra quel bene stava il non rubare. Doveva sapere però che a volte sei costretto a fare cose che non stanno nel bene. Tante volte. Lo sapeva di sicuro, ma intanto esortava a non fare quel che andava contrario ai Comandamenti. Io di quei dieci consigli me ne frego. Quante volte sono andato contro i Comandamenti? Sempre. Ho desiderato la donna di altri, ho fornicato, non ho onorato un padre ignoto. Ho bestemmiato, non ho mai santificato le feste. Eccetera. Ma rubato non avevo mai rubato, posso giurarlo. Finché non è successo. Le malagrazie se non ti cadono in testa sembrano lontane. Invece stanno fuori dalla porta pronte a entrare. A parte qualche ciucca e conseguenti diverbi originati dalla ciucca, sono un tipo tranquillo. Un uomo che adesso si trova in guerra. Bene, vediamo chi la vince allora questa guerra.

Dopo aver fatto il brodo a mia mamma, regalai carne di due tipi alla donna che l'aveva accudita. Fu lei a dirmi che i Legnole mi cercavano. Aspettavano in piedi all'osteria Pilin.

Andai a pregarli di lasciar perdere, passarci sopra. Gli avrei dato un camoscio grande il doppio o due. Mi guardarono come fossi già morto. Dico che se non c'era gente là dentro, gente che beveva, mi avrebbero fatto fuori sul posto. Di sicuro accoltellato. O strangolato, essendo in due potevano farcela. Quelli i fucili li tengono nascosti, non li portano in giro. Quando eravamo amici mi dicevano tutto, sapevo dove avevano l'arsenale. Adesso sicuro hanno cambiato posto, perché non glieli rubi. Comunque se vogliono accopparmi basta la roncola, la manèra, il piccone o il coltello. I fucili fanno baccano, meglio usarli per i camosci. Eppure mi hanno sparato già tre volte. Eravamo però fuori dalle orecchie del paese. Ho anche avvertito la legge di questa faccenda. Sono andato nella città dei coltelli apposta per avvertire. Mi hanno risposto che finché non c'è sangue non possono fare niente. Va bene, allora, penso che avranno sangue. Intanto sono qui, sotto un abete ad aspettare che finisca in qualche modo, così non posso vivere. Loro sanno che sono scappato, che brancolo in fuga giorno e notte. Non è facile. Quei bastardi conoscono quanto me i posti dove nascondersi. Sarà dura portarla fuori, soprattutto 'st'inverno quando si lasciano tracce, e fa freddo e non potrò accendere il fuoco. Ho però un vantaggio, sono loro a cercarmi. Basta che stia fermo, nascosto bene, e li vedo prima. Posso spararargli prima io. Il problema è che non voglio ammazzarli per un miserabile camoscio. Mai e poi mai una roba simile, l'ho già detto. Loro invece lo farebbero, mi cercano per quello. Vediamo come andrà a finire, forse gli passa, lasceranno perdere. Chissà.

Potrei andare via, scappare all'estero, mestieri ne so fare più di uno, dal muratore al carpentiere. Sono boscaiolo, so montare teleferiche, e un poco me ne intendo di falegnameria. Ma no! Sono nato qui e qui crepo. Andare via è dargliela vinta, qui ho ricordi, belli e brutti, e sono miei. Mia mamma è sepolta lì sotto. Dove posso andare io con queste radici elastiche che mi tirano indietro, che mi riportano al paese? Penso all'inverno. Come farò a resistere? A scaldarmi, arrostire la carne, far da mangiare, sciogliere neve?

Intanto dormo qui, sotto l'abete, ho un buon sacco a pelo e vestiti, col binocolo posso tener d'occhio un bel tratto di montagna. La luna se ne sta andando più in là, come se volesse lasciarmi in pace. Quale pace? Mi lascia solo. Compaiono nuvole scure, piene d'inchiostro. Forse paiono così perché manca la luna. Quelle nubi inquietanti vengono giù, s'appoggiano alla mia vita, trapassano i rami dell'abete potandoli come avessero la roncola. Mi tiro il sacco a pelo sotto il mento, le nuvole si sbregano dilaniate dai rami e inondano l'anima d'inchiostro. Un mosto denso e crudele ingolfa la notte, che non riesce a berlo fino in fondo. Una sola cosa mi consola: con questo inchiostro impenetrabile non credo si avventurino a cercarmi. Sono pure loro di carne e ossa. È vero che essendo idioti patiscono meno, ma c'è un limite anche per i cretini.

Mi chiedo come sia possibile che stia succedendo tutto questo. Un camoscio vale una vita umana? Gente così andrebbe davvero tolta dalle spese. Gente che ti ammazza per un camoscio andrebbe anticipata.

Mi son fatto un letto di rami. Solo punte, che sono tenere, e mi sollevano dalla notte e dalle mie angosce. Sono tornato qui perché è un posto sicuro, e perché poco tempo fa sotto quest'albero è iniziata la mia vita alla macchia. Mia mamma non voleva che bestemmiassi ma io le tiro secche. In questa situazione mi viene da insultare quel dio che permette certe cose. E pensare che più di quarant'anni fa avevo letto un libro dove due fratelli inseguivano un uomo per ammazzarlo. E vi riuscirono, lo accopparono a coltellate. Mai avrei immaginato che la stessa sorte toccasse a me. La vita è incredibile, ha più fantasia dell'invenzione. Quei due cercavano l'uomo armati di coltelli, i Legnole sono armati di tutto. Credo abbiano anche bombe residuate dalla guerra.

Ho esplorato la montagna in ogni anfratto. Credevo di conoscerla, invece no. Quando non sei in pericolo vedi col paraocchi, hai bisogno di conoscere quel po' che ti interessa e basta. Invece, quando la montagna ti serve a portar fuori la pelle, cominci a studiare i minimi particolari. Io ho dovuto farlo. Adesso so bene dove posso accendere un fuoco senza che lo vedano. Ho scoperto forre, caverne, budelli e foibe che accettano il fuoco senza soffocare chi lo accende. Hanno dei camini naturali che portano il fumo all'esterno di nascosto. Non si vede. Quando esce è consumato, estenuato, finito. Aria trasparente nell'aria. Ho trovato una foiba che mi ha lasciato senza fiato. Sono sceso per almeno ottanta metri e laggiù c'era un piano con un masso nel mezzo, come un altare. E una pozza di acqua limpida e fresca, buonissima da bere. E poi due scheletri, uno per terra, l'altro in una nicchia della roccia. Tracce di fuoco in un angolo e bottiglie vuote. Lì era stato il luogo segreto di quei due scheletri che presumo uomini. Non saprò mai perché erano finiti a morire laggiù. C'era anche della legna, vecchia, dura e secca come ossa. Ho acceso un fuoco e sono corso fuori a vedere. Fumo niente, neanche un pelo. Quello era uno dei posti giusti, forse il migliore. C'erano, ora che ci penso, anche ossa di animali di varia grandezza. L'altro momento in cui posso accendere il fuoco è quando si alza la nebbia. Allora sì che mi sento al sicuro. Ma la nebbia non c'è sempre, quindi devo trovare più luoghi dove poter accendere un fuoco senza che si veda da lontano. Tocca spostarmi di continuo, non posso fermarmi in un posto. Quelli mi trovano, devo farli dannare, confonderli, portarli fuori via. Il difficile verrà con la neve, quando rimane traccia anche di una pisciata. Figuriamoci le scarpe. Quei due le peste le sanno seguire come cani da tartufo. Niente spostamenti su neve fresca. Solo dura. Ma la neve per indurire ci mette giorni, a volte settimane, anche un mese. E poi magari, appena indurita, cade quella nuova e siamo daccapo. Allora dovrò muovermi di continuo, io davanti, loro dietro. Seguano pure le tracce, vediamo chi cade prima. E la neve avrà anche un vantaggio: potrò seguire la via degli animali e procurarmi da mangiare. La caccia risulterà più facile. Alla fine, per un verso o per l'altro, tutti sono seguiti da qualcuno che vuole farli fuori. Il cane e il gatto, il gatto e il topo, il pesce grosso e quello piccolo, la serpe e la rana, l'aquila e la serpe, l'uomo e la donna, la vittima e l'assassino. E avanti così.

Se non fosse in ballo la mia vita, sarei molto intrigato dalla sfida. Mi piacerebbe portarla avanti, vedere chi la spunta. Non per ucciderli, ma per farli crepare di rabbia. Prendere in giro due feroci imbecilli come i Legnole è un privilegio. Ma c'è di mezzo la pelle e allora mi piacerebbe che questa faccenda non finisse nel peggiore dei modi. Vorrei non fosse mai cominciata.

Novembre stringe i suoi nodi, spezza le ossa alla natura. Vedo i boschi cambiare volto giorno dopo giorno. Un mese fa mi tenevano compagnia i colori. Fiamme, fuochi e bandiere di ogni tinta ardevano agitati dal vento d'autunno. Se tirava forte, sentivo scrosci di foglie come quando si rovescia un secchio d'acqua. Poi si son messe pioggia e grandine a terminare il lavoro e foglie appese non ce n'è quasi più. Un poco per volta, posso guardare attraverso i boschi, perché sono spogli. Questo è un punto a mio svantaggio. In situazioni simili puoi vedere un capriolo a un chilometro. Sul limitare della foresta si stagliano gli animali come sagome di cartone nel teatro. Tanto meglio, perciò, si può scoprire un uomo. Ma c'è anche un lato positivo: sulle foglie morte gli scarponi non lasciano tracce. Non è poco.

Io me ne intendo di vita all'aria aperta. Ho cominciato

da bambino. Stavo fuori giorni con i bracconieri a tendere ai camosci. E altra selvaggina, a seconda delle stagioni. Ma con quei due lì c'è poco da scherzare. La sanno lunga in quanto a vita nei boschi. Mi viene in mente un libro letto molti anni fa, quando ero giovane. Si intitolava proprio *Vita nei boschi* ma, devo dire, non imparai molto su quelle pagine. La vita che facevamo qui era molto più dura e anche pericolosa. E nessuno veniva a trovarci per chiacchierare come capitava all'autore. Ora cerco di prender sonno, ma con un occhio solo e il fucile di fianco. Mi sono svegliato al canto dei ciuffolotti, che sembrava un avvertimento. Coi loro *pit* pareva volessero dirmi "Stai attento, stai attento". Quegli uccellini, buoni e tranquilli, non migrano. Rimangono con noi, a tenerci compagnia in tutte le stagioni. Ho masticato un po' di carne secca e bevuto da una pozza. Anche l'acqua più avanti diventerà un problema. La neve coprirà il terreno, e le sorgenti geleranno, anche se mai del tutto. L'acqua si apre sempre un varco, non può soffocare compressa in qualche buco. L'acqua è ribelle, niente la tiene prigioniera.

Ho sentito uno sparo lontano. È stagione di camosci, forse sono i Legnole in battuta. Chi può dirlo? Oppure bracconieri o cacciatori regolari. Da qualche tempo, quando sento sparare, penso a me. Mi vedo colpito a morte rotolare da un costone, come ho visto tanti camosci.

È appena dopo il mezzodì, ho puntato il binocolo sulla gobba del Vedorcia. E li ho visti. I gemelli Legnole andavano a caccia. Di chi? Bestie o me? Lasciata la roba sotto l'abete bianco, ho preso il fucile e mi sono diretto verso di loro. Voglio vedere, ho pensato. Gli sono arrivato a duecento metri. Ho puntato il fucile a cannocchiale sulla faccia brutta di Gildo e poi su quella altrettanto brutta di Gianco. Sono gemelli, quindi brutti uguale.

Hanno teste piccole, nasi grossi e schiacciati come avessero fatto i pugili. Invece no, da giovani hanno fatto boxe tra di loro. Si picchiano anche oggi che non sono più giovani. Hanno il labbro inferiore più in fuori di quello sopra, come una gronda che sporge. Ma il tratto distintivo di quella faccia sono i capelli. Gli spuntano dove finisce il naso, in pratica non hanno fronte, è completamente coperta da questi capelli che sembrano chiodi infissi in un melone. Li portano rasati a zero, estate e inverno. Ora tendono al bianco. I capelli sono l'unica cosa che invidio a quelle belve umane.

Ho cinquantasei anni e ne ho persi parecchi. Ma sto bene così, visto che non ho intenzione di mettermi con donne o sposarne una. Perché con le donne devi essere bello. Quando mi serve sfogo, so dove andare a cercarle, e pagarle. Un amico morto giovane, perché beveva troppo, mi diceva spesso: «Svalt, finché vendono la carne al chilo, non prendo la vacca intera».

Ma torniamo a prima, quando tenevo sulla mira del fucile le facce sporche dei fratelli Legnole. Ho finto più volte di premere il grilletto. Volendo, li avrei stesi senza che nemmeno se ne accorgessero. Erano lontani dal paese un'eternità, bastava buttarli in qualche forra e chi s'è visto s'è visto. Per un attimo ho avuto la tentazione di sparare. Poi mi sono ravveduto. Anche perché son curioso di sapere come andrà a finire. Dopo un'oretta ho fatto dietrofront e sono tornato sotto l'albero. Nel frattempo, ho continuato a seguirli col binocolo, che non venissero dalla mia parte.

Dicembre

Son passati quasi due mesi da quando me ne son andato da casa. I due bastardi non mollano. Sta per finire dicembre, mi sto attrezzando per l'inverno. Non sarà facile, ma ho trovato alcuni posti buoni per resistere senza patire troppo o crepar di freddo. Sono tornato in paese quattro volte, di notte, mentre pioveva, per recuperare il materiale che serve a un fuggitivo. Laggiù ho tre amici fidati, il resto traditori, vigliacchi e invidiosi.

Finora niente neve, una fortuna da non credere. Quando verrà, tutto sarà più complicato. Come ho detto, il problema saranno le tracce. Ma per questo ho una mezza idea. Terrò continuamente d'occhio i percorsi fatti. Quando vedrò i gemelli seguir le mie peste coi crani bassi, gli darò l'altolà. Se muovono un solo passo oltre, mi metto a sparare. Un paio di colpi sopra quelle teste marce. Niente di serio, solo perché capiscano che non scherzo nemmeno io. È l'unico sistema per bloccare l'inseguimento. Se poi non si fermano e insistono, be', staremo a vedere. Cancellare le scarpe sulla neve è impossibile, far sparire la direzione peggio ancora. Devo respingerli con le brutte a costo di arrivare al peggio. Verso fine novembre mi hanno sparato due colpi. Non credo volessero uccidermi. Quelli sono ottusi ma il bersaglio non lo mancano. Forse volevano mettermi paura. Invece mi han messo terrore. Ero giù nel vallon de Buscada, loro sono sbucati dalla cengia di Barùch. Avevo preso il camoscio e gli stavo togliendo le budella. Con quella carne avrei tirato avanti un bel po'. Sono lì che cavo questo intestino quando sento una fucilata. I sassi vicino a me vanno in frantumi. E poi una seconda. La palla si schianta sopra la mia testa rompendo la croda. Mollo la bestia e salto in un anfratto al riparo. Guardo. Li vedo calare verso di me, fucili spianati. Faccio per prendere il mio, mi accorgo che sta vicino al camoscio. Sono morto, ho pensato. Loro intanto scendevano. Allora, quando ho capito che era finita, ho aspettato che guardassero dove mettevano i piedi. Anche loro dovevano badare ai passi. D'un balzo ho raggiunto il fucile, e poi son tornato nell'anfratto. E ho aperto le danze. Mica volevo ucciderli. Sparavo attorno a loro, dovevi vederli come saltavano. Erano allo scoperto, io al sicuro nell'anfratto. Non hanno più sparato, stavano messi male. Sono scappati come camosci dall'incendio. Uno di qua, uno di là. Alla fine sono spariti dietro uno spigolo di montagna. Ho aspettato un bel po' prima di muovermi, potevano essere ancora lì ad aspettarmi.

Quel giorno ho capito una cosa: non volevano uccidermi subito, intendevano giocare come il gatto col topo. Questo mi ha dato un po' di speranza. Intanto tiravo avanti aspettando che succedesse qualcosa a mio favore. Avrei potuto stenderli entrambi, chi li avrebbe trovati laggiù? Trascinarli in una scafa, coprirli di sassi e ciao! Invece, come ho detto, non voglio uccidere nessuno. Niente al mondo ha così valore per togliere la vita a una persona. Neanche al peggior criminale assassino si deve togliere la vita. Quel che ho ucciso io si chiama selvaggina. E basta. Durante la guerra qui impiccavano la gente. Perché? Mettili in galera in eterno ma lasciali vivere. Io penso così.

In questo mese di dicembre sta capitando un po' di tutto. Paure, fatiche, freddo. Per fortuna niente neve. Ma è solo questione di qualche giorno e arriverà. In ogni caso sono pronto. Si alza ogni tanto la nebbia e in quei momenti accendo il fuoco. Nessuno può vederlo. Arrostisco la carne sulle braci e ne faccio uno zaino di scorta. Il sale ce l'ho, altro non mi serve. E non mangio solo carne. Nelle calate in paese, porto su farina, formaggio, salami e altre derrate che nascondo in luoghi sicuri. Le appendo in sacchi di tela sotto le volte di grotte, antri e caverne affinché le bestie della montagna non le prendano. Così, quando si alza la nebbia, io alzo le fiamme. Sto attento a coprirmi bene e non prendermi una magagna. Ho roba da vestire a sufficienza, roba buona. E poi mi scaldo camminando tutto il giorno. Il problema semmai è la notte. Ma anche lì so difendermi. Cammino anche per vedere la natura. La mia fuga dai due gemelli ha dentro qualcosa di buono. Posso studiare a fondo la natura, ho molto più tempo. E mi sono accorto che non conoscevo tante cose. Prima andavo di fretta, vedevo quello che m'interessava, che volevo vedere. Ora invece ho tempo. Ci vuole tempo per osservare le cose, metterle a fuoco, a volte addirittura scoprirne di nuove. Correvo troppo, i fratelli Legnole mi hanno rallentato e aperto gli occhi.

Un giorno che andavo su alla forcella dei Chiarescòns, sono finito col piede sinistro in una tenaglia di roccia. Ho sentito un *crac* che mi ha fermato il cuore. Adesso sì che sono morto, ho pensato. Una gamba rotta in quei posti equivale a morte sicura. Chi torna a casa in quelle condizioni? Nessuno. È arduo farcela da sani. Era meglio affrontarli in paese quei vigliacchi. Almeno stavo accanto a qualche essere umano. Ho palpato la caviglia, mi doleva da morire. Se non resisto mi sparo, ho pensato. Tanto valeva allora mi sparassero i Legnole. Tutta quella fatica per niente. Chi sarebbe venuto a cercarmi in quei luoghi disumani? Avevo pochi amici in paese, sapevano che fuggivo dai Legnole, non sarebbero mai venuti a cercarmi. Non sapevano invece che mi ero fatto male, avevo bisogno di aiuto. Da loro ricevevo una mano quando scendevo per le scorte. Mi informavano su dove stavano i bastardi. Per avvertirli che arrivavo, sparavo un colpo sopra le case. Loro, per darmi il via libera, rispondevano con un altro. Aspettavo notte ed entravo dalla curva del cimitero, dove a primavera fiorisce il maggiociondolo.

La caviglia aveva fatto *crac* ma non era rotta. Malmessa, ma non rotta. Dopo un'ora il dolore acuto è calato, dando spazio a uno più sopportabile. Ma il piede era gonfio come una palla. Mi sono trascinato in un antro lì vicino, dove ho passato la notte. Senza accendere il fuoco. Potevo anche farlo, ero lontano, però la caviglia mi batteva come se un fabbro la picchiasse col martello. Siccome non faceva troppo freddo, ho preferito così. L'indomani stavo un po' meglio e, seppur pian piano, potevo muovermi. Da quell'incidente ho capito una cosa: dovevo stare attento. Molto più attento se non volevo crepare senza l'impegno dei Legnole. Pensandoci, mi prese una paura superiore a quella che mi incutevano i gemelli con la loro caccia. Se mi fossi spezzato la gamba mi toccava morire tra le fauci aperte dei Chiarescòns. Dolore, fame e sete mi avrebbero ingoiato. È vero che alla peggio potevo spararmi un colpo levandomi di torno. Ma io volevo vivere. Per questo quando ho sentito *crac* mi ha preso il terrore di essermi spaccato l'osso. Io volevo vivere e in quel posto una gamba rotta significava morte. Pensavo queste cose nell'antro sicuro dei Chiarescòns. Ogni tanto giungevano lassù, tra i monti congelati, rintocchi di campane. Arrivavano dai remoti paesi di fondovalle. Non sapevo se era tempo di festa o se erano le normali campane dei giorni. Non lo sapevo e più di tanto non mi interessava. Pensavo a gennaio, alla neve che avrebbe coperto il mondo, ai rischi che correvo, alla fatica di resistere. Mi consolava l'idea che se non ce l'avessi fatta potevo tornare in paese, e continuare da lì la battaglia coi Legnole. Ma laggiù era più facile mi sorprendessero, laggiù c'erano le spie. Pochi mi volevano bene in quel villaggio di falsi e bugiardi e vigliacchi.

Intanto ero qui, in una spelonca, con un piede dolorante, tanti dubbi e tanta paura. Avevo eletto l'antro come rifugio provvisorio per passarvi qualche giorno e guarire. Ma anche perché da lì vedevo molta terra buona e natura stupenda. Sull'orizzonte del cielo limpido dei Chiarescòns s'alzava la spada acuminata di cima Gea che sprofonda nella valle per millecinquecento metri. Per me era, e resta, un miraggio da scalare. Mi ero anche deciso a provarci assieme a un amico, se non fosse nata la questione dei gemelli. Mi piace scalare le montagne oltre che andare a caccia e intagliare il legno e leggere. Il mio compagno di scalate si chiama Ferruccio Clerino, uno della Valle d'Aosta venuto a vivere in questo paese nefasto. Non ho mai saputo i motivi di tale scelta, e nemmeno li ho chiesti. Mi hanno insegnato a non chiedere mai "perché", e neppure a riceverne. In un discorso, al terzo "perché" vado via. A destra di cima Gea, potente come un bagliore, si staglia rossigno il monte Duranno. Più in là cima Laste e le cime dei Frati e dei Preti. Dal mio osservatorio sospeso, spaziavo sul mondo dove ero cresciuto, dove avevo fatto le prime scalate, le prime cacce. E dove, sotto una di quelle pareti rocciose, avevo conosciuto l'amore. Mai avrei pensato che le mie montagne un giorno sarebbero servite a proteggermi, a salvarmi la vita. Se mai ci fossero riuscite. Prima della faccenda coi gemelli, la vita me l'avevano messa a rischio, ora la proteggevano. Sul bordo del mio rifugio precario si era formato un sottile labbro di ghiaccio. Lo traversava per lungo tutto quanto. Ne ho tolto un pezzetto pressandolo dentro il calzettone, sulla caviglia dolorante. Dicono che fa bene. A quel punto sono uscito adagio, ho raccolto un fascio di rami secchi, roba di larice, e ho acceso il fuoco. Ero in ottima posizione, potevo spaziare lontano, se spuntavano i Legnole potevo sentirli. Il terreno in quei posti è pieno di ghiaioni, difficile traversarli senza far rumore. Infatti ho udito più volte muovere pietre. Puntavo il binocolo ed erano camosci. In quei terreni lì, uno prima di vederlo lo senti. Queste cose occorre saperle bene quando si scappa in montagna, e tanto mi hanno insegnato i partigiani. Io le conosco perché sono scappato spesso. Da forestali e guardiacaccia. Se il posto è pieno di mughi, bisogna guardare se si muovono. Quando si muovono a scatti, o è selvaggina o è umano. Le grandi sciarpe di pino mugo che fasciano le montagne sono ideali per nascondersi. Ma bisogna rimanere immobili. Se ti muovi si mettono a dondolare indicando dove sei. Quanti camosci ho ucciso, traditi dalle mughe?

Accanto al fuoco stavo bene, guardavo venire la sera ripassando la mia vita. Dal fondo della valle saliva lentamente un largo lenzuolo di nebbia. Veniva pian piano, senza fretta, come se volesse conoscere a fondo la storia di quei posti. Nella mia condizione di fuggitivo, la *caliga*[2] era manna dal cielo, ma in quel momento ne avrei fatto volentieri a meno. Volevo godermi il più possibile quel magnifico panorama. Poteva essere l'ultima occasione. I gemelli non mollavano facilmente la preda. Il pericolo di morte, come la malattia grave, ti fa apprezzare cose che quando stavi al sicuro manco le notavi. Da quando sono in fuga, ho cominciato a conoscere quello che non avevo mai incontrato. E ho guardato con altri occhi ciò che prima reputavo ridicolo e insignificante. Riflettevo su questo quando mi accorsi che la nebbia era giunta fin quassù accoccolandosi accanto al fuoco assieme a me. All'entrata della spelonca, tremolava una vecchia ragnatela senza il padrone. Chissà dov'era finito, pensai. Il gelo dell'inverno lo aveva sfrattato dalla tela cacciandolo in qualche anfratto. Forse era morto. La nebbia avvolse quei fili delicati con le sue dita bianche, ricamando un pizzo di barbe finissime che dondolavano alla brezza. Mai mi soffermavo su visioni del genere. Altre volte mi ero imbattuto

[2] Nebbia.

in ragnatele modificate dalla nebbia o dalla rugiada senza provare alcun interesse. Ora che la mia vita era in pericolo, quella tenue filigrana esaltata dal bianco dell'inverno mi pareva un regalo favoloso. Il fuoco, assai distante, non scioglieva quel pizzo delicato, tremolante e fragile come il respiro di un bimbo spaventato. Prima che arrivasse la coperta scura della notte, mi sembrò di udire lontano un colpo di fucile. Erano i Legnole o qualche bracconiere? Chi lo sa. Quello che sapevo è che per ora stavo al sicuro. Certo, la nebbia poteva favorire i gemelli portandomi a loro tiro. Ma, come ho già detto, sui ghiaioni avrebbero fatto rumore palesando la loro presenza. In montagna spesso si vede più con le orecchie che con gli occhi. Sono più i suoni a indicarti le cose, che non i segni a minio sui sassi a darti la via. Quel colpo fu unico e allora pensai fosse un bracconiere. I Legnole avrebbero sparato di più. Per tenermi sulla corda della paura, sovente tiravano fucilate qua e là sui costoni. Volevano far memoria che erano là, e mi braccavano. Prima riuscivano a spaventarmi. Ora un po' meno, mi sto abituando. Ho dormito accanto al fuoco, in compagnia della nebbia, di una ragnatela e del silenzio profondo della montagna.

Come ho accennato, la mia situazione, oltre disagi e paure, portava con sé delle cose buone. In verità non tante ma qualcuna sì. Innanzitutto una forte esperienza, sconosciuta e brutale. Mai ero rimasto tanto a lungo fuori casa, lontano dal paese, e da quei pochi amici di cui mi fido. Al massimo stavo via due notti. Tre quando era tanto. Adesso è due mesi che vago per i monti in fuga per sottrarmi a quei due. Ieri ho sentito un colpo di fucile, devono essere qua intorno, ho pensato. Non so neanche che giorno è, ma penso di essere vicino a Natale. Credo manchi poco, o è già passato, ma non ho sentito campane venir sull'aria. Aspetto la neve che, da quel che annuso, non è lontana. Il piede mi fa ancora male, devo trovare un po' di resina. Roba di larice, nel mio caso, mi aiuterà a stare meglio e poi guarire. Ho lasciato l'antro adagio, col fucile a tracolla, e aiutandomi con un bastone ho puntato verso i larici di Mancio. Lì son certo che trovo resina. Ho preso uno dei due fucili per sicurezza. Metti che me li trovo davanti quei due, meglio avere l'arma. Oggi il cielo è come latte, la nebbia se n'è andata, un sole senza polpa taglia i boschi scheletriti forandoli da parte a parte.

Ai larici di Mancio ho trovato la resina. Un bel flusso indurito e liscio sortiva dalla ferita del quinto larice, creata da una pietra rotolata. In quel posto ci saranno una trentina di larici tutti in fila, uno vicino all'altro. Vanno in su, come una processione di frati in pellegrinaggio verso la cima. Lì vicino, tra due sassi, ho acceso un fuoco per scioglierne un pezzetto e spalmarla sul piede. Mentre la staccavo dall'albero con il coltello, ho visto un ragno imprigionato dentro quel miele trasparente. Secondo me era morto da tempo. Mi ha fatto pensare. In ottobre tesseva la tela per imprigionare insetti. Mai si sarebbe aspettato che un giorno una tela gommosa e trasparente avrebbe imprigionato lui. Dalla resina non si scappa: cementa ogni insetto che si posa e sprofonda nel suo corpo. In quel momento io ero il ragno, la resina i bastardi gemelli Legnole. Ma sapevano che anch'io avevo la testa dura e gli avrei dato filo da torcere. Loro erano in due, io da solo ma con più cervello.

Mentre sto spalmando l'impiastro sulla caviglia, mi viene in mente una cosa. E se invece di scappare provassi ad attaccarli? Non per farli fuori, ma per innervosirli il più possibile. E magari anche scendere in paese a provocarli. Avevo anche una rivoltella a cinque colpi. Dopo il fatto la tenevo sempre alla cintola. Davanti a questi pensieri la mia testa reagì, per la prima volta ebbi meno paura. Fu come una svolta a mio favore. Realizzai che la situazione cominciava a piacermi. Non che adesso facessi balzi di gioia, ma la vedevo meno tragica. Invece lo era. Se questo inciampo non fosse esistito sarebbe stata pacchia. Ma visto che c'era, tanto valeva affrontarlo e cavarne il meglio. Per meglio, intendo qualche soddisfazione, anche piccola, giacché in storie come questa di meglio c'è ben poco. Questi pensieri mi rallegrarono. Mentre premevo la resina sulla caviglia, mi accorsi che avevo spalmato anche il ragno. Dentro l'impiastro c'erano le zampe e una macchia scura. E basta, mi dissi che i Legnole avrebbero fatto la stessa fine se non s'arrendevano a lasciarmi in pace. Ripeto, mai li avrei uccisi, seppur la tentazione ci fosse. Però quattro gambe da frantumare con pallottole esplosive ci poteva stare. Non in montagna, davanti casa loro, così da poterli soccorrere. Ma se ci penso era fatica per niente. Si sarebbero eliminati da soli, cadendo in qualche bolla di resina o ragnatela. Essendo idioti, prima o dopo l'errore lo avrebbero commesso. Una scivolata, un fulmine, una slavina di neve o sassi. Una foiba, anche. La montagna non perdona. Ha pazienza, aspetta, prepara trappole e colpisce. Dalla mia avevo un vantaggio rispetto ai due cretini. Io so rampicare, pratico fin da piccolo la scalata su ogni difficoltà. So a memoria le pareti dove posso salire e schivarli. Ma c'è un ma. Se mi scoprono a salire come un cristo crocefisso al contrario possono colpirmi senza difficoltà. Me li vedo. Prima di centrarmi la schiena, si divertono a far saltare la roccia intorno a me a fucilate. Per farmi capire che è finita. Anzi, se li conosco bene, spareranno intorno alle mani affinché molli la presa e cada. Così sapranno che ho provato terrore prima di volare giù. Ho studiato bene i Legnole, queste sono cose che penso. E che vedo dentro la mia testa. Non c'è da stare allegri. Ma vedo anche altro. Vedo i due bastardi scivolare in una foiba e incapaci di risalire. E io sopra che li guardo. Sono fracassati di botte ma vivi. I fucili pieni di terriccio, inservibili. Io mi sporgo sul bordo e dico: "Salve, come va ragazzi? Contenti di crepare di fame e sete? Potrei lanciarvi una corda, tirarvi fuori, ma non lo farò. Laggiù nella penombra siete pure diventati belli!", e loro a chiedere pietà, a implorare di salvarli che avrebbero lasciato perdere il vecchio torto. E chi ci crede? I vigliacchi quando sono in pericolo piangono. Ma appena stanno al sicuro rifanno i prepotenti. Soprattutto se sono in branco. Se i Legnole fossero stati uno solo, non si sarebbero mossi di casa. Continuo a sognare a occhi aperti. Li vedo travolti da una valanga, costole e gambe rotte, feriti, tumefatti, viola per mancanza di fiato. Li tiro fuori perché io sono buono. Ora stanno sul bordo della neve senza fucili.

"Chiama qualcuno" implorano, "qualcuno che ci trascini a valle."

"Non chiamerò nessuno" rispondo serio. "Volevate uccidermi? Per un miserabile camoscio? Eccovi qua, ora siete voi i camosci, e sono io a uccidervi. Senza neanche sprecare colpi. Il freddo basta e avanza per farvi fuori. Capirete cos'è la paura di morire. A vostre spese."

Fantasticavo, ben sapendo che se li avessi incontrati in tali condizioni li avrei aiutati. Io devo render conto alla mia coscienza, non ai Legnole. Quando mi guardo allo specchio non devo abbassare gli occhi. Ma neanche loro li abbassano se hanno uno specchio e si guardano. Sono convinti di aver agito bene tutta la vita, di stare sempre nella ragione. Ecco perché non abbassano gli occhi. Ci vuole autocritica, mettersi in discussione. Vagli a dire tu che almeno una volta nella vita si può avere torto. Tutti quanti.

La scoperta del ragno imprigionato nella resina mi ha dato coraggio. Come ho detto, abituato a catturare gli altri, è stato imprigionato a sua volta. Chi la fa la aspetti, dicono. Mai essere sicuri della natura. A volte gioca brutti scherzi. Quando crediamo di saperla lunga, *zac*, piomba il destino a dirci che non è così. Mi piace immaginare i gemelli in difficoltà e io che li sfotto e non li aiuto. Stanotte dormirò ancora nell'antro accogliente.

Domani calcolo di spostarmi verso la val da Diach, dove anche a dicembre il sole arriva un poco. La conosco quella valle. È messa a solivo, dopo il disgelo i primi fiori spuntano sotto i maggiociondoli. La viola di san Sebastiano l'ho sempre trovata lì, sotto i noccioli, il 20 gennaio, giorno del santo.

Lascio i larici di Mancio con la malinconia nel cuore. Mi ricordano tante avventure. Venivo quassù a caccia di galli forcelli con Ottavio e Bia della Taja, fratello di Bortolamio detto Mio. Mi insegnavano a guadagnarmi il pane, che a quei tempi significava cacciare bene senza sprecare un colpo. Mi ricordo una volta che avevamo preso due forcelli. Bia, che vuol dire Giovan Maria, gli tirò fuori le budella con uno stecco a uncino. Per togliere le interiora ai galli, si prende un rametto che termina a gancio. Lo si infila da dietro e si tira girandolo. Le budella vengono fuori tutte insieme in un groviglio. Se non si fa così, dopo qualche ora la carne prende un brutto odore. Bia guardò quel pugno di visceri sanguinolenti, dondolò la testa e, segnando col dito, disse: «Guarda qui». Guardai. Le budella del volatile erano piene di vermi. Vermetti bianchi che brulicavano. L'uomo disse: «Vedi? Il forcello è l'uccello più bello che c'è. Con quelle ciglia rosso sangue, la coda storta come una ronca, le penne che, da tanto nere sono, sembrano blu. Eppure dentro ha i vermi, è malato. Non ti fidare del bello fuori, cerca di vedere dentro. Curati di essere sano dentro. Resta pulito, senza vermi». Intendeva, il vecchio Bia, essere onesti, leali, buoni, coraggiosi quando serve, e generosi.

Risposi: «Come faccio a sapere se ho i vermi?».

«Li senti» disse il vecchio, «li senti muoversi nell'anima, percepisci qualcosa che va intorno e non ti lascia in pace. Capisci, allora, che qualcosa è storto. A quel punto, se non sei falso con te stesso, devi fare marcia indietro. Vomitare i vermi che ammalano e rovinano la vita.» Così mi disse un giorno Bia della Taja ai larici di Mancio.

Ora che ho il tempo alle spalle, capisco cosa intendeva. I Legnole hanno i vermi nel cranio, hanno l'anima brutta. E posso dirlo, sono brutti anche fuori. Se sei infame dentro, quel marchio si stampa sul muso. Ecco perché non si possono guardare senza ripugnanza: si vede la loro anima. Ai larici di Mancio c'era anche Mio, fratello di Bia. Parlava poco ma, non essendo d'accordo sui vermi, parlò. «Non è vero niente» disse, «per star bene occorre essere belli fuori. Il mondo funziona per apparenze. Se tutti quelli coi vermi dovessero crepare, non ci sarebbe più nessuno sulla terra. Neanche tu, caro Bia. Quello che fa girare la giostra è il bello fuori. Conosco donne, e lo sai, che hanno dentro vipere, non vermi. Ma fuori sono belle e tutti gli corrono dietro. Il mondo funziona col bello fuori, poi ognuno se la vede col suo dentro. Se hai un bel maglione non lo metti alla rovescia. Eppure sotto ha i nodi: il mondo è un maglione, una camicia, una giacca, va indossato dal verso bello.» Aspettò sicuro un minuto, poi disse: «O no?».

Non sapevo a chi dare ragione. Ero un ragazzo, avevo soggezione di entrambi. Ma se dovevo scegliere stavo con Bia. La sua idea del bello mi sembrava migliore. Solo per una questione etica, giacché Mio aveva tanta di quella ragione da riempire la valle. Per quel che mi riguarda, ho cercato di applicare la regola di Bia, ma non sempre ci sono riuscito.

Mio della Taja si mise a bere e morì malamente. La causa fu proprio una donna, bella fuori e vipera dentro. La scoprì sul paglione di foglie, arrotolata a un giovane del paese. Confessò al fratello che era stato tentato di sparare a tutti e due. Stava andando a prendere la doppietta nella stalla quando dal monte Cornetto saltò fuori la luna. "Non la vedrò più" pensò. "E non vedrò più le montagne, i boschi, i galli forcelli, le notti all'aperto. Non vedrò più niente da fuori, sognerò tutto da dentro." Aprì la porta della stalla, fissò l'arma, richiuse e se ne andò. Iniziò a bere forte pur conservando le sue passioni. Beveva anche prima, ma non così. Anno dopo anno, scivolò sempre più in basso. Cedette le armi della vita un po' alla volta, finché smise ogni attività. Tranne alzare il gomito da mattina a sera, non mosse più un dito. Spesso, quando era pieno, sedeva sul prato del Baèrt a guardare la luna. Stava lì finché non spariva. Era grato alla moneta d'oro per avergli impedito di diventare un assassino. Ubriaco, una sera di gennaio, sedette ad aspettare la luna. Sulla testa un cielo cupo che prometteva altro. Lo trovarono al mattino, sepolto sotto la neve caduta nella notte. Due contadini, trascinando la slitta carica di letame, gli passarono sopra coi pattini. Letame sulla neve e sul pover'uomo tradito dall'amore. Quella notte la luna non uscì.

Questi fatti non c'entrano coi gemelli Legnole. È che nella fuga tocco luoghi che mi ricordano molte cose. E mi vien voglia di raccontarle. In fondo non disturbo nessuno. Dai larici di Mancio, tornai adagio al mio antro e accesi il fuoco. Prima di avvicinarmi, binoccolai a fondo la zona per essere sicuro. Poco sotto la grotta, quattro camosci grattavano la terra dura come pietra per mangiar qualche radice. Segno chiaro che lì non era arrivato nessuno. Allora mi decisi a entrare nella tana, sempre però col fucile spianato. Stava per giungere sera e, come il giorno prima, un colpo di fucile arrivò da lontano come una minaccia. Il piede fasciato di resina faceva ancora male ma potevo muovermi abbastanza bene. Camminare su quei terreni è quasi rampicare, occorre essere precisi. Mi affacciai all'entrata e guardai le cime che lucevano nell'ultima luce del tramonto. Il freddo le aveva pulite da ogni scoria, sembravano fatte d'argento lucido. I boschi scheletriti sprofondavano in quella valle remota e arcigna che ben conoscevo. La notte stava salendo dal basso, lentamente, come se l'imbianchino del mondo tirasse il suo pennello di tenebra verso la mia vita. La natura si stava oscurando, e in quel momento mi sentii più vulnerabile di un camoscio sotto tiro. Alla mia sinistra, nella luce del giorno che moriva, scorsi lontani i monti del Cadore. Emanavano una fascia di chiarore strano che contrastava la coperta scura della notte. Immaginai da quelle parti la luna del mio dicembre che tentava di uscire dai costoni per dare vita a quel mondo congelato. Infatti era proprio la luna. Una luce pallida si radunò in cerchio sopra la vetta della Cridola. Dopo un po' la signora alzò le ciglia a illuminare di una luce spettrale il mondo che avevo davanti. Ebbi l'impressione che il freddo aumentasse sotto i colpi di quel lucore malinconico. Come se il grande medaglione dorato, anziché mandare luce, spargesse su boschi e montagne la polvere gelida di altri mondi. Quei mondi lontani e irraggiungibili, morti da milioni di anni, che fanno pensare all'insondabile mistero del creato. Avrei voluto mettermi a dormire, sprofondare in un sonno di pietra e far passare la notte. Ma lo spettacolo cui stavo assistendo mi teneva inchiodato alla bocca dell'antro. Mi prese la gola con le sue dita adunche una feroce tristezza. Strinse così forte da farmi piangere. Che ci facevo in quel luogo ostile, a quell'ora, nel cuore dell'inverno, nel mese in cui la gente prepara il Natale accanto al fuoco del camino? Può un uomo essere costretto a tanto per la follia di altri uomini? E le guerre? Quanti giovani creparono di freddo sulle montagne, inverno dopo inverno, a causa di loro simili feroci e imbecilli? Lassù erano in tanti, io sono solo. Mi chiedevo perché l'esistenza, già di per sé difficile, deve diventare impossibile per colpa di altri. Non sarebbe più semplice passarci sopra, perdonare e lasciar vivere? Sarebbe! Invece così non è. Mi veniva in mente mia mamma che voleva brodo di camoscio. Da lì era partito tutto. Ma non fu colpa sua, doveva andare così. Io nella vita ho da tribolare. Non fosse nata la guerra coi Legnole, magari mi mordeva il cancro. O rimanevo in sedia a rotelle per qualche caduta. Siccome scalo le crode, potrebbe succedere. Io non sono mai stato tranquillo. Ho sempre saputo che in un modo o nell'altro dovevo penare. Mi è successo mille volte. Stavolta ho infilato la mano nel cesto del destino estraendo il numero dei gemelli. E poteva benissimo essere una disgrazia diversa, magari peggiore. Adesso mi trovo qui, nascosto tra le rughe delle montagne, in mezzo a queste aspre solitudini di boschi e silenzio. Non ho paura ma sono stanco. Stufo di una situazione balorda, insensata, pericolosa e inutile. Quando giocavo a carte coi Legnole nell'osteria del paese, mi sembravano incapaci di arrivare a tanto. Cattivi sì, perché idioti, ma non così pieni di odio e ferocia. Invece l'avevano dentro. Fuori la giacca buona, dentro i vermi che diceva Bia della Taja. Sto guardando la notte salita dalle lande ghiacciate della valle. È rotolata nell'antro ravvivando il fuoco col suo fiato gelido. Sento un altro colpo di fucile, lontano come un rimbombo. Capisco che sono in giro. Mi sorprendo a gridare: «*I cop!*».[3] Non possono essere che i due. A quell'ora, nessun bracconiere sprecherebbe i colpi. A chi si spara nel buio? Ai propri fantasmi? Quelli non muoiono mai. Si spara per far paura a qualcuno, nel caso specifico a me. A far capire ai bastardi che sto in guardia, tiro un colpo anch'io, non in aria bensì in orizzontale. Lo sparo rimbomba nella notte facendo tremare la grotta e le fiamme sui tizzoni. Più in là, verso la costa, sento muovere sassi. Sono i camosci visti prima che fuggono spaventati. Il rimbombo va e viene, come se il rumore dello sparo volesse rientrare nel fucile che lo ha prodotto. Adesso c'è silenzio. Sento altri due colpi, uno dopo l'altro. Eccoli, vogliono farmi sapere che sono insieme, loro due, i miserabili gemelli Legnole. A quel punto non replico e risparmio una cartuccia. Mi metto in ascolto per sentire il respiro della notte.

Sul larice qui accanto si è poggiato il gufo reale. Non l'ho sentito passare perché vola senza rumore. Ma ho sentito l'aria muoversi, e ho capito che era lui. Dopo un po' si è messo a cantare. Pochi sanno la malinconia che produce nell'animo quel canto disperato. Lungo le notti solitarie, nel cuore dell'inverno, senza un affetto né un focolare né un tetto sulla testa, un uomo difficilmente regge il peso di quel canto. È un lamento continuo e triste come una ri-

[3] Li ammazzo!

chiesta d'aiuto. Viene voglia di piangere, farla finita. Anche a me è venuto quel pensiero, allontanato subito come un insetto fastidioso. Assieme alla notte, è salito il vento gelido dell'inverno che gratta con le unghie affilate i bordi della caverna. Il fuoco, preso alla sprovvista, s'è buttato da una parte come a schivare un colpo. Ha avuto paura. Poi si è raddrizzato e ha preso forza come se qualche spirito lo ravvivasse col soffietto. Mai avevo sentito il fuoco così amico, vicino, importante. Il vento porta odore di polvere e rocce frantumate, come se da qualche parte ci fosse stato un crollo. Ma io non ho sentito alcun rumore. Avrà raccolto quella cenere da qualche valle lontana e l'avrà portata lassù a farmela annusare. Come per avvertirmi che c'è in giro polvere da sparo e che presto anch'io diventerò cenere. Mi sto affezionando a questa grotta. Ormai dormo discretamente in ogni anfratto, buco, antro, caverna. Ma qui è meglio. Confesso che ho impiegato parecchio prima di abituarmi. Lasciare il letto di casa per dormire tra i sassi non è facile. All'inizio il sonno non veniva. A volte mi rigiravo nel sacco a pelo tutta la notte. Le coperte e il telo d'isolamento s'attorcigliavano come strizzati. Non sopportavo il peso di tanta solitudine. Avevo paura. Se appisolavo un poco la mente, mi svegliavo di soprassalto devastato da incubi. Sentivo perfino l'alito sul muso di animali pronti a rosicchiarmi. I Legnole mi torturavano prima di ammazzarmi. Una notte, in un breve segmento di sonno, venne una martora ad addentarmi il collo per sgozzarmi. Sentivo il dolore provocato dai denti nella carne. Mi svegliai. Mi pungeva una scheggia di legno, sulla quale ero finito nel voltarmi. Restò la paura della martora.

Spesso mi alzo, ravvivo il fuoco e sto seduto fino al chiaro dell'alba. Ascolto nel mistero i respiri della notte, le voci dei rapaci notturni, lo sparo di qualche sasso che si schianta. E nelle pause, l'inquietante passaggio del silenzio. Sono gli unici amici a tenermi compagnia. E pure alleati, perché segnalano. Il silenzio mi permette di percepire il minimo rumore, il più piccolo segnale umano. Se c'è qualcuno gli uccelli tacciono, i camosci fuggono muovendo la ghiaia, il picchio smette di forare. Per chi non lo sa, il beccalegno lavora anche di notte.

All'inizio della fuga, volevo portarmi il cane. Quello fiuta e segnala tutto. Ma sarebbe stato un ingombro. Spesso devo scalare tratti di roccia verticale per guadagnare luoghi sicuri. Però, a dirla tutta, mi sarebbe piaciuta e servita la compagnia del mio cane. Ho dovuto lasciarlo a un amico e mi è costato molto. Averlo con me, qui accanto al fuoco, parlargli e carezzarlo mi avrebbe rallegrato. Il mio cane si chiama Papo, è un setter, bravo nella ferma come pochi.

Il piede fa meno male. Il dolore va e viene come suonare la fisarmonica. Tra un po' mi ficcherò nel sacco a pelo cercando un po' di sonno in queste notti lunghe e misteriose. Il gufo sta ancora sul larice. Canta alla luna. Gli risponde il *barbazuani* che è il barbagianni. È molto lontano ma l'aria porta la sua voce. Il canto triste del *barbazuani* s'afferra al collo del vento e senza fatica arriva fino a me. Un picchio batte la sua sgorbia nel foro. Mi chiedo quando andrà a dormire. E mi chiedo perché non lavori di giorno. E penso che se smettesse mi dispiacerebbe assai. Nella mia condizione ogni segno di vita è aiuto. Su tutto questo mondo incantato, nel gelo della notte invernale, alta nel cielo vigila la luna. Passa in rassegna boschi e montagne indugiando su di me come a salutarmi. La grotta vede un po' di luce attraverso l'occhio sbilenco dell'entrata e tutto s'accende e prende vita. Sono momenti magici, intensi, pieni di dolcezza e convinzione. Se penso che tutte queste forti emozioni le devo ai Legnole, mi vien voglia di ringraziarli. E forse lo farò. Per Natale vorrei scendere in paese a cercarli. Il problema è che non so che giorno sia oggi. E neanche ieri. Quassù non so più niente. Ascolterò le campane come segnale. Comunque si metta vado giù. Se li trovo in chiesa o in osteria non avranno il coraggio di accoltellarmi o spararmi. Loro a Natale e Pasqua vanno a messa. Ci saranno testimoni, non oseranno agire. Allora li affronterò io dicendo: "Perché non ci mettiamo una pietra sopra e la facciamo finita?".

Di certo non risponderanno, parleranno i loro occhi, che sparano pallottole incendiarie. Allora, tendendo la mano che rifiuteranno, dirò: "Grazie, ragazzi, per merito vostro scopro e mi godo la natura che non conoscevo".

Adesso cerco di appisolarmi un poco e riposare, soprattutto scaricare peso dal piede che mi fa male. Se non riesco a dormire, che è probabile, voglio pensare, studiare il da farsi, cercare e trovare una soluzione. Questa faccenda comincia a stufarmi. Soprattutto perché ho la certezza che è solo l'inizio. Tuttavia vorrei concluderla. Dormo poco. Mi sveglio che i paesi delle valli stanno ancora dormendo. Sporgo il muso fuori dalla caverna. Una luna completamente diversa mi fa paura. Tetra, rossa, traversata da nubi veloci, scure come il piombo, sembra ferita. Relegata ai remoti confini del cielo, aguzze vette affilate come coltelli la squarciano. Perde sangue e bagna la terra indurita. Sembra sospesa a un filo, l'aria la fa ruotare vorticosamente. Pare quasi che faccia per volare. Vedo le due facce voltarsi e rivoltarsi e spruzzare il sangue delle ferite lontano. Ho questa sensazione. Se fissi le cose intensamente, cominciano a muoversi, prendono vita, vanno e tornano. Come i Legnole. Vanno e vengono dal paese a questi monti abbandonati per trovarmi e uccidermi. Penso che adesso si stiano muovendo. Ascolto. La natura nella fase di pausa. Nessun segno di vita rompe il silenzio di questa notte insanguinata ormai vicina all'alba. Il gufo ha smesso di cantare per imitare il *barbazuani* che lo aveva fatto prima. Il picchio ha deposto la sgorbia. Le stelle, di un nitore cristallino, ardono acute e tremolanti, sembrano aghi che bucano la pelle. Questo succede a un uomo che da due mesi vive da solo sulle montagne. Ha visioni e sensazioni profonde. Tutto ciò, nel bene e nel male, lo devo ai Legnole. Ma non li perdono.

Guardo verso occidente. Dai monti del Cadore arriva il latte munto dell'alba che versandosi sul nero cupo dei boschi li schiarisce. Si sta facendo giorno, è tempo di prendere il binocolo e scrutare. Quelli, capaci di essere qua intorno. Metto legna sul fuoco che si sta quasi spegnendo. Una raffica di scoppi e crepitii mitraglia la caverna. Da lontano sento di nuovo il picchio, che dorme poco, azionare il trapano. Tutto serve a tenermi compagnia, tutto aiuta a farmi ragionare. La natura è nella mia testa, basta un segno, un rumore e comincio a vedere le scene, leggerle come in un libro. Prendi per esempio il picchio. Se lo senti in paese, nemmeno ci fai caso. Affaccendati nelle cose, non badiamo alla sua presenza. Sono affari suoi. Quassù è diverso. Appena attacca a battere me lo vedo davanti. Immagino il tronco, il foro che sta praticando, come sta aggrappato con le zampe, il tipo di picchio. A volte è quello verde, a volte quello rosso, a volte il crodaiolo. Insomma, immagino una storia e me la racconto. Così il tempo passa meglio. Ho letto più libri in un anno di vita all'aperto senza libri, che se per cent'anni avessi letto un libro al giorno.

Ho i miei quaderni e le mie matite, scrivo quel che succede. Tutto mi aiuta, ma non c'è il mio Papo. Quello sì che mi darebbe una mano sul serio. L'unica consolazione è che almeno manca la neve. Non è poco. Il tempo finora è amico, alleggerisce i miei giorni di fuggitivo. Finché dura, canto, ma sarà poco. L'inverno è soprattutto neve, non solo freddo. Se penso che leggevo libri di briganti vissuti alla macchia mi viene da ridere. Ricordo Stefano Pelloni detto il Passatore, vissuto in Romagna. E poi banditi sardi, abruzzesi, siciliani, fuoriusciti di ogni regione. Tutti vissero all'aria aperta, come gli animali. Come faranno?, mi chiedevo. Ora lo so. Siamo oltre metà dicembre, credo, e quindi ho pronte le ciaspe, e anche ramponi, piccozza e corda. Quella della coperta bianca, non è una bella prospettiva. Dove mi trovo non si scherza, viene giù a metri. Ho memorizzato i posti pericolosi, pendii, pareti, fiancate e gobbe da non attraversare. Dove si rischia di finire travolti dalle valanghe. Ma non è facile schivarle. Mio nonno diceva che, se vogliono, le "lavine" vanno anche in su. Mi viene voglia di abbandonare questo rifugio e spostarmi in quello grande, della val di Làusen. Lassù ho più roba da mangiare e qualche attrezzo. Il piede però mi fa ancora male, non voglio rischiare di aggravarlo. Da qui alla val di Làusen è lunga. E poi questo posto mi piace. Si può controllare la valle, l'occhio corre ovunque senza trovare inciampi. È un po' come scrutare il cielo. Lo spazio fa bene agli occhi e mi è utile. A scoprire i due bastardi ci vuole aria. Ho due pile e una lampada a carburo che ho lasciato nell'antro di Bosconero. Ma so come fare ottime torce con resina e rami di larice. Se le fai bene durano l'intera notte. Occorre alternare una spalmata di resina e un giro di muschio, una spalmata di resina e altro muschio. Come fasciare un arto con la garza. Quando è grossa quanto un pugno, può bastare. La lunghezza, circa una spanna, il resto manico. Il muschio serve a rallentare la combustione, la fiamma non dev'essere violenta o non dura niente. La resina è così, vuole ardere subito. Andrebbe ancora meglio il lichene, per rallentarla, ma è più difficile da trovare. Tutte cose che ho imparato da ragazzo, quando i bracconieri mi portavano a caccia. So anche fumare sigari e sigarette dalla parte accesa, in modo che le guardie non vedano la lucina della brace. Tutto questo sapere, imparato da piccolo, ora mi è fondamentale. Non credo che i giovani del paese, forti e sani, ce la farebbero a resistere al mio posto. Non sono stupidi, solo che nessuno gli ha insegnato a vivere nella natura. Mi piacerebbe addestrarli a questo tipo di vita, ma prima devo cercare di salvare la mia.

Sarà stato mezzogiorno quando ho interrogato il vento per sapere se c'erano i Legnole nei paraggi. Ho sparato un colpo, ma non in aria come fanno i due cretini. Ho tirato a uno dei camosci che stavano qua intorno. Stavano sottovento, non sentivano odore. Quando ho preso il binocolo, oltre ai gemelli, ho cercato il maschio, il capo, il più bello di tutti. E l'ho trovato. Sulla schiena aveva il pennacchio alto una spanna. Il pelo folto, scurito e ispessito dalla stagione fredda. Esemplare unico, corna da trofeo, petto come una roccia, corto e sporgente. Un vero fenomeno. Ma io avevo altro a cui pensare, i trofei non m'interessavano più. Il camoscio stava a circa duecentocinquanta metri. Siccome faceva freddo, ho pensato di lasciarlo lì, e raccoglierlo più tardi.

In questa nuova vita, la fretta non esiste più, e non dovrà più esistere.

Dài e dài, la tirai lunga binoccolando i remoti costoni dell'orizzonte. Quasi non mi resi conto che stava calando la sera. Una quieta dolcezza circondava la spelonca come la nebbia avvolge l'albero. Ero in guerra, ma cercai di scordare gli affanni e godermi quei momenti di pace. Gettai nel fuoco pensieri e preoccupazioni e disposi i sensi all'ascolto. Intanto arrivava la coperta del cielo, un giorno in più stava dietro la schiena, nella gerla di quel che era stato. Decisi di andare a raccogliere il camoscio l'indomani, tanto il freddo lo avrebbe conservato. Senza quasi rendermi conto le ore erano volate, dissolte come la brina sulle rocce al sole di quel pallido dicembre.

Ascoltavo.

Stavo attento a captare rumori: un fiato di vento, un sasso che rotolava, un colpo di tosse della montagna. Niente. Non vi era nulla che venisse a parlarmi. Il gelo aveva stretto nel pugno di ferro quel mondo abbandonato. Dentro la solenne pace dell'inverno, la natura dormiva. E io stavo bene così, meno rumori, meno allarme. Avevo fatto legna rompendo rami secchi di abeti e larici, sembrava di spaccare ossa. Due bei fasci, pronti per scaldare la notte e tenermi compagnia. Faceva freddo sì, ma non quanto mi sarei aspettato a dicembre. Meglio così, più trascorrevano giorni a mio favore, meno avrei tribolato. Ma non mi facevo illusioni, sapevo che il bello doveva ancora arrivare.

Quel bello era la neve. La terra, fino adesso coperta di brina e ghiaccio, aveva le ore contate. Mi accoccolai vicino al fuoco. In un angolo tremolava la candela che muoveva spettri sulle pareti. Di solito adopero la lampada a carburo, che fa più luce. O le torce di resina. Ma non è la stessa cosa. La candela fa meno luce ma tiene più compagnia. Come il fuoco, del resto. Non serve solo a scaldare, è un amico che parla. E ti ascolta. Adopero la pila solo quando mi sposto nei boschi di notte, o calo in paese a fare provviste. Risparmio batterie. Intanto scruto la candela, tremolante come le mie certezze. Pochi sanno quanto è buona la compagnia della sua luce. Quante volte nella mia stanza spegnevo la lampadina per accendere una candela infilata in un collo di bottiglia. Quante volte! Avevo preso l'abitudine da mio nonno Matteo. Da bambino dormivo con lui nella camera alta, dentro un paglione di foglie. Lasciava ardere la candela finché non sentiva il sonno. Allora stringeva lo stoppino tra pollice e indice insalivati, e la fiamma spariva. Al suo posto, entrava a volte la luce della luna, ma il nonno ormai ronfava il sonno dei vecchi stanchi. Una volta gli chiesi perché non la spegnesse con un soffio. «Perché fa odore» rispose «e l'odore di cera fa male.»

Da quella notte lontana, ho sempre spento le candele a quel modo.

Quella sera ne avevo accesa una per vedere la grotta muoversi, i fantasmi strisciare sulle pareti, le ombre ballare, venirmi accanto e sfiorarmi. Mi pareva di avere compagnia. Amici scomparsi, folletti, spiriti dei boschi, abitanti delle selve e anime senza pace venivano a cercarmi. Coccolato da quei fantasmi gentili, mi prese un po' di sonno. Stavo per alzarmi a stringere lo stoppino ma mi arrestai. La compagnia delle ombre era troppo importante per murarla nel buio solido della spelonca. Lasciai che si consumasse e mi addormentai. Mi svegliai che era ancora notte. Spiai l'entrata e fu come guardare dentro un secchio d'inchiostro. Nel frattempo tribolava la voce del *barbazuani*. Il fuoco era morto come la notte e i suoi abitanti. Almeno così sembrava. Ho aperto la cenere con un ramo. Le braci hanno tremolato di vita ravvivandosi all'aria come quando si muove un formicaio con la pala. Ho aggiunto legna secca e le fiamme sono balzate su. Nel bricco c'era ancora caffè, quello non deve mancare. Più di una volta sono sceso in paese a farne scorta. Ho anche il vizio del fumo, pure per quello sono calato a valle a far provviste di tabacco. Del vino faccio a meno, ci sono tante fonti di acqua buona sulla montagna. D'inverno bisogna spaccare il ghiaccio per farla balzar fuori, ma c'è sempre. A dirla tutta, però, un fiasco di vino me lo scolerei volentieri. Intanto aspetto il chiaro del giorno, poi vado a recuperare il camoscio. Metto legna sul fuoco che comincia a mitragliare la grotta di crepitii. Bevo il caffè che ho scaldato. Mi sembra così buono che lo mando giù a piccoli sorsi bollenti.

Quando stavo in paese avevo tutte le comodità, e non ero mai contento. Avevo mia mamma che ogni mattina mi preparava la colazione con uova fritte, formaggio e polenta abbrustolita. Qualche volta ero di cattivo umore e le brontolavo che non sapeva fare altro che polenta. Spesso mi lamentavo della vita, certi giorni non mi piaceva niente. Nemmeno mia mamma a volte mi piaceva. Dolori di qua, dolori di là, alle ossa, al cuore, agli occhi, ai piedi. Ma adesso che non c'è più sento la sua mancanza. Adesso non mi darebbe fastidio. Bisogna non avere più per capire. Quassù tra i monti, un gavettino di caffè diventa dono prezioso. Come il fuoco, la compagnia degli animali notturni, e come il sole, che è sbucato proprio adesso dalla punta Cevìta col suo debole tepore che sfiora le giornate. Non scalda quasi niente, si fa vedere, pallido e stinto come un amore che sta per finire. Ma è lassù, tondo e lontano nel cielo invernale, e questo mi aiuta molto.

Penso che è il momento di occuparmi del camoscio. Piano piano, aiutandomi con un ramo a mo' di bastone, mi sono avviato verso il punto in cui era crollato l'animale. Mentre mi spostavo in obliquo, non immaginavo quanto erano arrivati vicino i gemelli Legnole. In poco più di mezz'ora giunsi dove avevo lasciato la bestia. Nel frattempo la brina si era sciolta ai fiacchi raggi del sole, sul terreno non c'era alcuna traccia. Cercavo orme per capire se gli altri camosci erano andati a rendere omaggio al defunto capobranco. Ma sul terreno di marmo non vi era segno alcuno, e per giunta il passo scivolava. Dovevo stare attento. Era strano che a dicembre la brina sparisse e tornasse, ma quell'anno andava così. Questo mi faceva timore. I vecchi dicevano che quei segnali significavano neve a cataste. Stavo pensando alle mie cose quando giunsi al punto del camoscio. E mi tremarono le gambe da costringermi a sedere. La bestia non c'era più. Si potrebbe pensare che, essendo ferito, fosse andato a morire da un'altra parte. No. Su un piccolo abete bianco stavano appese le interiora dell'animale. Alla base un mucchio di sassi con infilato un pezzo di cartone. Vicino, due cartucce. Sul cartone era scritto, con un tizzone spento: "*E uno. Adeso manca il secondo. Le tue budéle finirà picate come queste*".

Riporto la scritta tale e quale, errori compresi. I gemelli erano stati lì, forse stazionavano ancora nei paraggi, arroccati in qualche antro. Pensai che ero morto. Aspettavo lo sparo. E avevo commesso un altro sbaglio. Oltre a sottovalutare i due, avevo lasciato i fucili nella spelonca. Idem la rivoltella. Imparai in quel momento che non dovevo più fare un metro senza l'arma addosso. Mai. Arrivò la paura e mi buttai dietro un masso convinto che i due mi tenessero nel mirino. E mi sparassero. Di questo ero sicuro. Spiavo se li vedevo sbucare. Invece non arrivarono.

Rimasi rintanato per ore, ed ebbi tempo di pensare. I bastardi erano venuti a prendersi il camoscio. E siccome sono in due, ne volevano un altro. Due gemelli, due camosci. Più io che fa tre. Dovevo stare molto attento. Se avessero voluto, potevano farmi fuori nella grotta. Erano arrivati vicini senza che mi accorgessi di nulla. Altro che idioti! Quelli erano in gamba, sulla montagna sapevano come muoversi, strisciare, schivare e colpire. Aspettai una lacrima di coraggio per sgusciar fuori cauto da dietro il masso. Presi il cartone e le cartucce. Li ficcai nella cacciatora e, nascondendomi il più possibile tra una roccia e un albero, puntai al mio rifugio. Non sentivo più nemmeno male al piede. Questa volta ho rischiato grosso, pensai, sono stato fortunato. Si fossero piazzati là intorno, non avrei avuto scampo. Non avrei dovuto essere così incauto, ma mi consolava una riflessione. I bastardi volevano un secondo camoscio prima di spararmi. Si sarebbero sentiti a posto, ripagati il doppio, dopodiché potevano farmi fuori. E allora, pensavo, finché non raccattavano la seconda preda potevo stare, diciamo così, un po' tranquillo.

Salendo verso il mio rifugio, notai l'erba secca distesa e piatta, come se dormisse. D'estate, quando traversavo questa zona, l'erba era alta e si piegava alla mano del vento. Se andava di là aveva un colore, se veniva di qua un altro. Era così. Anche l'erba ha due facce, come gli uomini e gran parte della natura. Il vento le metteva in evidenza, quelle facce. Ma adesso ne mostrava una sola: un volto secco e giallastro che dormiva sulla guancia. Mi fece pensare al destino che induce molti alla rassegnazione. Quell'erba, che d'estate dondolava alla spinta del vento, si era arresa e coricata. Aveva piegato la testa ed era morta. Sapeva che il gelo l'avrebbe uccisa e la neve schiacciata e sepolta. Perciò si era lasciata andare prima che tutto accadesse. Avendo cura di far vedere al cielo, nel freddo della morte, la sua guancia più bella. Pensai alla mia vicenda. Anch'io mi preparavo, forse inconsciamente, a ricevere il peso di una pallottola. Due pallottole, visto che i gemelli facevano le stesse azioni. Se uno sputava, sputava anche l'altro. Se Gildo sparava, sparava anche Gianco. Bastardi! Sì, bastardi ma astuti. Le budella sull'albero lo stavano a dimostrare. Ma io non devo rassegnarmi, non posso piegare la testa e morire sulla guancia. Anche perché non ho belle guance. Da qualsiasi parte mi si guardi, sono brutto. Non brutto come i Legnole, ma vicino. Dovrei perciò morire con la faccia in giù, nascosta nella terra.

Ho conosciuto amici che hanno visto arrivare la signora troppo presto. Erano congelati nel freddo della vita, la neve della morte li avrebbe soltanto coperti. Il becchino li coprì di terra. Voglio dire di questi amici.

Uno era giovane, di bontà innocente e animo ingenuo. Si lanciò da un ponte mentre intorno cantava la primavera. Giorni prima gli avevo detto: «Guarda che bella giornata, il sole splende, andiamo a camminare nel bosco».

«Il sole c'è, e c'è anche il giorno, ma io li vedo scuri come la notte.»

Me lo aveva detto prima. «Ti saluto, vado.» Mi aveva abbracciato. Pensavo scherzasse, invece faceva sul serio.

Un altro era taciturno. Eravamo rimasti insieme tutto il giorno, avevamo bevuto qualche bicchiere. A sera aveva detto: «Bisogna che facciamo giudizio, altrimenti è meglio impiccarci».

«Impicchiamoci, ma con un filo di lana» avevo risposto. Quella stessa notte attuò il proposito, e non con un filo di lana. Aveva la mia età, un cuore grande e tanta tristezza. Qui mi fermo. Ce ne sarebbero ancora alcuni, almeno cinque, amici cresciuti nel difficile dei giorni, ma è meglio troncare questo ricordo. Però mi vien da pensare: loro potevano vivere e si sono uccisi, mentre io che vorrei vivere rischio che mi ammazzino.

Mentre risalivo all'antro, vedevo l'erba morta e pensavo queste cose. C'è gente che toglie il disturbo. Dall'altra c'è chi come me vorrebbe ardere negli anni. Il mondo è bello e feroce.

Entrai nella stanza scavata dalla sgorbia dei secoli e rinnovai il fuoco e sedetti a pensare. La faccenda delle budella sui rami non era semplice da mandar giù, mi aveva alquanto scosso. Ma anche acceso maggior voglia di sfida. Dovevo fargli capire che anch'io ero capace di avvicinarli e che non li temevo, ma era una bugia: li temevo eccome! Il mio svantaggio stava nel fatto che non volevo ammazzarli. Solo il pensiero mi spaventava. Loro invece sì, ci tenevano a farmi fuori. Ma ogni tanto mi prendeva l'ira della stanchezza, del non poterne più e allora mi dicevo: "La legge non interviene se prima non vede sangue?". Cominciavo ad avere sonno ma ero agitato, non mi decidevo a buttarmi giù. Temevo che i due mi cogliessero d'improvviso.

Aspetto più tardi, pensai. E attesi paziente che arrivassero le ombre taglienti della sera. S'avvicinavano pian piano, cupe e inquietanti come una minaccia. A un certo punto, come se provenisse da un mondo lontano, udii un fievole suono di campane. Ascoltai col dolore nell'anima. Potevano essere del mio paese ma anche del Cadore o valli vicine. Le campane hanno voci personali, si possono riconoscere. Però, da lì dove stavo, non era possibile, troppo distante. Mi giungeva una fievole trama di rintocchi appena percettibili. E allora ascoltavo. Il cuore suggeriva che erano del mio paese. Ma chi poteva dirlo? D'improvviso smisero e mi rassegnai al dubbio. Dopo un po' ripresero, poi si fermarono ancora. E ancora, dopo un altro po', di nuovo le sentii. A quel punto capii e mi vennero le lacrime. Era la notte di Natale. Troppe volte avevano cantato i bronzi, e che fossero del paese o no non m'interessava. E io, quassù, dentro una spelonca, solo come un cane, la notte di Natale. Tirai cinquanta bestemmie pensando a quei due maiali. E anche maledii mia mamma. Avrei voluto stare in paese, portare un ramo di muga sulla tomba di lei sebbene l'avessi maledetta. Invece no. Causa due bastardi, mi toccava rimanere incastrato nella grotta la notte del Bambino come un sasso nella fessura di un tronco. E mi toccherà anche Pasqua se la faccenda non cambia. Bella prospettiva davvero. Sotto il dolore di quei pensieri, qualcosa scattò in me come un condannato a morte che reagisce e si scaglia sul boia.

«Questa notte vado in paese e li affronto» dissi a voce alta. Mi preparai come occorre a camminare al buio e nel freddo. Ben vestito, scarpe ferrate, lampada a carburo e pila. Invece del fucile o la schioppa, presi la rivoltella nascondendola nella cacciatora. Appesi alla cintola il *pennato*[4] e partii.

Non prima che il fuoco morisse. Lo guardai spegnersi. E di nuovo lacrimai. Mi sembrò di essere io quella brace che un po' alla volta si estenuava crollando su se stessa, disfacendosi in silenzio come i sogni e le speranze. L'ultimo fumo saliva lieve come un respiro morente. Pennellava la grotta e se ne andava. Era come un ricordo debole, testimonio del fuoco che fu: forte, vivace, caldo. Ora stava morendo. Anch'io prima di questa disgrazia ero il fuoco. Avevo forza, calore e allegria. Adesso mi stavo spegnendo. Morivo di tensione, fatica, paura e incertezza. O con due fucilate. Senza nemmeno il fiato del ricordo. Prima di partire presi anche lo zaino. Se riuscivo a tornare, avrei fatto provvista di cose che mancavano.

Per risparmiare la pila, scendendo usai il carburo. Passai davanti all'albero sul quale stavano appese le viscere del camoscio. Illuminate dalla fiammella incandescente, sembravano un uomo in piedi che perdeva le budella. Non potevo sopportare quella visione. Raccolsi da sotto un abete bianco una bracciata di rami secchi e li sistemai ai piedi del lugubre trofeo. Accostai la lampada e detti fuoco al muc-

[4] Roncola.

chio. Le fiamme alzarono potenti braccia che avvilupparono l'intero alberello. Sentii sfrigolare quelle budella indurite dal freddo, e quando furono scongelate iniziarono a torcersi come se qualcuno le strizzasse. Le guardai tribolare e agitarsi, poi presi a scendere lentamente, illuminando un sentiero che non esisteva. Tendevo l'orecchio a ogni rumore, per intuire se i gemelli fossero nei paraggi. Scendendo tagliai una muga e la tenni. Ci avrò messo più di tre ore prima di vedere le luci del paese. Il cuore mi batteva forte eppure stavo solo tornando a casa mia. Proprio per quello mi batteva il cuore. Intanto che guardavo le luci di quel Natale perduto, suonarono di nuovo le campane. Forse, e non era forse, stava terminando la messa di mezzanotte. Infatti era così. Aspettai che tornasse il silenzio per avvicinarmi alla casa del mio amico. Tirai per aria un colpo di rivoltella. Dopo cinque minuti ci fu uno sparo. Era segno di via libera. L'amico rispondeva a quel modo per dirmi che tutto stava a posto. Filai sul sentiero ed entrai piano, come la volpe che va per galline. Lui era lì, seduto tranquillo, il fucile sul tavolo e una boccia di vino accanto.

«Bentornato e buon Natale» disse senza muoversi dalla sedia.

«Li hai visti?» chiesi.

«Sono da Pilin, tutti e due ubriachi che quasi non si reggono in piedi. Stamattina hanno picchiato Carlin De Ana. Se vuoi andiamo, li massacriamo a legnate. Almeno, se ti fanno fuori, creperai con qualche soddisfazione.»

«No, lasciamoli buoni, domani provo a parlarci, chissà che non riesca a farli ragionare. E poi non si picchia nessuno quando è ubriaco. Nemmeno i Legnole.»

«Se parli così non li conosci per nulla. Ti facevo più intelligente. Te l'hanno giurata, neanche se li copri d'oro tornerebbero indietro. E ti dirò di più. Se non eri tu sarebbe stato un altro. Quelli hanno bisogno di uccidere qualcuno. Devono mettere un umano nel carniere, camosci e cervi non bastano più. Hanno bisogno di preda unica, diversa, precisa. Fossi in te non li avvicinerei.»

«Nell'osteria non oseranno attaccarmi, ci sono testimoni, e ho la pistola in tasca.»

«Non li ammazzeresti mai, ti conosco, non sei capace di uccidere, ti fan pena anche le bestie, lascia perdere, non provocarli.»

«No, devo fare un tentativo, almeno uno, provare a convincerli di chiudere la storia, non è possibile campare così.»

«Fa' come ti pare» disse l'amico mentre riempiva due bicchieri, «comunque vada io sarò con te nel caso avessi bisogno. Ma ripeto, dammi retta, lascia stare.»

«Se lascio stare non saprò mai se era possibile convincerli, magari è più facile di quanto pensiamo. Se mi accompagni te ne sono grato.»

Bevemmo tutta la bottiglia poi dissi: «Stanotte dormo qui, domani provo a cercarli. Intanto faccio un salto al cimitero. Vado da mia mamma a portarle un ciuffo di mughe».

Uscii guardingo e circospetto così come ero entrato. Traversando la cucina mi imbattei in uno specchio. Ero cambiato parecchio in due mesi. Smagrito, barba lunga, occhi infossati come si trovassero in fondo a un pozzo. Come mi hanno ridotto quei bastardi. Così pensai. Sulla fossa di mia mamma mi venne da piangere. Poi rabbia. Tutto era nato a causa sua, per una tazza di brodo. Quale sarà il valore di una tazza di brodo? Un camoscio spellato? Una vita umana? Sulla tomba tirai bestemmie. Ci stavano. Poi pensai che la povera vecchia non aveva colpa. Sono stato io a rubare l'animale. E per questo, da due mesi, sono diventato un camoscio. Braccato e in fuga, come quelli veri. Ho buttato sulla fossa la rama di muga, ho tirato ancora due bestemmie e sono uscito lanciando maledizioni a lei e al suo maledetto brodo. Sulla strada stavo attento a ogni rumore, ogni ombra, ogni taglio di luce. Stanotte resto dal mio amico, domani affronto i farabutti, pensavo. Sentivo le voci della festa in piazza.

Spiando dall'alto, ho visto il falò ardere potente. E sopra, la caldera piena di vino fumante. Molta gente fuori parlava e beveva, altra cantava nell'osteria Pilin. Che voglia di scendere e far festa anch'io! Ma lì dentro stazionavano i Legnole, era meglio tirare dritto. Tutta la notte non ho chiuso occhio. Rabbia e agitazione rubavano spazio al sonno. L'ira mi torceva le budella come il fuoco aveva strizzato quelle del camoscio appese ai rami. Mi rigiravo sulla panca. Ogni tanto mettevo legna nella stufa. L'amico se n'era accorto e diceva: «Sta' calmo, non agitarti, cerca di riposare, domani vedremo». Lo disse tre volte. Poi si addormentò, credo.

La mattina di Natale, ancora campane annunciavano altre messe. Il cielo era grigio compatto, alto e muto come non gli fregasse della festa. E io sapevo perché: intendeva buttare neve. Ne aveva tanta accumulata dentro, adesso era stufo, voleva liberarla. Non era mai successo di arrivare a Natale senza neanche un fiocco. Dentro il cuore ebbi la certezza che il cielo si sarebbe vendicato. Non mi sono mosso fino a mezzodì. Ho mandato l'amico a vedere se i due erano da Pilin. È tornato e ha detto: «Sono». Allora ho messo la pistola nella giacca, ho tirato un sorso di acquavite dalla fiasca e ho detto: «Andiamo».

«Tagliati quella barba, se ti ammazzano almeno sei pulito e presentabile.» Poi rise. Io no.

Lui davanti io dietro, scendemmo la strada Sciariada. Su quei ciottoli erano passati secoli di vita e morte, nel chiuso del paese, dove tutti sapevano le cose e stavano muti come i muri. Procedevamo adagio, come per riflettere, pensare bene quello che stavamo per fare. Ma anche perché sui ciottoli c'era un po' di ghiaccio e occorreva prudenza. Per un attimo, ma solo uno, mi balenò l'idea di tornare indietro, dar retta all'amico e lasciar perdere. Invece no, dovevo andare avanti. E andai. Lungo il tragitto incontravo paesani agitati dalla festa. Quasi nessuno salutava, forse non mi riconoscevano o non volevano salutarmi. Meglio evitare confidenze con un condannato a morte. Qualcuno magari pensava fossi già morto. Invece ero vivo, e con tutta l'intenzione di rimanerlo a lungo.

Davanti all'osteria Pilin c'era la caldera di vino che fumava sul fuoco. Il mestolo appeso al ramo basso dell'albero, aspettava bevitori. Ne presi mezza scodella ma prima guardai la porta per quella saggia prudenza del non si sa mai. Se mi vedevano prima i Legnole partivo svantaggiato. Alla fine decidemmo di entrare. Il mio amico andò avanti. Aprì la porta, scrutò in giro, si voltò e col dito fece segno dove stavano. Allora entrai anch'io e l'aria si fermò. C'era fumo di trinciato e sigari e si bloccò a mezz'aria anche quello lì. Il silenzio si fece irrespirabile. Tacquero anche gli ubriachi. Qualche avventore uscì ostentando una calma che non aveva. Appena mi vide, Gildo s'alzò di scatto e mise la mano in tasca.

«Non provarci» dissi, «sono qui per parlare.» E mentre parlavo tirai fuori la pistola e gliela puntai in faccia. «Non ci provate né uno né l'altro o tutto finisce a Natale.»

Gianco tirò per un braccio il fratello e lo fece sedere. Mi avvicinai al tavolo assieme all'amico, tirai due panche e ci sedemmo.

Dopo un silenzio elettrico che accese lampadine di paura, li guardai in faccia e dissi: «La vogliamo finire una volta per tutte? Non vi sembra possa bastare? Si vive male tutti, così».

«Sei già morto» farfugliò Gildo.

L'altro aggiunse: «Devi soltanto cadere, sei un morto in piedi». Erano stupefatti dalla mia mossa. Portavano sulle facce segni evidenti delle sbornie passate. Gonfi, violacei, brutti, gli occhi rossi come quelli dei gufi. E di nuovo bevevano rosso. Dal labbro inferiore, sporgente come una grondaia, cadevano sul tavolo gocce di vino. Mi avvicinai col busto per fargli capire che non li temevo, afferrai il bicchiere di Gianco e lo tracannai d'un fiato. Mi guardò come se volesse bermi il sangue, ma non aprì bocca. «Prova col mio» bofonchiò Gildo. Presi anche il suo e lo bevetti di colpo. Il gemello, con gran calma, tirò fuori un coltello tipo ronchetto a serramanico, lo aprì e lo posò sul tavolo. «Ordina due bicchieri o ti taglio il collo» disse.

Estrassi ancora la pistola: «Ordinali tu, ma non due, quattro». E di nuovo gliela puntai in faccia.

Il mio amico intervenne dicendo: «E se non basta quella ce n'è un'altra», e fece vedere una vecchia Luger di chissà quale provenienza.

L'oste Dorizzi, taciturno e severo come un castigo, si fece sentire: «Buoni! Niente storie qua dentro. Le vostre questioni andate a chiarirle fuori. Rispettate almeno il giorno di Natale». Mentre parlava, tirò fuori da sotto al banco la doppietta e la mise sul piano, le canne rivolte ai Legnole.

Feci un ultimo tentativo, cercai una nota positiva ma la musica in quella bettola era stonata, non ci poteva essere alcun accordo.

«Facciamo pace» dissi porgendo la mano prima a Gianco poi a Gildo, «così non si vive. In fondo, è il valore di un camoscio, ve ne regalo dieci. È il giorno di Natale, beviamoci sopra e facciamola finita.»

«Beviamo» disse Gianco mettendo via la roncola, «ma non cambierà niente. L'hai fatta sporca e la devi pagare. Non è il valore della bestia, è l'offesa che conta.» Fece una lunga pausa guardando il pavimento e concluse: «E le offese chiamano sangue». Strascicava le parole come se qualcuno gliele cavasse con l'uncino da tronchi.

Ordinai quattro rossi e l'oste li portò al tavolo. Si girò verso di me e in un orecchio mi disse: «Non temere, stanno sotto tiro». Come potevano stare sotto tiro se era lì con noi? Mi venne il dubbio e guardai verso il bancone. Il norcino Furio dal Tech, silenzioso e ubbidiente come un soldato, seguiva la scena con la doppietta in mano. Non dissi niente, l'oste mi strizzò l'occhio. Alzammo i calici senza farli tintinnare e ognuno bevve evitando di guardarsi in faccia. A un certo punto, prima uno e dopo l'altro, i Legnole dissero: «*To su mort*».[5]

Avevo perso tempo, pregai l'amico di pagare il conto e dissi: «Andiamo». Uscii camminando all'indietro, la schiena verso la porta. Non mi fidavo, sempre per la sacra regola del non si sa mai. Mentre traversavamo la soglia, vidi il norcino Furio dal Tech mettere via la schioppa e sparire nel retro. Ma non solo, feci in tempo a udire i gemelli bestemmiare e insultarsi: «Lo avevamo a tiro, non dovevamo farlo scappare».

Camminavo cauto accanto all'amico, e prima di entrare in casa sentii un fiocco di neve battermi sulle ciglia. Era giunta l'ora, l'inverno bussava alla porta, da qui alla primavera la mia esistenza sarebbe stata dura. La montagna stessa avrebbe dato una mano ai Legnole a rendermi tutto più difficile. Pregai l'amico di darmi un po' di provviste, sarei partito la sera stessa. Non potevo aspettare l'indomani col rischio di trovare mezzo metro di neve. Men che meno andare a casa mia. Quelli mi avrebbero fatto fuori nel sonno. O in un momento di stanchezza, distrazione, tristezza. Tante erano le cose che potevano fregarmi. Ma, a dirla tutta, non erano solo questi i motivi per cui tornavo in quota.

Mi ero reso conto, quella sera, che mi mancava l'aria aperta, i boschi scheletriti, l'inverno, le notti interminabili al tepore del fuoco dentro una spelonca. E l'inquietante silenzio della montagna, solo ogni tanto rotto da grida di animali disperati o dai rantoli tribolati di uccelli notturni. Mi mancava tutto questo. E, seppur duole confessarlo, dovevo ai Legnole, alla loro ottusa ferocia, alla brutale ignoranza la scoperta di una vita nuova. Vivevo la dolcezza, bellezza e durezza di esistere in mezzo alla natura, come un camoscio, un larice nel vento, una lepre sotto la neve. Certo, ne avrei fatto

[5] Tu sei morto.

volentieri a meno, ma se non era per loro non avrei vissuto l'avventura che affrontavo giorno dopo giorno, piena di sorprese e pericoli. Non avrei scoperto il fascino della vita selvatica spinta al limite della sopravvivenza. Mi era capitato più volte, e parecchie, di dormire nei boschi, tra le rocce o nelle baite. Ma si trattava di due, tre notti, massimo quattro. Tempo breve per apprezzare in pieno la vita da camoscio. Inoltre, la certezza di poter tornare in paese senza rischi e quando volevo impediva di apprezzare a sufficienza il valore e la bellezza di quel mondo cui ora venivo costretto.

L'amico mi regalò tutte le provviste della dispensa e un calendario nuovo dell'olio Carli. Riempii lo zaino e assieme aspettammo l'imbrunire bevendo una bottiglia di vino. Nel frattempo, qualche fiocco cadeva silenzioso qua e là come un solitario guardiano che veniva a controllare se il terreno era pronto. Pregai l'amico di andare alla stalla a prendere Papo, il mio cane. Volevo carezzarlo un poco. Glielo avevo lasciato in custodia per non farlo tribolare d'inverno sulla montagna, e ne sentivo la mancanza. Quando udì la mia voce si mise a saltare di gioia così alto che temevo si rompesse le gambe. Mi leccava le mani, il viso e abbaiava come a rimproverarmi di averlo lasciato solo. Fu in quel momento che decisi di portarlo con me. Capii che nessuna difficoltà lo avrebbe abbattuto come il dolore di starmi lontano. Al caldo della stalla, preferiva affrontare il gelo dell'inverno accanto a me. Ancora non sapevo che da lì a qualche ora mi avrebbe salvato la pelle.

Aspettai l'imbrunire e, caricatomi zaino e altre robe, tesi la mano all'amico.

«Spero di rivederti presto» mi disse.

«Altrimenti cantami un amen.» Aprii la porta e il cane uscì per primo. Appena fuori si mise a ringhiare di brutto verso un punto preciso. Sospettai qualcosa e fu un attimo. Mi buttai per terra e tornai dentro strisciando come una vipera. In quel momento una fucilata squarciò la sera e la malta sbriciolata del muro mi cadde in testa. «Bastardi.»

L'amico disse: «Non ti sembra sia ora di basta? Andiamo a cercarli».

«No, lascia stare, non facciamo stupidaggini. C'è tempo per agire.»

«Quando ti troveranno steso, coi piedi in avanti, tempo non ce ne sarà più. Quelli te l'hanno giurata, occorre anticiparli.»

«Non voglio ucciderli, morirei di rimorsi, e nemmeno voglio marcire in galera.»

«Non serve ucciderli, basta frantumargli le gambe, allora staranno fermi. Gli spariamo nelle ginocchia.»

Un'ora dopo, cautamente, uscii dalla porta sul retro e guadagnai il bosco. Papo non mostrava segni di nervoso e questo mi dette sicurezza. Fuori era la notte, un vento gelido come un coltello veniva rasoterra a tagliare il corpo. I radi fiocchi cadenti mi arrivavano sulla faccia come punture di spilli. Il cielo rimestava nella caldera la farina della neve. Mi aspettavano giorni difficili, notti lunghe e gelide. Ma ora avevo il cane, una grande compagnia. Per un uomo solo, braccato e deluso, non era poco. I fiocchi aumentarono leggermente, le punture sulla faccia si fecero più acute. Erano avanguardie dell'esercito bianco nell'imminente avanzata.

Dopo qualche passo, mi venne in mente un volto di donna. Era una del paese che frequentavo. Mi prese voglia di andarla a trovare, salutarla, stare un po' con lei. Cambiai idea presto. Ero troppo avvilito per saluti, chiacchiere e cimenti amorosi. Preferivo infilarmi nei boschi invernali e nella mia spelonca piuttosto che nel suo letto. Così proseguii verso il destino.

Attaccò a nevicare un po' più fitto. Cadeva leggera e silenziosa, timidamente, come uno che torna al paese dopo tanto tempo. Il vento se n'era andato, il bosco taceva. Dopo un'oretta, i fiocchi cominciarono a imbiancare la terra. Era tutto così strano. Dove stavo andando? Perché? Che senso aveva quella fuga? Quel palpare i monti per salvarmi? Le risposte le conoscevo e non c'erano soluzioni. Situazione assurda, da sfiorare il ridicolo se non fosse stata tragica. Eppure, nonostante l'assurdità, le difficoltà cui andavo incontro, i pericoli, i disagi, nonostante tutto, nel remoto fondo dell'anima sentivo la contentezza di tornare lassù, nella solitudine della grotta, tra il silenzio dell'inverno.

Dopo qualche ora sentii di nuovo le campane. Annunciavano la messa della sera, ultima funzione di Natale. La neve prese a infittire, adesso veniva giù bene. Accesi il lume a carburo, ormai ero in alto, i gemelli non potevano vederlo. Alla luce intensa della fiammella, la magia della notte sorpresa dalla nevicata mi lasciò senza fiato. Volli fermarmi e ascoltare, vedere, vivere l'emozione del momento. Sulle braccia scheletrite degli alberi, crepitavano i fiocchi col rumore di leggerissima grandine. Mi ficcai sotto un abete a ombrello e arrotolai nella cartina l'inseparabile trinciato. Accesi col carburo, anche se non si dovrebbe. Dicono avveleni il tabacco. Sul terreno ormai c'erano due spanne di neve e ogni rumore vi cadeva dentro come nella bambagia. Papo si accucciò accanto a me, non prima di essersi scrollato dal pelo due dita di polvere. Mi sovvenne che avevo le ciaspe, ma sapevo che fino a mezzo metro camminavo senza problemi. Ancora tre ore e sarei arrivato alla grotta e, seppur veniva fitta, tre ore non erano sufficienti a bloccarmi il passo. E nemmeno ai Legnole. Quelle bestie, non li fermava nessuno. Andavano piano perché non avevano cervelli all'altezza di movimenti rapidi. Ma procedevano inesorabili come ruspe. Mi fumai la sigaretta sotto l'abete amico, godendo momenti di pace assieme al mio cane pur sapendo che ero in guerra. Ogni tanto guardavo in alto. I rami cominciavano a sentire la pressione del bianco. Li vedevo cedere e piegarsi poco a poco. Poi, con uno sbuffo, scaricavano la neve e si rialzavano al loro posto. La fiammella del carburo illuminava quella notte magica, ancora natalizia, mentre sentivo di nuovo rintocchi di campane. Decisi di aiutare l'abete a togliersi un po' di peso dalle membra. Mi piaceva l'idea di alleggerirlo. Raccattai un fascio di legna secca e accesi un bel fuoco. Le fiamme si levarono in alto e la neve cominciò a cadere attorno a me come se sotto l'albero balzassero lepri bianche. Osservavo quel mondo antico, da tempo dimenticato. Ogni volta che un ramo si liberava, risaliva in posizione con un sospiro di sollievo come dopo un grande sforzo. Il crepitare dei legni sul fuoco mi impediva di ascoltare i rumori della notte invernale e il fievole brusio dei fiocchi. Ma andava bene così. Avrei desiderato stendermi sotto l'albero in compagnia della notte dentro il suo palpito silenzioso. Invece dovevo raggiungere la grotta, mettermi al sicuro. Nevicava fitto, non c'era tempo da perdere. Lasciai che i legni si sfaldassero tra le fiamme, fumai un'altra cicca e ripresi il cammino.

Il mio caro Papo aveva smesso gli entusiasmi e pareva godersi in silenzio la gioia di stare con me. All'inizio saltava e latrava di gioia. Ora, appagato e pacifico, esprimeva in silenzio il suo grazie. Succede pure agli esseri umani. Di entusiasmarsi all'inizio per una bella sorpresa, dopodiché, passata l'euforia, restare in silenzio e godere nell'intimo il piacere di quella sorpresa. Così faceva Papo dopo aver ritrovato il padrone. Io però, nei confronti del mio cane, non mi sento padrone bensì fratello. Si è padroni di una casa, di un fondo, un oggetto, non di un animale. Il cane diventa di famiglia, dove non ci sono padroni. Se non proprio fratello almeno parente, mettiamola così. Si tende a dire che siamo padroni di questo, di quell'altro, invece non siamo padroni di niente, nemmeno di noi stessi. Stiamo perennemente in balia di malattie, dolori, paure, insicurezza. Timore dei ladri. Della morte non parliamo, abbiamo terrore. Campiamo non da padroni ma *sotto* padroni. Prendiamo il mio caso. Di cosa sono padrone io? Non posso organizzare giornate, non ho libertà, non decido programmi, non so come salvarmi. A causa dei Legnole non posso disporre della mia vita. E anche loro hanno padroni che comandano: l'alcol, l'ignoranza, la ferocia, un analfabetismo idiota. Così è. Non affermiamo allora che siamo padroni del nostro cane, semmai fratelli o parenti stretti. Questo dobbiamo dire.

Mi rimisi in marcia senza fretta. Volevo gustarmi la notte sotto il biancore della neve che scendeva fitta e quieta. Volevo affondare i piedi nella bambagia, quella cipria dove ogni suono veniva ingoiato, attutito, disperso. Tutto intorno il mondo taceva. Solo ogni tanto, vicino o lontano, giungeva come un respiro il *puff* della neve che cadeva dagli alberi. O il nitido *crac* di un ramo che si spaccava. Pensai che in quell'ambiente ostile per qualche giorno sarei potuto andare tranquillo. I gemelli, presi dalle feste e dal maltempo, non si sarebbero mossi fin dopo Capodanno. Mi sbagliavo.

Piano piano, col mio Papo accanto, arrivai alla grotta. Per entrare dovetti fendere la neve con le anche. Lassù ce n'era il doppio. Subito accesi il fuoco, prima cosa da fare quando si brancola sulla montagna. Per alcuni giorni potevo stare lì, ma non troppi. Quelli mi erano arrivati vicino, testimone il camoscio sbudellato. Sapevano che dimoravo in quella tana, dovevo spostarmi. Ma pensavo di avere ancora un paio di giorni, così decisi di godermi quella notte, fumando trinciato, carezzando il mio cane e guardando la tenda di polvere bianca che dondolava davanti all'ingresso. Grazie al chiarore del fuoco vedevo all'esterno la neve alzarsi. Lentamente il bordo sull'entrata modificava il profilo. Da qui in avanti avrei lasciato tracce ovunque. Fino a che il manto non fosse diventato cemento, i Legnole avrebbero scoperto ogni mio movimento. Ma anch'io i loro. E stavolta avevo Papo che ringhiava al minimo rumore. E forse anche odore.

Udii il rombo lontano di una valanga. Fa molta impressione quel rumore nel silenzio delle notti invernali. Ci si figura travolti, trascinati a valle, vivi ma incapaci di liberarsi dalla presa, e alla fine di morire soffocati, la bocca piena di neve, il terrore nel cervello. Io che sono stato preso dal treno bianco, queste cose le so. Ma adesso ero al sicuro, accucciato nella spelonca, accanto al fuoco, circondato da montagne e boschi coperti di neve che dormivano pacifici. Anche se non sempre i boschi sono tranquilli. Ogni tanto da qualche pendio parte una valanga nuova. Quelle vecchie seguono strade spazzate da millenni. Le nuove, la strada se la fanno senza mezze misure. Gli alberi sentono che arrivano e hanno paura. Tremano. E a ragione. Le valanghe nuove, assetate di morte, piombano loro addosso. Vengono letteralmente strappati, divelti alle radici, arrotati, spezzati, scorzati finché si ammassano in fondo alla corsa, uno sull'altro come soldati morti. Sentivo il pericolo delle valanghe con un fiuto animale, per questo sapevo che fino a marzo sarebbe stata dura. Ma, se può essere di consolazione, anche i due bastardi rischiavano. Venirmi dietro diventava ostico. La natura non fa differenze, non privilegia nessuno, colpisce tutti quelli che la frequentano. Semmai è la fortuna a fare differenze, come nel mio caso quando la valanga mi sputò. Questo pensavo nel quieto abbraccio della spelonca.

E mi venne un'idea. Potevo mettere in trappola i gemelli bastardi. Per esempio, farmi seguire fino alla base di un pendio, tirare una fucilata e far partire l'intera massa di neve. Se li sarebbe bevuti in un lampo, come loro tracannavano il bicchiere di vino. In questo modo non rischiavo la galera. I gemelli Legnole avrebbero terminato i loro sporchi giorni sepolti dalla neve e arrivederci. Occorre farsi furbi: che siano altri a uccidere al tuo posto. Ma neanche così funzionava. Scatenare la neve di proposito era come sparare, e io non volevo rimorsi.

E allora non potevo che continuare la fuga, sperando le cose mutassero in meglio. Ogni tanto entrava il vento a farmi visita. Lanciava manciate di fiocchi nella grotta che non arrivavano al fuoco. Si fermavano a metà, raccogliendosi in mucchietti alti due dita, come se da sotto premessero le talpe bianche dell'inverno. Dopo un attimo, il calore delle fiamme li scioglieva in fili d'acqua che sparivano nella polvere antica della spelonca. Godevo quei momenti di pace dentro un mondo ostile, che mi trovava svantaggiato ma deciso e pronto ad affrontarlo. Buttavo un occhio al mio cane che accucciato spiava l'entrata. Ero felice di averlo con me. Dopo un tempo che non saprei dire, la bestiola fece un lungo respiro e si addormentò come se da tanto tempo non lo facesse.

Rimasi nella tana tre giorni e tre notti. Salvo pause di poche ore, non cessò mai di nevicare. Le slavine rombavano dappertutto, lontane e misteriose. La montagna si scrollava di dosso il peso superfluo. Alcune scivolavano intorno alla grotta. Erano minute, il loro passo rivelava poco più di un fruscio. Trascorsi le notti sveglio, impressionato dalla natura possente che stiracchiava le membra facendo crollare tutto. Ero intimorito dall'esperienza che stavo vivendo. Ogni giorno cambiava, mai uguale a quello trascorso. Ogni ora minacciava qualcosa di nuovo. Avvenivano fatti che mai avrei immaginato. Come non immaginavo i bastardi muoversi prima che l'anno terminasse. C'era un metro e venti di polvere bianca, dove potevano andare? A cercare un uomo che spostandosi lasciava dietro una trincea nella neve?

Invece si mossero, non li facevo così determinati. Purtroppo lo erano. Gli scemi non ragionano. Sta di fatto che agirono a fine dicembre, prima che l'anno scalciasse gli ultimi spasimi. Un anno maledetto. Era morta mia mamma e io stavo per seguirla. Una mattina che faceva freddo e soffiava un vento da far scricchiolare i boschi, puntai il binocolo verso il fondo della valle, come sempre. Non dirò che anno correva, voglio dimenticarlo, togliermelo dal cranio. Ora ho un calendario al riparo nello zaino. Terrò a mente i giorni, il resto non m'interessa. Almeno finché potrò contarli. Nel binocolo apparvero due puntini scuri che avanzavano nella neve. Andavano così piano che parevano fermi. Era tornato il sereno, mi colpiva un nitore da cavare gli occhi. Aveva smesso di nevicare da molte ore. E, regola fissa dopo il maltempo, il cielo era diventato un catino levigato, risplendente e lucido come se fosse di vetro. Quei puntini arrancanti nel bianco non potevano essere che loro. Chi avrebbe osato muoversi con quelle condizioni? Solo i Legnole, per un motivo preciso: spaventarmi e poi farmi fuori. Sapevo però che non avevano fretta. Giocavano al gatto col topo. Due gatti, un solo topo. Intendevano corrodermi, sfiancarmi, estenuarmi, farmi vivere nel terrore. E alla fine darmi il colpo di grazia. La strategia dei bastardi mi regalava tempo. Giorni che sfruttavo al minuto, apprezzando e godendo quella natura ostile, selvaggia e meravigliosa. Li osservai avanzare verso l'alto, lentamente, nell'abbraccio dell'inverno, tra le fauci della neve. Puntavano i monti alti di Salina, dove avevo un altro rifugio. Forse pensavano fossi lì. Sul momento mi venne di spostarmi in un antro più lontano e farli dannare a rincorrermi. Di quelle spelonche ne avevo attrezzate cinque o sei, fornite di tutto. Cibo, coperte, legna e asce. Le provviste stavano appese sotto le volte delle grotte, che le bestie non venissero a rubarmele. Prima di fare scelte frettolose, decisi di aspettare che i due si avvicinassero. Mai voltare la schiena al nemico. Sapevo che in giornata non ce l'avrebbero fatta ad arrivare lassù. Dovevano per forza bivaccare, ma per loro non sarebbe stato un problema, nella vita all'aria aperta erano validi quanto me se non di più. I gemelli Legnole erano autentici animali da esterno. Rozzi, ignoranti e beceri, manco si rendevano conto di pericoli, difficoltà e fatiche. Tutto questo li agevolava. La fortuna si schiera con gli imbecilli a danno degli intelligenti.

Mentre aspettavo, decisi di battere un tratto di pista verso l'altro rifugio nei pressi dei Campanòth. In caso di pericolo mi avvantaggiavo. In quella zona era tutto bosco, non rischiavo slavine. Le rocce si erano liberate dal peso durante la notte, avevo via libera. Andai avanti un paio d'ore, sempre tenendo d'occhio col binocolo il passo dei bastardi.

Quante fatiche per colpa di quei due animali, mentre il mondo s'accingeva alle feste di fine anno!

Ma la battaglia mi stimolava. Papo seguiva indomito e così furbo da mettere le zampe sulle mie tracce. Non andò una volta fuori pista. Dopo circa tre ore ero già arrivato alla grotta. Ormai era pomeriggio. I grigi delle rocce andavano a coprire il rosa delle cime accese dall'ultimo raggio. Un pennello grandioso, imbevuto d'inchiostro, si spostava in alto pian piano, pitturando tutto di scuro e trascinandosi dietro le ombre della sera. Lo seguivano le unghie acuminate del freddo che serrava nella mano gelida l'intero universo. Era il mio inverno, l'inverno solitario del braccato, tra ghiaccio, neve, valanghe e tristezza. Unici compagni d'avventura il fuoco e un cane. La neve aveva coperto il mondo rendendolo bombato e uniforme. Latte cagliato che seppelliva tutto: sentieri, valli, costoni, rifornimenti. Uniche tabelle indicative le alte montagne lontane. Siccome conoscevo le zone, bastavano le punte a dirmi: "Vai di là". Il resto era intuizione. Nel frattempo avevo perso di vista i Legnole e mi preoccupai. Potevano trovarsi nei paraggi. Ma no, Papo li avrebbe segnalati. A un certo punto, a metà valle, apparve una lucina e poi una più grande. I gemelli avevano acceso il fuoco e le lampade a carburo. Appena se ne accorse, Papo abbaiò a quei chiarori lontani. Non riuscivo a farlo smettere. Pareva intuisse che laggiù, accanto a quelle luci, c'era gente pericolosa. A mo' di risposta echeggiarono due colpi di fucile. Se avevo dubbi fossero loro, ora non più. Volevano avvisarmi che avevano sentito il cane. Mi venne paura che i due volessero far male alla bestiola.

Sapevano quanto tenessi a Papo. Chi vive solo ha bisogno di qualcuno. Avevo provato con le donne ma non era andata bene. Causa mia, lo ammetto. Facevano domande, e io le domande, le indagini e le richieste di chiarimenti non le sopporto. Il mio Papo domande non ne faceva. Soprattutto capiva e perdonava, qualità che amici e fidanzate non avevano. Ora son rimasto solo. Ho un brutto carattere, e non mi piace essere sopportato. Sto bene così, anche se in paese ho quella donna che ho detto prima. Vado d'accordo con lei, ma per poco. Perché, come me, ha un caratteraccio e vuole stare sola. Ci si incontra qualche volta e qualche ora, poi a ognuno la sua strada. Non so se ha altri uomini, non mi interessa. Non le ho mai chiesto niente e nemmeno lei a me. Però quando stiamo insieme è un'anima dolce. Anch'io cerco di esserlo e quasi mi vergogno.

Papo abbaiò più forte e i due spararono di nuovo. Era il nostro dialogo a distanza. Il muto parlare tra nemici, come italiani e austriaci sulle montagne della Prima guerra mondiale. Passai la notte nella tana, sveglio e vigile, con l'orecchio teso. Al mattino, appena la luce riempì la valle, cercai di capire se i due si erano mossi. In effetti si erano mossi, ma per scendere, non per venire da me. Come mai? Troppa neve? Poca voglia di faticare? Il freddo li aveva stesi? No. Nessuno di questi ostacoli poteva fermare i Legnole. Li conoscevo bene. C'era sotto qualcos'altro.

Lo scoprii il giorno dopo. Prima che imbrunisse, notai di nuovo due puntini che salivano. Erano loro. Si fermarono a bivaccare nello stesso posto della sera prima. Ancora brillò il fuoco e la lucina. E Papo abbaiò. I fatti si ripetevano. Tra le montagne imbottite di bianco, riecheggiarono due spari. I Legnole discorrevano a colpi di fucile.

Accanto al fuoco, ascoltavo le paure, indagavo la mia vita sbagliata. Da qualche mese era un continuo ripetersi, solo i tramonti non erano mai uguali. Quello che avevo appena visto era stato un abbaglio di luci blu e rosse. C'erano aculei di roccia a destra della spelonca. Tenevano fiamme in punta come fossero candele. Anche i monti innevati e i pendii ardevano di luce. Parevano lenzuola andate a fuoco. Apparve una luna quasi piena che potava i boschi addormentati e radeva la neve con la sua falce dorata. Il giorno prima non c'era stato un tramonto così, eppure il tempo era lo stesso.

Ma la luna si nascondeva dietro nuvole fuggitive e tutto pareva andare e venire, allontanarsi e rimpicciolire. Osservavo questi miracoli rapito e mi chiedevo se i Legnole provavano le stesse emozioni. Mi rispondevo di no, ma chi poteva dirlo? Era possibile che gli idioti tenessero qualche favilla di sensibilità. Secondo me non poteva essere. Altrimenti non mi avrebbero inseguito come cani rabbiosi sulle peste del camoscio. Chi possiede briciole di anima, e si emoziona davanti a un tramonto, non fa queste cose. Soprattutto non fa soffrire gli altri. Avrei voluto sedermi con loro, e parlare. Fargli capire che non valeva la pena combattere, che l'odio non guarisce nulla, che si poteva berci sopra e tornare amici. Basta poco, a volte, a capire. Ma quelli no. Non retrocedevano dalla loro scelta, come non tornavano indietro di fronte all'ostilità della neve.

Arrivò la notte col suo pastrano antico. Il freddo aumentò, un gelo metallico addentava la terra con ganasce d'acciaio. Nella spelonca ardeva il fuoco e una lampada a carburo. Laggiù, nella valle sepolta di buio, brillavano un fuoco e delle luci. Gli uomini, alle strette, necessitano delle stesse cose. Fuoco se fa freddo, luce se fa buio, cibo se hanno fame.

L'indomani era l'ultimo giorno di quell'anno disgraziato: da due mesi ormai vagavo per i monti. Puntai il binocolo e vidi i gemelli avanzare. Venivano verso di me. Gildo e Gianco Legnole avevano deciso di chiudere la partita. Così mi ero convinto. Li avrei aspettati tranquillo, cane accanto e fucile spianato. Raschiai la voce bene per poter intimare un altolà forte e tonante. Poi avrebbe deciso il destino. Ora li tenevo d'occhio. Arrancavano lentamente con le ciaspe. Ogni tanto si fermavano chinandosi sulla neve per qualche minuto. Che faranno?, mi chiesi. Forse vomitano il vino della sera. Ripeterono l'operazione almeno sei, sette volte. Strano! Non capivo quel comportamento. Che potevano cercare chini sul lenzuolo bianco? Su un metro e venti di neve? Non ne avevo la più pallida idea. Si inginocchiavano come fedeli davanti alle stazioni della Via Crucis. Stavano un po' chini, si rialzavano e ripetevano la manovra cento metri più in su.

Quando finalmente ho capito perché, li avrei ammazzati su due piedi. Ma devo andare per gradi e da qui in poi son gradi alti.

I bastardi giunsero abbastanza in su, ma non troppo vicini al mio rifugio. Papo abbaiò furioso e lo sentirono. Erano lontani ma a tiro di voce. La voce sulle grandi nevicate parte con lo slittino e va giù, scivola verso il basso finché cade in braccio a chi ascolta. In su invece è difficile, fatica, deve risalire adagio e arriva sempre in ritardo. I Legnole spararono due colpi, di sicuro uno a testa. Non mi mossi. In piedi dietro l'angolo d'entrata, li spiavo. Traversarono faticosamente la val di Camp, curvi sulle ciaspe come portassero un grande peso. A quel punto sparirono nel bosco scheletrito e non si fecero più vivi. Pensai che volevano solo spaventarmi, ora tornavano in paese a festeggiare l'anno fresco di neve. A ogni buon conto rimasi vigile, attento ai minimi rumori. Prima del buio studiai ancora la valle col binocolo, ma di loro nessuna traccia. Salvo la lunga scia impressa dalle ciaspe, non esisteva altro segno di passaggio. Reputai che potevo stare tranquillo almeno fino al 2, 3 gennaio. I farabutti dovevano smaltire il vino della festa, non si sarebbero mossi. Mi stesi accanto al fuoco, sopra il sacco a pelo e sopra un soffice materasso di mughe. A un certo punto la grotta si illuminò di colpo come se qualcuno avesse acceso una lampada.

Venne dentro una luce tenera, tiepida, che pennellò le pareti con vernice gialla. La luna era entrata a cercarmi, forse voleva tenermi compagnia. Papo alzò una palpebra sorpreso dall'improvviso lucore, poi la chiuse di nuovo e dormì. Io non dormivo. Guardavo quel chiarore che aveva reso la caverna un antro d'oro. Guardavo il cane che non aveva alcun da fare se non godersi la mia compagnia. Lo invidiavo. Mi vennero tanti pensieri mentre buttavo tronchi secchi sul fuoco. La gente normale rabbrividisce immaginando un uomo solo, nel cuore dell'inverno, rifugiato in una grotta, a milleottocento metri di quota, tra le più aspre montagne di una terra già di per sé durissima. L'essere umano, se convinto o costretto, può fare miracoli. Riesce a trasformare un luogo inospitale, ostile e gelido in un sito accogliente. Avevo reso vivibili diversi antri sparsi per la montagna. Buchi che al primo impatto mi avevano dato la pelle d'oca tanto erano gelidi e tristi. Ma, se ci metti l'anima, riesci a cambiare il difficile in accettabile. E col tempo anche piacevole.

Prima cosa ci vuole il fuoco. Un bel falò rende sopportabile tutto. Poi si occupa un poco di antro con rami di pino mugo fino a ottenere un piano rialzato di almeno quaranta centimetri. Un legno di traverso impedirà che il letto si sparpagli. Con tronchi grossi si ottengono panche da collocare attorno al fuoco. Poi bisogna tappezzare le pareti tutt'intorno con legni sottili, alti circa un metro e mezzo, posti uno accanto all'altro in senso verticale. Serviranno a togliere il freddo dalla nuda pietra e, allo stesso tempo, a conservare il calore del fuoco. All'entrata, si pongono degli alberi sempreverdi di traverso per fermare l'aria e dissuadere eventuali visite di animali notturni. La barriera non deve superare il metro in altezza, in modo che il fumo possa uscire. Ed ecco la stanza d'albergo a miliardi di stelle pronta per l'ospite.

Stavo lì a pensare quando a una cert'ora tornarono suoni di campane. Di sicuro piangevano l'anno vecchio e festeggiavano quello nuovo. Pensai ai Legnole e alla sbronza che di certo avevano in corso. Di solito la trascinavano una settimana. E berciavano queste strofe: «*Ciantìn ciantòn la vecia morta stufa, no la farà pi fèuch in te la sgiufa*».[6] Passai la notte di quell'incredibile Capodanno assieme al mio cane, in una caverna, a cinquantasei anni. Non mi sembrava logico

[6] Cantiam, cantiamo, la mamma è morta stanca, non ci scalderà più la minestra.

tutto questo. Che vita era la mia? Rimasi la notte a pensare. Scoprii con meraviglia di non provar desiderio d'essere in paese a far baldoria. Stavo bene lassù anche se non volevo crederci. Ma era la realtà. Mi appisolai verso l'alba, solo un poco, poi aprii gli occhi.

Il giorno mi sorprese cattivo, con un gelo che faceva spaccare gli alberi e cadere gli uccelli in volo. Atterravano estenuati sulla neve. Nel mio appartamento stavo bene. Binoccolai la valle attentamente. Oltre a cinque camosci sul crinale non c'era anima viva. Solo le tracce dei Legnole impresse il giorno prima. Sciolsi neve per il caffè e buttai ceppi sul fuoco. Ripresi a binoccolare e notai una macchia scura sul lenzuolo bianco che non c'era il giorno prima. Almeno non ricordavo di averla vista. Stava in fondo, nella zona dove ieri ciondolavano i gemelli. Cos'era? Aspettai il sorgere di un sole anemico. I suoi raggi erano freddi come gli occhi di un morto ma voleva comunque essere presente. Stava lassù, solitario e triste. Dopo essere uscito a fatica dalle innevate guglie della Cridola, cercava di rendersi utile. Ma era tempo perso.

Io volevo sapere cos'era quel puntino scuro giù a metà valle. Calzai le ciaspe, presi l'alpenstock, misi il fucile a tracolla e partii. Scendevo adagio, non avevo alcuna fretta. D'inverno tutto va piano, rallenta o si ferma. Nella mia condizione la fretta era scomparsa, non aveva futuro. Anzi, più ci mettevo tempo a fare le cose, più questo passava veloce. A mano a mano che mi avvicinavo, la macchia scura prendeva forma. Volevo capire, e giunto a pochi metri capii. Immediatamente bloccai il cane con un "fermo" perentorio. Papo si stese immobile. Quel giorno ebbe fortuna. I bastardi avevano disseminato ovunque bocconi avvelenati. Fiale al cianuro avvolte in strisce di lardo. La volpe era rimasta fulminata. Teneva la leccornia tra la smorfia dei denti. Ma non era per le volpi che i criminali avevano impestato la neve di morte. Volevano uccidermi il cane, quelle merde. Volevano togliermi l'essere più caro rimastomi dopo la morte della mamma. Ora sapevo perché erano tornati giù e riapparsi il giorno dopo. Dovevano fornirsi di veleno, come non bastasse quello che avevano in cuore.

Maledetti vigliacchi bastardi, il mio Papo no! Guai a loro! Volevano togliermi l'amico, la compagnia, la vita! Per fortuna mi camminava dietro, altrimenti chissà. Giuro che in quel momento se mi fossero comparsi davanti li avrei ammazzati. Il mio Papo non si tocca. Legai l'animale a un alberello e mi misi sulle tracce dei bastardi: trovai e frantumai tutti i bocconi con le fiale. Caricai la *bolp*,[7] indurita come un sasso, sulle spalle e pian piano tornai alla caverna. Avevo disinnescato sette bocconi al cianuro ma poteva darsi ne avessi mancato qualcuno. Allora feci un collare con la cinghia dei pantaloni e tirai Papo al guinzaglio. Meglio stare all'occhio, non si sa mai.

Così, tra difficoltà, paure e rischi, iniziai un anno nuovo. Mi domandavo se sarei riuscito a viverlo per intero. E se avrei visto il prossimo. Questo mi chiedevo. Non sapevo come sarebbe finita. Intanto m'apprestavo a campare giorno dopo giorno, senza speranza e senza disperazione. Avrei tenuto duro, coltello tra i denti, finché il gelido inverno non si fosse sciolto nella tiepida primavera. A quel punto, tutto sarebbe diventato più facile.

Almeno un po'.

[7] Volpe.

INVERNO

Gennaio

Chissà cosa mi avrebbe riservato quel triste gennaio. Chi avrebbe immaginato che sarebbe stato il più duro di tutta la mia vita. Per tante cose. Prima il freddo, poi valanghe, vento, ghiaccio e... i Legnole. In quel mese mi hanno sparato tre volte. Ovviamente non per uccidermi, lo avrebbero potuto fare. Volevano spaventarmi. E ci riuscivano. Pensavo questo mentre tiravo giù la pelle alla *bolp*. Trenta giorni difficili e ancora mi domando come son riuscito a portarla fuori. Intendo la scorza. Anche febbraio è stato tosto, ma molto meno, e voglio anticipare che a marzo nevicò forte. Ma devo andare in ordine di fatti, per cui qui mi fermo.

Gennaio non fu molto nevoso, anche se a dire il vero era sufficiente quella già caduta. Fu il freddo a limarmi le ossa. Anche se avevo vestiti buoni, ero ben protetto, avevo legna secca nei depositi, fu veramente una tortura. Quel freddo lì non si poteva reggere. Mi sfiniva e toglieva la volontà di fare ogni minima cosa. E come se non bastasse, ogni giorno calava il vento maligno delle montagne che mordeva il corpo come un cagnaccio rabbioso. Con la pelle della *bolp* feci un berretto, lasciando il pelo all'interno. Lo indossavo sopra quello di lana. Mi copriva fino alle orecchie ma non bastava a sconfiggere quel gelo infame. Pensavo, sbagliando, che in quelle condizioni i Legnole non si muovessero. Non fu così.

Un giorno vidi del fumo alzarsi laggiù, sul limitar del bosco scheletrito. Sotto quel fumo c'era un fuoco. Puntai il binocolo e vidi due uomini che si scaldavano. Stavano sulla linea del sentiero che menava a valle. In quel punto passa sul bordo della croda, e c'erano dei cavi a cui tenersi per non finir di sotto. Era un punto molto pericoloso, l'unico per guadagnare il bosco sottostante. Oppure si montava verso destra, ma servivano cinque ore per raggiungere il raccordo che menava al paese. Tutt'intorno montagne impervie e rocce verticali. Usavo spesso quel tratturo. Anche l'ultima volta che ero calato per parlare ai Legnole ero passato di lì, non senza qualche brivido, come sempre. Ancora non sapevo che di là non sarei più transitato.

Ma non devo dire le cose prima o faccio confusione.

Tutto il giorno osservai i due che andavano dal fuoco alla roccia e viceversa. Sentivano freddo e si avvicinavano alle fiamme per scaldarsi. Mi venne in mente di sparare un colpo, a dire che li tenevo d'occhio. Anche loro mi avevano visto: io avevo acceso una montagna di rami secchi. Dove c'è fumo c'è fuoco, e dove c'è fuoco qualcuno lo fa. Presi il fucile, aspettai che fossero alla roccia e sparai in direzione del fumo. Non successe nulla. La distanza era talmente lunga che la pallottola si perse da qualche parte, come uno che non sa dove andare. Ma i gemelli si spaventarono. Scapparono a nascondersi dietro gli alberi. E da lì tirarono due colpi. Su da me non arrivò niente se non il cupo rimbombo degli spari. Ma di lì a poco avrei udito un altro colpo, ben più potente.

Arrivò nella notte e sconquassò la montagna. Era appena venuta su una luna d'oro, il freddo tagliava la faccia con la sua lama affilata. Me ne stavo imbacuccato nel pastrano, avevo pantaloni pesanti e calzettoni sopra i pantaloni. Così bardato ero uscito dalla grotta a vedere le stelle tremare di freddo. E tremavano! Mi sembrava si spegnessero una alla volta e cadessero insieme come gocce congelate dai rami di un cespuglio solitario. Piovevano sulla neve indurita col brillio di faville. Invece la luna sembrava tiepida tanto era tonda e gialla. Camminava lenta e pacifica verso la sua meta, dentro un silenzio misterioso e inquietante. Impossibile non pensare al destino crudele di stare al mondo. E fu mentre ammiravo la luna e le stelle che il silenzio si frantumò in mille schegge.

Lontano laggiù, dove di giorno gironzolavano i Legnole, irruppe una fiammata violacea seguita da un'esplosione che fece tremare la valle e le montagne. Non capivo cosa fosse successo. Pensai a un'azione dei gemelli, ma cosa avevano combinato? Potevo scoprirlo solo con la luce del giorno. Il perché lo avrei capito in seguito. Intanto, dopo la sfuriata, ovunque era tornato il silenzio pacifico dell'inverno. Mosso dalla curiosità, presi la pila intenzionato ad andare a vedere. Avevo fatto sì e no duecento metri quando notai due lucine. Più lontano s'alzò un fuoco. Erano ancora in giro. Torna al tuo antro, mi dissi, da quelle parti non è buono andare. In quella notte di gelo pietrificato, il fascio della pila annullava la luce chiara della luna. Tutto questo non mi piaceva. Allora la spensi decidendo di tornare alla spelonca guidato dal freddo lucore dell'astro. Appena eliminata la torcia, fu come entrare in uno stampo di ghiaccio mortale. La notte mi aveva afferrato, serrando sul mio corpo il suo abbraccio inquietante. Provai paura. Ero solo, attorno a me niente a favore, lontano da ogni punto di vita. Sapere che i gemelli stavano nel fondovalle quasi mi rallegrava. Guardai in alto. Il balenio del fuoco nella grotta mi stimolò a far presto. Corsi verso la luce benevola, riaccendendo la pila per sottrarmi alla stretta implacabile di quella notte invernale. Sul fuoco morente gettai una brancata di rami secchi e mi disposi ad aspettare il giorno. Volevo sapere cos'era stato quel botto che aveva sconquassato la valle. Cosa avevano combinato i bastardi?

Ogni tanto, dall'esterno, entrava rasoterra il vento delle montagne. Faceva girare il fuoco come una trottola. Dovevo spostarmi per non farmi bruciare la faccia.

Si crede che il vento sia tutto uguale, una forza invisibile che muove e spinge tutto quello che trova. Invece no. Il vento delle montagne non è quello del bosco o delle radure. Così come quello che soffia sui campi non è quello dei pascoli alti. Quello che gratta i pendii innevati è diverso dal vento delle pianure ghiacciate. Si differenziano dal soffiare, da come si muovono, da quanto durano. Se un vento soffia più di quarantott'ore, quassù dicono che è una femmina, una venta. Quando vento e venta fanno l'amore occorre rimanere tappati in casa. Spazzano via ogni cosa e non trovi più il cappello tanto lo portano lontano. E poi c'è il vento delle gole rocciose che viene fuori rotolando come un tuono. Spinto a forza nelle strettoie, si mette a urlare e fischiare come qualcuno che chiede aiuto. Gente che si lamenta per chissà quali torture. Quella notte da paura, era il vento delle montagne a spingermi il fuoco sul viso.

Feci una cuccuma di caffè giusto per ingannare il tempo. Poi credo di essermi appisolato, ma non del tutto. Era quel sonno falso che non sei né sveglio né addormentato. Sentivo crepitare il fuoco, sentivo l'aria che visitava la caverna e giocava con le fiamme. Non ero sveglio e non dormivo, non vedevo niente e sentivo tutto. Udii all'improvviso il rantolo di un gufo. Pareva venire da lontano, come dai confini del mondo. Invece era lì fuori e mi svegliò strappandomi dal torpore. Ascoltai quella voce amica e mi commossi. Mai ero stato così bene di notte come in quella strana notte.

L'ho già detto, di tutto questo dovrei ringraziare i Legnole. Senza la loro ottusa caccia, forse non avrei mai provato queste sensazioni. E sì che non sono facile a piagnistei o commozioni. Sono cresciuto senza nemmeno poter piangere. Mia mamma diceva che non serve. Mio padre non l'ho conosciuto, perciò non poteva dirmi niente. Non so nemmeno chi sia. Mia mamma, oltre al suo seme, s'è tenuta dentro anche il segreto. Così mi sono indurito. Adesso, la vita all'aperto, privazioni, stenti e fatiche stavano spremendo fuori il segreto di me. Ma a questo punto poteva bastare. Sarei tornato a casa volentieri se quei bastardi avessero troncato il loro folle proposito. Così invece non era, perciò dovevo resistere e cercare di portar fuori la pelle. Mi rassegnai al destino con un sospiro, e tutta la natura intorno a me rispose come un grande amen.

Piano piano arrivò nella grotta la fioca luce che annuncia l'alba. Me ne accorgevo perché quello è il momento in cui la roccia, prima tutta scura, comincia a prendere forme. Appaiono qua e là rughe e fessure, le ombre diventano dettagli, spigoli, sbalzi. È la carta d'identità del giorno, che presenta a chi non dorme la sua faccia.

Verso le dieci, spuntò un sole debole e freddo come un moribondo. Non scaldava ma esisteva, e questo rallegrava il cuore non solo a me, ma credo anche agli animali assiderati. A quel punto ricordai l'esplosione della sera prima. Puntai il binocolo laggiù dove l'affilata lama di pietra scivolava d'un balzo verso il bosco. Misi a fuoco e capii tutto, sebbene ci fosse poco da capire. Quei criminali avevano fatto saltare la parete rocciosa dove, protetto da funi d'acciaio, passava come un segno di matita l'unico sentiero verso valle. Al suo posto appariva una grande piaga giallastra alta più di venti metri. Da lì non si scendeva più. Avevo con me un pezzo di corda ma non lunga a sufficienza per calarmi. E poi come sarei tornato su? Mi toccava fare un giro di cinque, sei ore. Potevo fissare una corda e risalire ogni volta, mungendola. Ma non era igienico. Metti che i Legnole se ne fossero accorti? Potevano intaccarla col ronchetto e farmi precipitare mentre arrampicavo. Troppo complicato. Da lì non dovevo più transitare. E dall'altro percorso mi aspettavano ore di marcia. Maledetti bastardi. Capii che era ora di cambiare antro per essere più comodo a scendere verso il paese e i viveri. Come ho detto, grotte, antri e caverne ne avevo attrezzati parecchi, ero fornito di campi base. Dovevo stare accorto, lo sapevano e potevano tendermi un agguato. Del resto, rimanendo lì diventavo un bersaglio facile, troppo studiato. I due mi spiavano in continuazione, meglio confonderli e spostarsi di tana in tana. Paradossalmente, l'unica cosa a mio favore era il freddo. Duro da sopportare anche per loro, non credo siano di sasso. Le teste le hanno di carpino, ma il corpo no. Per evitare di congelare, si sarebbero mossi meno. Ma non dovevo sperarci troppo. Quelli erano talmente ottusi da non sentir nemmeno la ragione del freddo. Coi Legnole non si poteva agire tramite ragionamento. Erano buoni a nulla ma capaci di tutto. Sotto quel sole pallido e smunto, che dava allegria, decisi di andare a vedere il crollo. Con mille cautele mi avviai, io davanti e Papo dietro. Lo tenevo con un po' di corda, che non ci fossero altri bocconi avvelenati. Calzando le grappelle sulla neve indurita, arrivai nel luogo dell'esplosione. Il cane grattava le unghie per non scivolare. Guardai quel che avevano fatto. La parete di roccia che da secoli portava sulle spalle il sentiero era scomparsa. La valanga di detriti finita in basso aveva macellato una larga fascia di bosco. Osservai la piaga gialla sulla parete crollata. E trovai la sorpresa. Nella parete bassa, dov'era più liscia, scritte col nerofumo del carburo stavano le seguenti parole: "*Qui morirà. Qui fenirà la to vita*".

Ecco cos'erano le lucine viste dopo lo scoppio. Usciti dal riparo armati di lampade a carburo, avevano scritto la minaccia col nerofumo indelebile della fiamma. Altro che rimanere al calduccio lontani dal freddo! Avevano riempito di esplosivo la fessura in alto lungo la linea separativa. E l'avevano fatta saltare. Trovare dinamite non era difficile. Ne ho anch'io e mi sa che la uso. Tutti in paese abbiamo lavorato nelle gallerie o nelle cave. O nei cunicoli per tirare acqua ai mulini, segherie, battiferro e torni. Rubare due, tre casse di esplosivo alle ditte era una stupidata. E se quelli hanno intenzione di esagerare, gli faccio saltare la casa. Così provano cosa vuol dire stare senza un tetto. Ma aspetto che siano fuori paese, non voglio seppellirli vivi. Se avessi voluto stenderli, lo avrei già fatto.

Adesso mi avevano creato il problema del sentiero. Stavo dentro un vasto catino di neve, isolato dal mondo, sotto montagne alte e dure, senza più strada. Una trappola dalla quale dovevo togliermi al più presto. Necessitava spostarmi e mi spostai. L'indomani, ficcai nello zaino le cose più urgenti e puntai all'antro di Tamarìa, in alta val Bedin. Portai le ciaspe ma non servivano, avrei camminato sul marmo bianco della neve. Sotto gli scarponi, le grappelle: c'erano pendii ripidi che guai scivolare. In mano l'alpenstock, in spalla due fucili. La pistola nascosta nella grotta. Sarei tornato se tutto andava bene. Scrutando la valle, osservavo, e ascoltavo. Volevo captare segnali sospetti. Non avevo paura per me. Sapevo che prima di farmi fuori volevano rendermi un verme, un uomo sfinito, impaurito, morto in piedi.

Avevo invece terrore che sparassero al mio cane. Pur di crearmi dolore, capacissimi di farlo. Ma guai a loro. Guai al mondo toccare il mio Papo. Allora sì che avrebbero firmato la loro condanna a morte. A costo di passare in galera il resto della vita, li avrei uccisi. Ma neanche. Troppo comoda una pallottola improvvisa se non l'aspetti. No. Se uccidevano il mio Papo, li avrei catturati, legati e torturati giorni. Uno alla volta, finché non imploravano la pietà della morte. Come ho detto sempre, ammazzarli per un camoscio no, per il mio cane sì. L'ultima notte nella spelonca preferita era stata davvero strana. Aggiungo insonne. Stavo imbacuccato accanto al fuoco, assieme al cane e a sciami di ricordi. Una folla di memorie, vivide e accese, salivano dall'anima al cervello come le faville salivano al soffitto della grotta. Lassù le faville si spegnevano, i miei ricordi no. Tornava a passare la vita, con la sua cesta di regali che io non avevo saputo cogliere. Bastava allungare il braccio, prenderne qualcuno. Ce n'erano tanti in quella cesta! Ma io no. Testardo, aspettavo fosse la vita a tirar fuori qualcosa e darmelo. Invece la vita non ti dà nulla, lei passa ma la roba te la devi prendere tu. Adesso dovevo prendermi qualcosa. Avevo intenzione di salvarmi e chiudere presto la faccenda. Ma sapevo che non c'è salvezza senza sofferenza. E allora avanti a patire.

Per giungere all'antro di Tamarìa non bastava un giorno di cammino. Dovevo giocoforza dormire da qualche parte. Passare la notte sotto un larice non mi dispiaceva. Allora ne cercai uno adatto. E lo trovai. Lasciai la caverna che non era ancora chiaro. Sopra di me stava la luna a vegliare i miei passi. E le stelle: gocce di rugiada congelate, appese alla volta del cielo. Ogni tanto ne cadeva una per stanchezza. Il suo cuore affilato tagliava con una scia il lenzuolo scuro della notte. Dopo un'ora vidi cadere un'altra stella, più luminosa di tutte. È un segnale, pensai. Guardai verso la valle per scoprire se vi erano luci dei Legnole in marcia. Niente. Sulla barba la condensa diventava ghiaccio, toglierla mi faceva male. Mai sentito un freddo così feroce. Gli alberi scoppiavano spaccandosi a metà. Camminavo piano per non stancarmi. Sarebbe stata lunga. E guai sudare. Se poi ti fermi, la schiena diventa una lastra di ghiaccio. Bisogna marciare lenti e continui. Nella mia situazione guai prendermi qualche magagna. Una bronchite con febbre poteva essermi fatale. Anche senza febbre. Non avevo un seppur minimo medicinale. Lacuna che mi ripromisi di colmare non appena fossi calato per viveri. Piano, piano, con Papo accanto, risalii l'interminabile costa di Piae, colma di neve, ripida che non la ricordavo. E poi gli infiniti traversi del Cimone, Costamolin e Rodetìa bianca. L'ultima rampa fu Piciocche, e non ero nemmeno a metà strada.

Verso pomeriggio, quando il sole stava declinando, intravidi l'albero dove passare la notte. Era un larice enorme, la cui base faceva curva. Vicino a lui spuntava un ciuffo di muga. Rammentai che in quella zona i mughi sono alti e fitti. Ora, tranne quel ramo dondolante, tutto era sepolto e bloccato nel cemento della neve. D'estate, il luogo è quasi inaccessibile tanto è infestato dal pino mugo e dal larice. Ora non si vedeva che bianco ovunque. Allora capii che la neve era tanta e non mi riusciva di immaginare quando il disgelo l'avrebbe cacciata via. Tanta e dura, il sole avrebbe faticato a disfarla e ridurla acqua. Quel ciuffo di muga, che spuntava dal manto indurito, pareva una mano invocante aiuto. Ricordava la mia situazione. Anch'io ero sepolto dal destino ottuso dei Legnole. Chiedevo aiuto come quel ramo, ma nessun disgelo sarebbe venuto a liberarmi. Dovevo essere io il mio sole, il mio canto di primavera, il mio liberatore.

Sedetti sotto il larice. Il tepore del suo corpo aveva sciolto il manto mezzo metro intorno, potevo stare all'asciutto. Per arrivare al tronco fui costretto a saltare il bordo ghiacciato della neve. Più in alto, notai un pino secco spuntare dal marmo bianco come uno scheletro minaccioso. Non aveva un centimetro di corteccia. Era color della cenere ma, illuminato dal tramonto, pareva d'argento puro. Appoggiai la schiena alla curva di base e riposai. Di fianco a me, Papo stese il muso rasoterra come se volesse riflettere. Con la pala corta spianai gli aghi secchi piovuti in autunno dai rami e preparai il giaciglio. Portai lo zaino accanto a me. Pesava come minimo venti chili. Conteneva l'indispensabile per vivere all'aperto e resistere. Presi seghetto e ronca e andai verso il pino argentato. Rubai a quell'albero morto una scorta di legna secca che una volta accesa era benzina. Non vi è nulla come la pianta morta in piedi che brucia facile regalando la massima forza di calore. Io me ne intendo di queste cose, lavoro nel legno da sempre, e di bosco sono esperto. Mentre tagliavo, il sole sprofondò dietro la Cridola e i monti si fecero grigi e tristi. Mi apparvero freddi come la morte che circondava le valli. Accesi un falò che dovetti levarmi il pastrano. Tirai fuori il sacco a pelo, mi stesi sopra e aspettai che le ombre della sera venissero ad avvolgermi nella loro coperta scura.

In certi frangenti avere un cane vicino è una gioia che pochi sanno. Lo è quando siamo a casa, figuriamoci nella solitudine dell'aspra natura, nel cuore gelido dell'inverno, nella fuga senza pace. Quando il sole sparì, un freddo rasoiante vagò per i pendii innevati e per i boschi tacitando ogni voce. Non ci fu più nemmeno il *pit* di un ciuffolotto. In alto, il vento raspava le cime sollevando lenzuola di neve che si disperavano nei vortici. Parevano fantasmi impazziti. O fumi bianchi di incendi lontani, gelidi e privi di fiamme. Salivano da vulcani di neve con le punte limate dal tempo. Da noi quel fenomeno si chiama *ventadiza*. Ogni tanto l'aria gelida, tagliente come un coltello, veniva a cercarmi come se avessi bisogno di qualcosa. Girava intorno al larice staccando gli ultimi aghi rimasti sui rami, superstiti di un autunno che non aveva risparmiato nessuno. Quell'aria implacabile tormentava i tizzoni ardenti, scuoteva le braci, faceva volare faville irritando il fuoco. Poi, capito che non avevo bisogno di niente, se ne andava com'era venuta e il fuoco tornava alla sua calma.

Dopo qualche ora il freddo indurì. La natura, che s'era intenerita un poco al debole tepore del giorno, si cementò di nuovo. Potevo allora udire il canto della neve che gemeva e scricchiolava stringendosi nelle spalle per ripararsi dalla morsa implacabile. I rami degli alberi vibravano come se un misterioso violinista passasse l'arco su quelle braccia ibernate. Dagli abeti bianchi calava una polvere impalpabile come cipria. Dai carpini neri, sferzati dalla gelida mano, sciamavano minuscole particelle di corteccia scura crepitando come grandine leggera. Tutti i boschi si voltavano a dormire e nel sonno russavano. Nonostante il freddo brutale, durante il giorno la natura metteva fuori la testa per vedere a che punto era l'inverno. Di sera la tirava dentro. Rimpiccioliva chiudendosi in se stessa ed emettendo quei suoni misteriosi che segnalavano la terra ancora viva, pronta a rifiorire, ripartire, rigenerarsi.

Non so che ora fosse quando udii fiochi rintocchi di campane lontane. Venivano dal Cadore, che stava in linea sulla mia destra. Poteva essere mezzanotte o giù di lì. Rispettai il mistero e non cavai di tasca l'orologio. Ogni tanto mettevo legna sul fuoco e spiavo oltre il bagliore delle fiamme per vedere la luna e le stelle. L'indomani sarei stato al riparo dentro l'antro di Tamarìa Alta. Sapevo che i due mi avrebbero cercato. È vero che la neve era dura come pietra ma, per un esperto bracconiere, segni ne restavano. E quelli erano esperti. Li ho visti sul monte Borgà trovare i graffi delle pernici bianche sopra neve di vetro. Bestie da traccia i due Legnole.

Passai la notte sotto il larice. Capii che mi stavo appisolando, perché sentivo crepitare il fuoco e non lo vedevo. Allora mi infilai nel sacco a pelo come un'ape nel favo. Tirai il bordo sopra la testa, la sciarpa mi fasciava il muso, i guanti le mani, il berretto la testa e il larice la vita. Sotto quell'albero mi sentivo protetto come dentro un capitello, invece stavo all'aria aperta nelle intemperie di un inverno da castigo.

Quella notte ebbi modo di riflettere. Feci piani, pensai soluzioni. Non dovevo arrivare al Tamarìa ed entrare di colpo. Guai. Occorreva fermarsi a distanza, sulla costa del Cevìta, e binoccolare a lungo. Metti che i due avessero intuito che andavo da quelle parti? Se mi avessero anticipato, e me li trovavo dentro? Va ben che avevo Papo, li avrebbe fiutati, ma rischiare no. Forse non mi avrebbero ucciso subito, so che volevano farmi penare a lungo. Ma potevano picchiarmi, torturarmi, sottrarmi la roba essenziale. Meglio stare accorti.

Per fortuna ragionai, prendendo le dovute cautele. Infatti i Legnole stavano da quelle parti. Anche se non per me. Comunque erano alla casera Bedin Alta. Di sicuro a caccia di camosci, altrimenti non avrebbero acceso il fuoco. Mi insospettii e decisi di tener d'occhio la baita. E feci bene. La pazienza e il destino mi permisero di giocare loro uno scherzetto che non avrebbero dimenticato facilmente. Ma sto di nuovo anticipando, e non devo.

Così ragionavo coricato sotto i rami del larice. Prima di appisolarmi, notai Papo avvicinarsi al sacco a pelo. Non penso avesse freddo. Un setter di buona stazza, pelo folto e lungo, vicino al fuoco non ha freddo. Voleva starmi appresso. Allora lasciai che s'accoccolasse accanto alla mia gamba e, per non sbagliare, gli buttai sopra un lembo di coperta. Nessuno può convincermi che i cani non provano sentimenti e non s'adagiano nella dolcezza. Appena sentì il contatto e il mio respiro, Papo si addormentò. Lo sentii russare leggermente e mi commossi. Gli posai una mano guantata sulla testa e presi sonno con lui sotto il larice secolare. Mi svegliai nella stessa posizione, il cane leccava la mano mezza intorpidita. Tra i rami fischiava il vento. L'antico violinista muoveva il suo arco su quelle braccia congelate.

Aprii gli occhi, il cielo era sereno. Dall'albero mi arrivarono sul viso alcuni granelli di neve. Sembrarono scottature, gocce di cera fusa. Papo si scrollò via la notte assieme agli aghi caduti col vento. Avevo dormito poco, e ciò mi permise di tener vivo il fuoco e i ricordi. A un certo punto, un'ombra trapassò la luce gelida del mattino e si fermò sul larice. Non fece alcun rumore, come fosse stato un sogno. Invece era un gufo reale, per niente impaurito dal fuoco, tantomeno dalla nostra presenza. Una cosa incredibile. E cantò. Il suo rantolo tribolato piovve sulla terra come una brezza tiepida. Mi salutava, voleva raccontarmi qualcosa, o mettermi sull'avviso. Seguitava a cantare. Da quella mattina l'amico alato non ci abbandonò più. Il mio Papo, che di solito coi volatili si agita ponendosi alla ferma, mosse appena un occhio verso l'alto. Come per dirgli: "Guarda che ti ho visto". Anche se non era vero, mi venne da pensare che il maestoso uccello della notte portasse a spasso l'anima della mia povera mamma. Lei voleva starmi vicino e si era nascosta nel gufo. Forse era così. Desideravo credere questo. Non sapevo spiegarmi altrimenti quell'atterraggio sul ramo, col fuoco sotto, assieme a un uomo e un cane. Il gufo reale è quanto di più sospettoso, solitario e misterioso possa esistere nel regno animale.

Buttai bracciate di rami sul fuoco che alzarono il fumo

dell'inverno assopito. Dentro quelle fiamme ardeva la mia vita, col punto di domanda. Che sarà? Fuggivo braccato, ma mi sentivo l'uomo più libero del mondo. Prigioniero, chissà per quanto, nella cella più aperta, pulita, vasta e splendida in cui potessero rinchiudermi. Certo, una situazione ostile e difficile, ma proprio per questo mi sentivo forte, libero e padrone. Avevo capito che potevo farcela, era una gioia, una stima di me stesso mai avuta. I gemelli passavano in secondo piano. Comprendevo, giorno dopo giorno, che potevo sopravvivere in un ambiente dove tutto era contro di me a ogni ora del giorno. Non sentivo più la paura e l'insicurezza del primo periodo, avevo totale fiducia nelle mie capacità tecniche e di sopravvivenza. Rimaneva l'imprevisto, che di lì a poco avrei sperimentato. Quello però poteva manifestarsi anche a casa, seduto sulla panca.

Sapevo che avrei passato momenti difficili ma, come ho detto, serbavo in cuore la quasi certezza di farcela. Ho detto "quasi" perché in natura niente è sicuro. La valanga, una scarica di sassi, la scivolata improvvisa, una bufera di vento e neve potevano sopraffarmi sui pendii dell'esperienza estrema. A quel punto amen. Per il resto, mi stavo abituando, sentivo la forza crescere e, con essa, la curiosità per come sarebbe andata a finire.

Prima di muovermi verso il Tamarìa, aspettai il sole. Che arrivò con un pallore lontano. Non scaldava ma illuminava. E mi accompagnava, che non era poco. Lasciai che il fuoco morisse pian piano. Con tutta quella neve intorno non vi era pericolo che se ne andasse in giro a fare danni. Il gufo reale s'involò, mi parve di sentirlo tossire. Ma stava là intorno e cantava. Volevo credere che mi chiamasse.

Partii calzando le grappelle. Andavo adagio, lo zaino pesava. Circondato dal bianco di marmo, cementato nel gelo d'intorno, sorvegliato dai monti lontani, avanzavo verso Tamarìa Alta. Mi ci volevano ancora diverse ore, stimai di arrivare nel pomeriggio. E così fu.

Prima di varcare la zona della grotta, mi appostai sulla costa dei Mela a esplorare i dintorni. E spiare l'antro. Dal camino di una baita saliva un filo di fumo. Ordinai a Papo assoluto silenzio. Bastava fargli *ssst* e s'imbalsamava. Nella baita c'era qualcuno. O forse se n'era andato, restava l'agonia del fuoco che esalava l'ultimo fiato. Chissà. A ogni modo dovevo stare attento. Mi appiattii al limitar del bosco, tra due colossali abeti bianchi. Il cane diventò una statua. Puntai il binocolo e attesi con pazienza. Venni premiato mezz'ora dopo. Il fumo del camino aumentò d'improvviso. Qualcuno aveva messo legna nuova. Volevo quasi andare a curiosare chi fosse il misterioso fuochista. O misteriosi, se erano di più. Per fortuna ascoltai l'istinto che mi diceva di stare fermo. Ma la curiosità era forte. Chi poteva essere lassù, nel cuore dell'inverno, con un freddo da castigo che non ricordavo?

A un certo punto nel binocolo apparve una figura. Misi a fuoco meglio. Era uno dei gemelli, non so se Gildo o Gianco. Aveva la testa dentro un berretto floscio ma lo riconobbi senza alcun dubbio. In mano teneva due fucili che poggiò sul muro della casera. Sudai freddo. Intanto uscì l'altro, imbacuccato come un palombaro. Teneva uno zaino che sistemò tra i due fucili. Non erano lì per me, andavano a caccia.

I due chiusero la porta e, armi a tracolla, s'avviarono verso la portellina di Pagnàch. Montavano l'erta molto sicuri, perciò ramponati a dovere. Cominciai ad avere freddo, ma ancora non potevo accendere il fuoco. Allora mi rassegnai a resistere. Dopo circa mezz'ora sentii un colpo di fucile. E dopo un'altra mezza li vidi scendere il pendio trascinando un camoscio. Ognuno di loro tirava una zampa. Lo appesero per le corna alla stanga della baita, poggiarono i fucili ed entrarono. Uscì di nuovo fumo dal camino. Volute bianche come la neve intorno, segno che bruciavano mugo secco. Solo lui fa quel fumo lì. Ogni legno, anche se pare fantasia, produce il suo fumo. Ma bisogna osservarlo all'inizio del fuoco. Poi diventano tutti uguali. Fu in quel momento che mi venne in mente lo scherzo. Sapevo di rischiare grosso, ma l'idea era troppo allettante. Nel metterla in atto avevo un vantaggio. Io ero armato, loro no. I fucili stavano all'esterno, al massimo tenevano in tasca coltelli. Ma la pallottola è più veloce di una lama. Bastava avvicinarsi pian piano, prendere armi e camoscio e filare via. Se fossero usciti, li avrei bloccati col mio fucile. Ma restava comunque un rischio enorme.

Gli avrei reso lo scherzetto del camoscio sbudellato con le viscere sull'albero.

Per attuare quella follia, rischiai di congelarmi i piedi. Prima imposi il "fermo" a Papo che si stese imbalsamato dietro ciò che emergeva di un mugo dalla neve. Con la calma che avevo imparato nella fuga, tenendomi il più possibile dietro i larici, badando a non fare il minimo rumore, mi avviai verso la baita. A centocinquanta metri dall'obiettivo, levai gli scarponi onde evitare il *crok crok* sulla neve. Per quanto dura, rumore ne fa sempre. Inoltre sotto la suola c'erano le grappelle, altro rischio di casino. Sulla neve i calzettoni di lana hanno un'aderenza così perfetta da rimanere incollati. Succede che il calore del piede la scioglie un po', ma subito il freddo la congela creando aderenza. Cauto come la faina, giunsi alla casera. Non veniva nessun rumore, forse i Legnole riposavano. Veloce e preciso, mi misi il camoscio sulle spalle, afferrai i fucili e in retromarcia guadagnai gli scarponi. Ma non li calzai subito. Preferii raggiungere un luogo sicuro. Qui rimisi i piedi nelle calzature, recuperai Papo e salendo dietro il costone del Conte m'infilai nell'antro di Tamarìa. Avevo calzato di nuovo gli scarponi ma i piedi non li sentivo più. Senza accendere il fuoco, presi a massaggiarli e batterli con un pezzo di legno. Finché sentii riprendere la circolazione tra dolori alle unghie da farmi serrare i denti. Mai più una cosa simile, ma per uno smacco ai Legnole valeva la pena rischiare il congelamento. Imbacuccato, grosso come un palombaro, puntai il binocolo alla baita. Tutto tranquillo. Il fumo che usciva dal camino ancora più tranquillo. Nel frattempo il sole se n'era andato, e la morsa del gelo sembrava più acuta. Potevo anche accendere il fuoco e farmi scoprire. Loro erano disarmati, non potevano niente se non corrodersi di bile. Invece non accesi, volevo aspettare, vedere quel che accadeva. Ora avevano due camosci da mettere in conto. E due fucili. Me l'avevano giurata? Bene, tanto valeva giocare fino in fondo. I fucili erano il loro patrimonio. L'onta di farseli rubare li avrebbe resi idrofobi. Per un bracconiere, la perdita dell'arma è vergogna umiliante. Non mollavo il binocolo per non perdermi il momento della scoperta. Perché delle due una: o tornavano giù in serata, e quindi dovevano uscire, oppure dormivano in baita, e di conseguenza dovevano portare dentro animale e armi. Per riposare un po' le braccia e gli occhi, posai un attimo il binocolo sullo zaino.

Fu proprio in quell'attimo che urla disumane e bestemmie irripetibili squarciarono il silenzio congelato della valle. I Legnole erano andati fuori dalla baita e fuori di testa. Puntai di nuovo le lenti alla casupola. Era da vederli. E sentirli. Ululavano come maiali allo scanno, e tiravano bestemmie da non ripetere neanche a mente. Ridevo in silenzio. Non immaginavano fossi io il bastardo. Erano certi mi trovassi dalla parte opposta delle montagne. Invece ero lì che li guardavo e godevo. Temetti un momento che salissero a ispezionare l'antro per cercare l'autore o gli autori della beffa. Non dovevo comunque temere niente, li avrei tenuti a bada, armato com'ero fino ai denti. Avevo quattro fucili, i miei e i loro vecchi Mauser ben oliati. Era mia intenzione farglieli riavere, in che modo ancora non sapevo, ma l'idea era quella. Prima però dovevano sudarseli.

Mentre li guardavo ballare di rabbia, mi venne in mente un'altra carognata. Avrei inciso sul calcio dei fucili, dalla parte dove poggiavano la guancia, il mio nome. Così che quando puntavano l'arma era come se mi baciassero. Di sicuro lo avrebbero raspato via rabbiosamente, ma intanto uno smacco ulteriore non faceva male. Bestemmiarono e maledirono Dio, il mondo, e chi gli aveva sottratto la roba. Poi, messe le grife, presero la strada verso valle. Gildo portava lo zaino, Gianco puntava l'alpenstock e bestemmiava. Per quel giorno ne avevano viste abbastanza. Chissà a chi imputavano il furto. Avrei voluto sapere a chi pensavano. Può darsi avessero pensato a me. Tra i vari colpevoli, ero il primo della lista. Nel frattempo da lontano s'avvicinavano le coperte scure della sera e io ero congelato. Prima di accendere il fuoco dovevo prudentemente aspettare che i due scendessero parecchio. Così aspettai un paio d'ore nel gelo e nel silenzio. Alla fine non ne potevo più e accesi un falò come poche altre volte avevo fatto. La grotta si illuminò a giorno, finalmente scacciai il gelo dalle ossa che scricchiolavano come gerle secche.

Accanto al fuoco, e al mio Papo, venne a cercarmi quella dolcezza quieta e misteriosa dei tramonti invernali. Fuori, per un po' brillò una luce viola e gialla come se i monti avessero preso fuoco. Un'ombra lontana risaliva la valle lentamente, oscurando il tramonto di luce e tirando con sé la tenda della sera. L'anima s'inteneriva carezzata da quella magia. Sentivo la tranquilla pace della natura fasciarmi come un vestito nuovo, infondermi coraggio, speranza e fiducia. Non negli uomini. In me stesso e nell'ambiente che avevo intorno. Un mondo troppo poco studiato, osservato, sentito e valutato. Uno scrigno che avevo solo sfruttato, dal quale avevo solo preteso, sottratto, rubato. Se me la fossi cavata, non credo sarei più andato a caccia. E neanche a legna o a fieno. Avrei raccolto piante secche, morte in piedi, avrei lasciato l'erba appassire nell'autunno, che posasse la guancia sulla terra. Ora capivo finalmente cos'erano un albero, la neve, gli animali, i suoni, gli odori, le erbe e l'acqua.

Certo, finché durava la guerra coi Legnole, dovevo ancora cacciare, tagliare e bruciare per vivere. Ma con meno avidità, prendevo solo il giusto, lo stretto necessario. Nell'antro di Tamarìa ascoltavo le voci dentro e fuori. Intuivo gli alberi muoversi, ondeggiare al leggero vento della notte imminente. Lasciavano cadere qualche baffo di neve, udivo i loro *puff* come soffi di bambagia. Tutto succedeva appena fuori dall'antro, al confine tra il buio invernale e la luce incandescente del falò. A destra dell'entrata, per me che guardavo, c'era un larice antico che montava di sentinella. Lo potevo vedere fino a metà. Teneva ancora in testa qualche capello rosso, regalo generoso dell'autunno e pietà del vento. Dalla sua punta scivolò una manciata di polvere bianca che l'aria mi spedì sulla faccia. L'albero respirava, lo sentivo. Il suo fiato condensava nel freddo, diventando cipria gelida sul mio viso.

Riflettevo che nella vita non è importante fare grandi cose, ma godere le cose belle, che sono semplici e a portata di mano. E che ci fanno provare emozioni per restare a galla. Tutto regalato dalla natura, che non chiede nulla, soltanto un po' di rispetto e protezione.

C'era voluta la questione Legnole a farmi capire tante cose. Buttai sul fuoco una bella carica di ceppi e mi accinsi a spellare il secondo camoscio sottratto ai gemelli. Accanto al fuoco era meno indurito. Ora tenevo scorta di carne senza faticare. Nel Tamarìa, avevo appeso un bidone alla volta rocciosa. Conteneva farina, formaggio, salami, lardo, sale, fagioli e benzina per l'accendino. Era tutto in ordine, i Legnole non erano passati a fare razzia o dispetti. Profanarono invece alcune spelonche da me attrezzate per la fuga, ma di questo dirò più avanti.

Terminai di scuoiare la bestia, farla a tocchi e appenderli. Rimasi sveglio quasi tutta la notte, dormendo poco, pensando molto. L'affronto della dinamite prima o dopo dovevo pareggiarlo. E glielo avevo reso. Per di più senza danneggiare niente che servisse ad altri come il sentiero sulla cresta di pietra. Senza torcere un capello alla natura.

Pensavo queste cose su nel remoto antro di Tamarìa. A una qualche ora, buttai sulle braci un tocco di filetto del camoscio, lo salai e l'addentai con piacere. Mi parve più gustoso perché era dei Legnole. Appesi i loro fucili ai cunei di legno infissi nelle fessure della roccia. Li misi a canna in giù, inoffensivi, metalli vinti, arresi dall'uccidere. Intanto studiavo il modo come farglieli riavere. Mica potevo portarglieli a casa. La lampada a carburo muoveva spettri sulle pareti. Pipistrelli e farfalle danzavano assieme. Il fuoco ingrandiva le ombre. Papo, accucciato accanto, ronfava. Ogni tanto sobbalzava uggiolando come se facesse brutti sogni. Dentro uno dei suoi incubi si rizzò in piedi spaventato e mi guardò. Per tranquillizzarlo gli lanciai un pezzo di carne. Lo afferrò al volo con un colpo di ganasce che fu lo scatto di una trappola d'acciaio. Le notti nel cuore della montagna erano così affascinanti e piene di mistero che mi dispiaceva trascorrerne parte nel sonno. Anche per questo dormivo poco. Volevo tirarla lunga, goderne appieno e pensare. E anche per stare il più possibile in guardia. Quelli sapevano dove c'erano antri da ispezionare, potevano capitarmi addosso da un momento all'altro. Mi sovvenne della pistola. Dovevo tenerla con me, non nasconderla nella grotta. Poteva servirmi d'improvviso, ed era più facile estrarla che non armare il fucile. Assaporai quelle ore come tante prima, e altre in futuro che dovevo trascorrere nell'aspra solitudine dei monti. Avevo tutto: il fuoco, il cane e i misteri che all'esterno scivolavano sui pendii silenziosi come fantasmi di neve.

Quando sentivo che stavo per appisolarmi, buttavo legna sul fuoco. Come tirati per le briglie, cavalli di fumo scalpitavano furiosi per poi uscire dall'antro e sparire inghiottiti dalla notte senza un nitrito. Per qualche tempo dormivo. Accanto al fuoco mettevo una pignatta colma di neve per avere acqua pronta nella quale aggiungevo una presa di sale. Lo zucchero lo risparmiavo, giusto un poco per addolcire il caffè. Ma le provviste pian piano sparivano come la neve al disgelo. Dovevo scendere in paese a far scorta del mancante. Nelle altre grotte c'era roba per sopravvivere, ma qualcosa mancava sempre. Avevo fiammiferi e benzina per l'accendino, ma all'occorrenza riuscivo ad accendere anche senza niente. Inoltre tenevo in serbo un acciarino di prim'ordine. Devo dire la verità, che può sembrare assurda, ma quella vita cominciava a piacermi. Se la situazione non fosse finita anzitempo, m'incuriosiva immaginarmi a primavera, in estate, e d'autunno, brancolante nel vasto giardino della natura recintato dalle alte palizzate delle montagne. Ma mettiamo pure che la questione in qualche modo finisse presto. Chi mi impediva di vivere comunque all'aperto? Riflettevo. Non sarebbe stata la stessa cosa. Non essendo più braccato, né in pericolo, non avere più l'ansia del domani, la vita angosciata dalla paura, tutto avrebbe perso forza, intensità, verità. Paradossalmente capivo che non si apprezza niente se non nelle difficoltà. Per dire meglio, si apprezza di più ogni piccola cosa. Non vi è salvezza né speranza senza sofferenza.

Per vivere appieno occorre sentire la morte addosso. Allora non si spreca tempo. Passai la prima notte nell'antro completamente sveglio. Tenevo d'occhio il fuoco che non morisse. Mi tolsi dal sacco a pelo per fare una cuccuma di caffè. Respirai aria sull'entrata e mi sembrò meno fredda. Guardai in su. Nel cielo, a grande velocità, vagavano stracci di nuvole che cancellavano le stelle. Promettevano niente di buono ma erano belle. La luna rimpiccioliva in fase calante e ancora radeva la neve con la sua falce dorata. Le nubi vaganti si spostarono presto. Andarono via a cercare altrove chissà cosa. Erano belle e sperai che tornassero. Ma per quella notte non le vidi più, sparite come occasioni perdute. Nella dura esperienza che stavo vivendo, incontravo molte cose belle che duravano poco. Tante ne udivo. Il baffo di neve sul ramo che pareva uno scoiattolo bianco. Lo fissai un attimo. Giusto in tempo prima che volasse giù con un *puff* e diventasse polvere. Ricami di gelo sui cespugli, che un raggio pallido e debole dissolveva in luce subito congelata. Il *pit* dei ciuffolotti che mi tenevano compagnia per un minuto e poi tacevano. I rantoli lontani degli uccelli notturni che portavano malinconia e ricordi. E quell'inginocchiarsi di alberi piegati dal passaggio della luce sotto il cammino della luna. Era un'illusione ottica ma li vedevo soffrire. Vedevo le ombre sulla neve che si tenevano la testa. Anche il nulla ha il suo dolore.

L'acqua che bolliva mi avvertì di mettere il caffè. E mentre lo bevevo pensavo. Chissà se un giorno i Legnole, dimenticato il torto, avrebbero bussato alla porta della mia casa tendendomi la mano. Ma a casa non potevo tornare. Di quella casupola stavo dimenticando gli odori, i suoni, lo scricchiolio dei solai, il *din don* della vecchia pendola. La tosse notturna di mia madre, invece, la sentivo sempre nella testa. Pensavo questo mentre sorseggiavo il caffè tenendo il gavettino con le mani per scaldarle.

Che esistenza sarebbe stata la mia se fossi nato al mare? Ho cinquantasei anni e non ho mai visto il mare da vicino. Mi piacerebbe una volta metterci dentro i piedi. Fare un giro in barca, a pescare con chi se ne intende. Immagino anche i Legnole al mare. Se avessi loro rubato un tonno, come mi avrebbero dato la caccia? Con la barca sulle onde? O nelle bettole di qualche porto? No, non mi vedevo braccato dai gemelli al mare. Meglio la solitudine delle aspre montagne dentro il canto delle quattro stagioni. Trascorsi così quella notte. A fantasticare e sognare cose impossibili.

Venne giorno e non mi mossi. Rimasi immobile a guardare il lento mutare della luce e l'attenuarsi leggero del freddo. Aspettavo il sole sapendo che ci voleva tempo. Ma quello non mancava. Allora mi dedicai al fuoco. Buttai sulle braci una catasta di mughe secche. Il pino mugo da noi si chiama "muga" e arde che è un piacere. Cresce poco in altezza e tanto in lungo. Può camminare a terra per metri senza farsi vedere. La muga non è mai dritta. È gobba, storta, contorta e bitorzoluta. Dico questo perché in tre mesi o quasi di vita all'aperto ho imparato che un fuoco non è mai uguale all'altro. Dipende che tipo di legna usi. Quello dei rami di larice ha colore, fiamma e intensità diverse dal fuoco di muga. Quello di faggio non è il fuoco del carpino. Io preferisco quello delle mughe. Dà una brace formidabile, non rossa ma gialla, che sprigiona calore da non credere. Le fiamme si torcono come il tronco che le alimenta. Non vanno mai su dritte, cosa che invece succede col faggio. Per di più, le braci di muga durano a lungo, a differenza di quelle del carpino che si dissolvono subito in cenere. Qui mi fermo, anche se ci sarebbe da dire ancora sulla diversità dei fuochi. Il fuoco riceve la carta d'identità dall'albero che lo alimenta. Da lì non si scappa. Se fatto con legna mista, allora diventa normale e non si conosce più. Intanto che ragionavo, notai una luce più chiara invadere l'antro. Stava sorgendo il sole. Rimasi tranquillo a guardare il cammino dell'astro che era soltanto una pittura nel cielo e non scaldava niente. Ma illuminava tutto un mondo irreale e fantastico. La neve indurita cominciava a muoversi, brillare e tremolare in superficie con milioni di lucine microscopiche. Sfiorati da quel tepore quasi inesistente, i rami degli alberi facevano *tek* come se si rompessero. E qualcuno si spaccava davvero. Sentivo il *crac* e poi lo schianto sul marmo della neve. Mi affacciai alla porta dell'antro e guardai il paesaggio ibernato che mi circondava. Tutto fermo, serrato nel pugno d'acciaio dell'inverno. A dire che quel mondo viveva, seppur cementato nello stampo del gelo, erano i suoni. Erano loro a muovere la morte bianca. Ciuffolotti facevano *pit*, ma con una certa timidezza come avessero paura di esagerare. Un picchio batteva il martello nel cavo di un albero. Lo avevo udito anche la notte. Chissà che progetti sognava per lavorare così tanto. I corvi imperiali facevano *cra*, alti nel cielo. Parevano croci scure che si spostavano qua e là. Nessun battito d'ali, solo la forza del vento a muoverli. Ogni tanto, ma più rari, i rimbombi cupi delle cascate gelate che si assestavano. Il freddo le agitava. Pensavo. E mi dicevo che se fossi caduto in qualche burrone, sprofondato in una foiba o accasciato dentro un buco, ne avevo di compagnia qua intorno. Non sarei scomparso, come si dice, nel nulla, ma nel qualcosa. Qualcosa di potente, vasto, meraviglioso. Il luogo ideale per morire ed essere conservato.

I suoni, intanto, seguitavano a ravvivare il mondo di ghiaccio. Ma appena cadevano in basso si spegnevano di colpo. La neve alta e dura li prendeva in consegna chiudendoli nel cuore congelato della terra come sotto una pietra tombale. Intanto il sole cercava di scaldarsi mutando i rumori. I rami adesso crepitavano stiracchiando le membra di vetro. Qualche pietra rotolava lontana. Le cascate facevano *tek*, come un cristallo che s'incrina. La natura avvertiva che c'era, ma viveva nascosta come l'acqua dentro il ghiaccio. Con un po' di pazienza però sarebbe fiorita di nuovo. E io pazienza ne avevo. Ragionavo così quando mi prese la smania di scendere alla baita e scoprire se i gemelli avessero lasciato qualcosa. Usavano, lo sapevo, nascondere viveri nelle zone che frequentavano. Come del resto facevo io. Difficile però che li lasciassero nella baita. Ma, viste le difficoltà per arrivarci, e l'inverno da castigo, poteva anche darsi. E allora, per la saggia regola del non si sa mai, decisi di andare a vedere. E andai.

Ancora non sapevo che di lì a un'ora quasi facilitavo il lavoro ai Legnole togliendomi di mezzo da solo. Lasciai che il sole ingrandisse nel cielo e mi camminasse di fronte. Calzai le grappelle, presi zaino, fucile e alpenstock, la scure nella cintola, e assieme a Papo partii verso la meta. Prima buttai legna sul fuoco in modo da trovare un letto di braci quando tornavo. Non avevo alcuna intenzione di sparare ai camosci, l'arma si rivolgeva a loro. Sempre per la regola di prima, me li fossi trovati di fronte, ero pronto. Traversai sotto il sasso Malus, verso l'interminabile cresta di Tamarìa che sale alla punta Sass di Mezzodì. Passai alla base di cascate ghiacciate che si slanciavano per oltre cento metri. Tornando ne avrei preso qualche pezzo per fare acqua. Lo zaino era vuoto, ce ne stava. Guardavo incantato quelle colossali balene di ghiaccio azzurro come il cielo sopra di loro. Posavo l'orecchio sui corpi congelati e ascoltavo. Sentivo dentro il profondo cuore del ghiaccio, gorgogliare l'acqua prigioniera. Sussurrava così lontana e fievole che pensai non tornasse più all'aria aperta. Invece, col disgelo di primavera l'avrei vista di nuovo scivolare dalle balze e dai sassi del suo sentiero millenario. Tutto questo mi dava allegria, speranza e fiducia. Anch'io ero prigioniero nel ghiaccio ottuso dei Legnole. La mia vita non aveva più voce ma forse, come l'acqua delle cascate, un giorno sarei tornato alla luce di un'esistenza normale. Prima di calare alla baita, dovevo traversare i pendii verticali del passo Birgobo e da lì seguire la cresta. Legai il cane con un po' di corda, che non mi scivolasse. Mi domandavo chi me lo faceva fare, senza trovare risposta. Sentivo che dovevo andare laggiù e basta. Questo me lo faceva fare. Allora andai senza più pensare. Quando fui al traverso del Birgobo, Papo si inchiodò e non ci fu verso di farlo proseguire. Lo tiravo di forza senza riuscire a muoverlo di un metro. Lo sgridai, feci la voce grossa, niente. Uggiolava e strattonava deciso a non partire. Allora gli detti una carezza, sciolsi la corda e proseguii senza di lui. Convinto che di lì a poco mi avrebbe seguito, ogni tanto lo guardavo. Piagnucolava come se volesse fermare anche me. Non feci in tempo a capire.

Avevo traversato sì e no venti metri quando sentii scricchiolare la montagna e muoversi la neve sotto i piedi. La valanga partì in cerchio dal catino del Cevìta. Sembrò il rumore di una cucitura che si strappa e trascinò con sé tutto il pendio. Afferrai al volo la cima di un pino che spuntava alla mia sinistra. Mi trovai sul filo dello stacco, due metri sopra il bordo che separava la neve ferma da quella che andava come un mare bianco. Respirai a fatica polvere bianca. Salvo per miracolo. Meglio dire per fortuna. Papo, il mio caro Papo, aveva fiutato il pericolo e non voleva che andassi. L'unico modo per convincermi era bloccarsi. Con la sua fedeltà voleva salvarmi. Ignorava la stupidità degli uomini che non colgono i segnali. Che non vogliono coglierli per supponenza, spocchia e superbia. Intanto la valanga ingrossava sempre di più, il rombo aumentava e il vento portava nuvole di polvere. Non vedevo niente, udivo soltanto l'ululare del treno bianco. Sfiorò la casera Bedin massacrando alberi, proseguì verso valle finché il rumore non si esaurì laggiù, nel fondo, come un tuono lontano. Ebbi la conferma che seppur la neve in superficie è cemento, sotto, dove alligna l'erba secca, non sta incollata. A quel punto volevo tornare indietro ma ormai non serviva, il pericolo era passato. Allora proseguii. Stavolta non più sulla neve ma sul pendio di erba giallastra messo a nudo dalla valanga. Feci bene a scendere, era come sentissi qualcosa.

Ispezionai la baita da cima a fondo, frugai ogni angolo senza trovare niente. Ma quando alzai gli occhi, come si fa sempre entrando in una casa vuota, notai un sacco appeso col fildiferro. Puntai la scala a pioli e lo tirai giù. Non potevo crederci, conteneva di tutto. Viveri di ogni tipo. Sei bottiglie di vino, una di acquavite, tabacco, una pipa. (Era quella di Gianco, l'altro non fumava la pipa.) E poi formaggio, una forma, due salami, farina da polenta, pane vecchio (sapevo che i Legnole facevano zuppe con pane raffermo). E ancora, una scatola di aringhe secche e cartucce. Roba da leccarsi i baffi. Tripla vittoria sui bastardi. Camoscio, fucili, e vettovaglie. Ora sì che i motivi per spararmi aumentavano. Che soddisfazione! Dopo un'altra ispezione di sicurezza, mi avviai verso l'antro, immaginando la faccia dei gemelli al ritorno.

Passando sotto le cascate, con l'ascia spaccai un po' di ghiaccio e riempii lo zaino. Quella era acqua buona, anche se dormiva. Veniva dalla conca Palazza, pura e limpida. Dentro la grotta, accanto al fuoco, assaggiai un po' di cibo targato Legnole. Mi parve più buono del mio. A concludere, aprii una bottiglia e la scolai in breve tempo. Non dovetti nemmeno levare il tappo, tutte avevano chiusure a gancio. Prima di tracannarlo mi toccò scaldarlo un poco tanto era gelido. Buttai altra legna sul fuoco e, complice il vino rosso, mi appisolai. Non ero mai stato così bene. Rimasi all'hotel Tamarìa alcuni giorni. Dopo notti che non so dire, comparvero i Legnole. Il freddo aveva mollato poco, sulla neve si camminava come sul cemento. Dura e gelida, pareva carne morta. Ma coi primi raggi del sole, iniziava a luccicare e vivere. Si trasformava in miliardi di stelline scintillanti, e pareva che si muovesse. L'impatto tra il gelo e il tepore dei raggi creava un fenomeno strano. Sentivo crepitii leggeri come se il corpo della neve stiracchiasse le ossa rattrappite. E poi fumava vicino ai tronchi dei larici. Pensavo ai Legnole. Mi domandavo se anche loro comprendevano le bellezze del creato. Credo di no, non li vedevo emozionarsi per la neve. Ma chissà, forse mi sbaglio peccando di superbia. Magari in quelle teste di legno allignava del buon sentimento verso la natura. Non di rado individui ai margini della società, grezzi e primitivi, dedicano attenzioni speciali ad animali, piante o agli uccelli dell'aria. A dirla tutta, però, i gemelli non mi sembravano di quella razza. Ma non era detto.

Una mattina, mentre il sole stava dorando l'antro, sentii Papo ringhiare. Fuoco ancora non ne avevo fatto, ma le braci sotto la cenere mandavano tepore. Visto che il cane seguitava a rugnare, prima di buttar rami secchi e accendere, decisi di binoccolare verso la casera. Se avviavo il fuoco producevo fumo e quello si vede. Il Papo segnalava, ma poteva benissimo essere una bestia. Meglio controllare, dunque. Infagottato come chiede l'inverno in alta quota, sedetti sul bordo dell'antro. I gomiti sulle ginocchia, puntai il binocolo alla casera Bedin Alta. Nessun segno di vita. Mentre stavo per rientrare, un'ombra lunga si profilò sulla neve. E subito un'altra dietro. Stando nascosto misi a fuoco e li vidi. Erano loro.

Uno dopo l'altro s'avvicinarono alla baita. Portavano zaini piccoli e capii perché. Confidavano nei viveri appesi sotto le travi. Ma quelli li tenevo io, e che buoni erano! Notai che portavano un fucile a testa messo di traverso sulle spalle. Non mi meravigliai. Pensare i gemelli in giro senza armi era piuttosto sciocco. E pensare che possedessero solo quelli da me sequestrati era altrettanto ingenuo. I due avevano armi nascoste dappertutto, dalle soffitte alle spelonche, dai fienili alle latrine. Davanti alla porta della casupola, arrotolarono sigarette e accesero. Col binocolo vedevo il fumo dei loro fiati bolsi e quello del tabacco. Poi levarono il paletto ed entrarono. Non rimasero molto lì dentro. Tenevo puntato lo strumento per attendere gli eventi che non tardarono. Sentii delle urla da spaccare la schiena alle cascate gelate. Urla come quando si uccide il maiale rovistando nel suo collo con una vecchia baionetta. Poi udii degli spari, fucilate una dopo l'altra. La scena era da gustare. Scoperto il furto del sacco, già umiliati dalla sparizione di fucili e camoscio, i gemelli fecero esplodere tutta la loro rabbia. Sparavano in aria e ululavano, girando intorno alla baita come i galli forcelli quando fanno la ronda alle femmine. Caricavano e sparavano emettendo versi da paura. A un certo punto uno cambiò d'improvviso senso di marcia andando a sbattere col muso nell'altro che faceva il suo giro. Era venuto il momento di palesarmi e decisi di farlo a modo mio. Non a voce o sprecando cartucce, ma come gli indiani.

Allargai le braci, che divennero incandescenti, e buttai sopra legna secca. Prima di partire crepitando, il fuoco mandò nuvole di fumo fuori dalla caverna. Uscivano e andavano su come stracci di nebbia. Ci fu silenzio. I Legnole avevano capito. Allora aggiustarono il tiro sparando verso l'antro di Tamarìa. Era una bella distanza ma i proiettili picchiavano lo stesso sulla roccia. Stando al riparo dietro l'angolo destro dell'entrata, mollai anch'io un paio di colpi. Quando li sentirono schiantarsi sul muro della casera, scapparono dentro di corsa. Quelli sono vili, non hanno mai affrontato niente a viso aperto. Prepotenti coi deboli, servi coi forti.

A quel punto era guerra dichiarata e cominciavo a divertirmi. Anche se avevo paura. Ma anche loro ne avevano. Erano appena fuggiti. Tutti i vigliacchi messi alle strette se la danno a gambe. Ma bisogna anche dire che se umiliati e derisi diventano oltremodo feroci. Quella notte guai dormire, dovevo rimanere vigile, attento a ogni rumore. Nemmeno loro avevano vita facile. Potevano salire all'antro ma dovevano calzare le grappelle. E la neve, torturata dalle punte, avrebbe reagito scricchiolando e tradendo i loro passi. Per giungere lassù toccava superare un pendio molto ripido, ghiacciato e insidioso. Oppure di là, dalla parte delle valanghe, ancora più rischioso. Dalla mia avevo Papo che segnalava il minimo fruscio.

Solo una presenza non lo allarmava ed era quando veniva il gufo reale a cercarmi. Ovunque andavamo noi, arrivava con le sue ali di silenzio. Aspettava e ascoltava. Su un ramo, sulla punta di un albero, su una roccia affiorante, stava fermo. Impassibile come fosse imbalsamato. Solo a lui Papo non ringhiava. Nessuno mi toglie dalla testa che dentro quelle piume abitava l'anima di mia mamma. Veniva a tenermi compagnia, ad aiutarmi. Così voglio pensare, altrimenti non si spiega. Ma questo l'ho già detto.

All'improvviso i gemelli apparvero sulla porta della baita. Uno alla volta puntarono il binocolo all'antro. Dietro la quinta di roccia li osservavo col mio. Poi uno di loro lasciò penzolare lo strumento sul petto, mise le mani a conca sulla bocca e urlò: «Ridacci i fucili e ti faremo fuori senza farti tribolare troppo».

«Mettili fuori dall'antro e va' via, ti lasciamo allontanare prima di salire» aggiunse l'altro.

«Se non ci rendi i fucili, quando ti prendiamo avrai le torture che sappiamo noi.»

«Se ce li dai, ti faremo fuori con un colpo alla testa senza tribolare.»

Stavano venendo a patti, non li riconoscevo più. I Legnole che cercavano il dialogo! Mi stavano deludendo: «Venite a prenderli se avete coglioni» urlai. E indirizzai un colpo di fucile sul muro della casera. I due rientrarono a gambe levate. Anche le mie pallottole picchiavano a sufficienza da spaventarli. Forse sapevano che non li avrei uccisi ma temevano il suono. In certe situazioni fa più paura lo sparo che il proiettile. Per qualche ora non uscirono e mi accorsi che il camino fumava. Avevano acceso il fuoco. Ero certo che avrebbero dormito lassù, dovevo stare in guardia. A un certo momento sentii cantare. Erano usciti barcollando sulla neve cantando a squarciagola. Negli zaini avevano del vino o acquavite e si erano ubriacati. Portavano i loro vizi sulla montagna e cantavano di rabbia. Speravano di bere anche quello lasciato appeso nel sacco ma ero arrivato prima io. Ai canti di porcherie alternavano bestemmie e insulti nei miei confronti. Uno gridò: «Portaci i fucili e ti lasciamo stare».

«Venite a prenderli» sghignazzai.

Nel frattempo, il sole che li aveva illuminati al mattino, stava girando lentamente verso il Borgà. Un vento gelido trascinava su per la valle la lunga coperta della sera. Quella bambagia era scura e fredda come una minaccia. Non so perché i gemelli accesero un falò all'angolo della casera. Li vedevo gesticolare e buttare bracciate di legna sulla neve che fondeva nel calore. Il binocolo me li portava davanti al naso, avevo persino l'impressione che mi guardassero negli occhi. Ogni tanto urlavano qualcosa che non comprendevo ma intuivo come pericolo. Dopo qualche tempo si quietarono, entrarono nella baita e sulla montagna calò il silenzio. Il tempo avanzava.

Le ombre della notte risalirono le valli e subito venne buio come se qualcuno in una stanza avesse spento la luce. Mi rasserenai; per un po' i gemelli non si sarebbero mossi. Ma le notti invernali sono lunghe, le sbornie passano, poteva darsi che di lì a qualche ora salissero a cercarmi. Occorreva cautela. Buttai legna sul fuoco. Le fiamme illuminarono l'antro di Tamarìa come a giorno. Il crepitare dei rami di larice impediva di udire i misteriosi silenzi e i sussurri dell'inverno. Allora, fasciato di pastrani come una mummia, mi accoccolai sull'entrata per ascoltare.

Come se mi avesse visto, arrivò l'amico gufo. *Paff*, si posò su un pino che cresceva vicino l'apertura. Girava la testa come se fosse montata su un perno. Guardava me e allo stesso tempo curiosava nei dintorni per capire che succedeva. Non succedeva niente se non l'avanzare della notte che ispessiva il buio come inchiostro congelato. Avevo tirato conclusioni troppo presto. Di lì a poco spuntò la luna dal Cornetto e gli uccelli notturni attaccarono a cantare. Uno qua, uno là, pareva si chiamassero dai boschi lontani. Gufi, civette, barbagianni, allocchi. Tutti con la loro voce, i loro versi, i loro drammi, le loro antiche tribolazioni. Pensai di dormire un poco. Prima che i Legnole tornassero sobri, ci voleva qualche ora. Potevo riposarmi anch'io. Ma non mi decidevo a stendermi, troppo preso dalle voci malinconiche e disperate che agitavano la notte. Rimanevo sull'entrata, l'orecchio teso, i sensi vigili. La luna si mise di traverso, spintonata da un vento improvviso e duro. La neve diventò oro, il pelo del cane s'incendiò, la spelonca accese le luci.

Mi venne un dubbio: col chiaro di luna i gemelli potevano salire anche sbronzi. Rischiavano di scivolare ma quelli, essendo buoni a nulla, erano capaci di tutto. Per sicurezza legai Papo all'entrata. E feci bene, il sospetto mi diede ragione. Chi mai l'avrebbe detto? I Legnole si mossero sotto la luna ululando come lupi affamati. Mentre ascoltavo la notte e i suoi rumori sentii di nuovo sbraitare e sparare. Puntai giù il binocolo un po' a casaccio e vidi le comiche. I due sparavano un colpo, mettevano i fucili a tracolla e tentavano la salita. Dopo qualche passo si sbilanciavano cadendo in avanti. A nulla servivano le grappelle. Tentavano a quattro zampe ma il risultato era lo stesso. Salivano qualche metro e ruzzolavano al punto di partenza. Ogni tanto gridavano: «Ridacci i fucili». Nonostante cadute, bestemmie e urla, alla fine avevano guadagnato qualche metro di pendio. A scivolare da lì rischiavano di farsi male. Cercai di aiutarli.

Urlai: «Tornate giù, vi porto i fucili vicino alla baita».

«Non ti crediamo» risposero uno alla volta.

«Ve li porto, parola, ma dovete rimanere chiusi nella baita fin domani e poi sparire.»

Uno gridò: «Ci manca due camosci e due fucili, la pagherai cara».

«Vi ridò fucili e camosci ma facciamola finita una volta per tutte.»

«Mai» risposero più volte uno dopo l'altro.

Persi la pazienza: «Come volete, ma vi avverto che da stanotte non si scherza più». Presi il fucile e sparai un colpo sulla neve vicino a loro. Risposero con due colpi, poi a quattro zampe fecero marcia indietro e tornarono in casera. Entrarono sbattendo la porta e non udii più nulla. La luna illuminò quella scena tragicomica.

Avevo intenzione di restituire loro le armi quella notte stessa. Il problema era come fare. Col mio gesto mi illudevo di rabbonirli, pur sapendo che era impossibile. Quelli se l'erano legata al dito, non scherzavano. Una volta riavuto il maltolto si sarebbero scatenati. Nessuno poteva fare uno sgarro ai Legnole senza pagarlo salato. E così fu. Ma non devo anticipare i fatti, bisogna andare per ordine.

Aspettai forse un paio d'ore, poi decisi di agire. Pensai di scendere dal pendio e lasciare le armi vicino a un moncone di larice spaccato dalla saetta. Era rischioso per vari fattori, non ultima la pendenza, ma l'idea stimolava l'azione. Mi sarei mosso con cautela e prudenza, lasciando Papo a metà strada, che mi avvisasse se c'era qualcosa. Calzai le grappelle. Presi i fucili dei gemelli, li avvolsi nella pelle del camoscio, legai bene il fagotto e lo portai all'esterno. La pelle sarebbe servita a farli ribollire, era della bestia che gli avevo rubato. Caricai pallettoni alla doppietta e la misi a tracolla. Legai Papo a una cordicella e tirandomelo dietro partii. Non guardai l'ora. So che la luna, spinta dal vento, si era messa di traverso e illuminava il pendio innevato. I larici scheletriti ballavano. La grande pila del cielo dava una mano a fare luce sfregiando la tenebra col suo fascio dorato.

Scendevo abbastanza sicuro. Facevo venti passi e mi fermavo, venti passi e ascoltavo. Laggiù, alla casera Bedin Alta, regnava il silenzio. I gemelli dormivano, il vino li aveva piegati. Ma il silenzio e la pace dell'inverno non tacevano a lungo. I rapaci notturni si chiamavano, la martora faceva versi come strappare tela. Un picchio martellava l'albero malato, una volpe, forse presa dalla fame, si lamentava con dei grugniti. Ogni tanto, districandosi dalla morsa del gelo, una pietra cadeva lontana con un tonfo pieno di domande. Erano le notti gelide della montagna, ma chi crede che neve e freddo la facciano tacere si sbaglia. Esiste il pacifico, solenne silenzio dell'inverno, un mistero che avvolge la natura. Ma dentro, nei dettagli, ascoltando i particolari, si odono voci. È come una chitarra lasciata sul pavimento. Non suona, se ne sta muta, ma se qualcuno le cammina vicino i passi la scuotono e si possono percepire le corde vibrare. Emettono impercettibili suoni come trapassate dal vento. Misurando i passi scendevo adagio fermandomi ad ascoltare. Le voci della notte a volte sovrastavano altri rumori e non avrei udito i movimenti dei Legnole. Anche per questo mi fermavo spesso. A metà strada legai il cane a un cespo di muga congelato, gli comandai di stare seduto e proseguii. Vedevo la baita in fondo alla conca, se qualcosa si fosse mosso Papo avrebbe segnalato. Calavo con mille cautele, piantando bene i denti d'acciaio delle grappelle. Intanto pensavo.

Mi seccava perdere la pelle del camoscio, era utile a proteggermi. Ma vuoi mettere la rabbia dei due quando l'avrebbero trovata? Si vive meglio con una soddisfazione in più anche se fa freddo. Pian piano arrivai cinque metri sopra il moncone di larice spaccato dalla saetta. Ero in linea con la casupola. Pensavo di far scivolare il fagotto fino al tronco e tornare in retromarcia. Invece decisi di scendere all'albero mutilato e poggiare il bottino da me stesso. Fu la mia salvezza. Il vento era cessato, la luna tornò dritta illuminando un mondo spettrale e gelido. La neve luceva, pareva giorno. Il cane taceva, buon segno per me. Non tacque molto. Avevo appena posato il fagotto coi fucili, in piedi sul moncone, che sentii Papo abbaiare. E poi ringhiare cattivo. Non udii niente che mi allarmasse, quelli aprirono la porta con arte. Vidi un lampo e lo sparo simultaneo. Ci fu uno sbuffo di neve che si spaccò a un metro da me. E poi un altro, più vicino.

I gemelli mi sparavano alla luce della luna. Forse perché ciucchi, non andarono a segno. O non volevano ammazzarmi, solo farmi paura. D'istinto mi buttai dietro il moncone al riparo. I Legnole mirarono al tronco, già martoriato dalla saetta. Vedevo e sentivo volare schegge sotto i colpi d'ascia dei loro fucili. Per fortuna Papo stava distante, legato al cespo di muga. Guai se fosse stato a tiro. Per vendetta me l'avrebbero ucciso. Li lasciai sfogare accucciato come un gatto che balza sulla preda. Alla fine balzai. Sfilai la doppietta e tirai due colpi sul muro della baita. Si nascosero dietro l'angolo e spararono ancora. Avessi voluto, avrei frantumato il cranio a entrambi, erano a settanta metri. Invece spaccavo i candelotti di ghiaccio che pendevano dalla grondaia. Era una guerra in piena notte. A un certo punto smisero di sparare e gridarono: «Spunta fuori se hai coraggio». A turno mi sfidavano a uscire all'aperto.

«Venite voi» urlai, «vi aspetto qui.» Non si mossero, stavano al sicuro dietro le pietre d'angolo. «Lascio i fucili vicino al tronco, sparite e io torno su, altrimenti sarà davvero a chi fa prima. Non scherzo più. È ora di finirla.»

Tacevano e il tempo passava. Guardavo la luna rasare la neve con la sua falce d'oro. Non stava più di traverso, il vento morto di freddo aveva cessato di respirare, l'astro si era raddrizzato illuminando il corpo spettrale dell'inverno. Si vedeva come di giorno. Notavo i gemelli sporgersi dall'angolo a spiare. Durante la sparatoria, le bestie della notte erano fuggite, quelle rimaste ascoltavano senza fiatare. Pioveva un pulviscolo dorato sul pendio e sugli alberi addormentati. Allungavano le braccia scheletrite come ombrelli senza tela. Pini e abeti s'incipriavano di quel talco finissimo, residuo volante di qualche lontana *ventadiza*. Era una scena magica e dolente. Non fosse guastata dalla situazione pericolosa, c'era da far le lacrime. Raccontarla sembra non vera. Eppure succedeva questo, sui monti della luna obliqua, alla casera Bedin Alta.

Dopo un tempo che non saprei, uno dei Legnole gridò: «Noi andiamo dentro e tu vai all'antro. Lascia i fucili, per questa volta ti sparagniamo».

«Mettete fuori le armi anche voi, poggiatele sul muro della baita e sparite.»

«Sì, così ci rubi anche questi, come hai già fatto» disse uno dei due, e l'altro subito abbaiò la stessa frase. Facevano sempre così: quando parlava il primo, il secondo, come un'eco, ripeteva.

Alla fine rientrarono dopo aver messo i fucili all'angolo della baita, vicino alla porta. In caso avessi provato a fare il furbo erano pronti. Invece avevo tutte le intenzioni di tornare subito al mio antro. Recuperai Papo e cautamente risalii il pendio. Prima di entrare li chiamai.

«*Ce usto?*»[8] sbraitarono.

[8] Che vuoi?

Dissi che potevano raccattare i fucili. Non risposero né si fecero più vivi fino allo spuntare del giorno. Quando la gelida luce del mattino chiarì i particolari, li udii abbaiare di nuovo. Mi sporsi fuori e vidi fumare il moncone di larice. I due avevano acceso un fuoco alla sua base. Gridavano: «Bastardo, mancano le cartucce nei caricatori». Uno, ma non sapevo quale, agitando la pelle del camoscio sbraitava: «Ti faremo su in questa, prima di coparti».

Presi il fucile, armai l'otturatore e gridai: «Eccovi le cartucce», e sparai due colpi puntando il moncone. Volarono schegge che caddero tra il fuoco e le loro bestemmie. Svelti ripararono dietro al tronco. Ma siccome erano grossi, di entrambi spuntava una spalla ai lati. Tirai ancora un paio di colpi mirando al vertice dello spezzone. Allora si misero uno dietro l'altro e le spalle non si videro più. Li sentivo bestemmiare e insultarmi con parole che non voglio ripetere, pur essendo di bocca buona. Tirarono in ballo mia mamma, «quella troia che ti ha partorito».

«Tornate a casa, è meglio per tutti.»

A quel punto non dissi più niente. Li lasciai sfogare senza farmi vivo tanto che, dopo un'ora di insulti, uno chiese: «Sei ancora lì, bastardo?».

Mi venne in mente di verificare le loro intenzioni, visto che erano così rabbiosi. Mi affacciai: «Siete due merde, non avete coglioni di spararmi, vigliacchi».

«Spunta fuori e vedrai» dissero come al solito uno dopo l'altro.

Era quello che volevo. Col pastrano e alcune frasche imbastii un fagotto a mo' di pupazzo steso all'entrata dell'antro. Presi un ciocco per fare la testa, ci misi su il mio cappello e spinsi avanti il tutto in modo che lo vedessero. «Eccomi!» gridai. «Sono qui, ammazzatemi.»

Non aspettarono un secondo invito. Spararono quasi in simultanea. Il cappello volò dall'altra parte della grotta. Facevano sul serio, d'ora in poi non c'era più da scherzare.

Pensai che li avevo provocati troppo e si erano imbestialiti. Forse in seguito avrebbero spostato avanti la mia morte per giocare al gatto col topo. Speravo in questo, ma intanto il cappello aveva due buchi. Mi affacciai un poco e dissi, ridendo: «Coglioni, avete preso un pupazzo».

Sbraitarono ancora per molto. Dicevano che prima o dopo il pupazzo sarei stato io e tiravano bestemmie da far cadere la neve dai rami. Ma non rispondevo e alla fine indietreggiarono guardinghi fino alla baita, muta testimone di quei fatti senza senso. Dopo un po' vidi fumare il camino e sortire fumo dalle scandole come filtrano le notizie scabrose dalle case degli uomini. I due si erano intanati. Non perdevo d'occhio la casupola ma tutto era tornato tranquillo.

Il pallido sole di fine gennaio aveva iniziato il suo giro nel cielo. Nonostante l'impegno, scaldava appena quella terra desolata, dura e gelida come ferro, serrata nella morsa dell'inverno, dentro un silenzio irreale che liberava più voci di notte che di giorno.

Nelle poche ore di quiete, succedute agli spari e agli ululati dei Legnole, mi accorsi che nell'aria qualcosa stava cambiando. Seppur quasi impercettibile, avveniva un mutamento positivo. Sotto i raggi di quel sole debole come un fuoco che sta per morire, la neve fumava. Gli alberi scricchiolavano come dopo aver trattenuto il respiro per tanto tempo. Qualche bestia metteva fuori il muso a curiosare. Vidi passare in basso l'incendio rosso di una volpe. Tre camosci stavano in posa sul pendio di fronte, immobili e fieri sul piedistallo di ghiaccio. Un grande cervo grattava il palco sulla corteccia di un albero affiorante.

Se lo avessero notato, i Legnole gli avrebbero senz'altro sparato. Quelli non andavano solo per carne. Uccidevano per il gusto di togliere di mezzo esseri superiori. Superiori a loro, ovviamente. Perciò ammazzavano anche topi, vermi e pantegane. Per fortuna si erano intanati nella baita al caldo del fuoco e al fioco tepore dei loro cervelli. Vicino al moncone le fiamme erano morte, rimaneva un filo di fumo azzurro estenuato dal ricordo, che saliva adagio nel cielo blu cobalto. Anche se l'inverno era più che presente, percepii un clima nuovo che veniva a darmi una mano. Sarebbe stata ancora dura ma, passato febbraio, marzo era un'altra cosa. Marzo porta speranze, curiosità, giornate lunghe e invenzioni nuove. Ma anche nevicate e ventacci da piegare gli alberi e spezzarli. Però in fondo alla gerla tiene la primavera, e questo mi rallegrava.

A una cert'ora del giorno, infagottati come bachi da seta, i gemelli sortirono da casera Bedin Alta avviandosi verso valle. Uno alla volta, guardando l'antro, sbraitarono: «Torneremo presto». Non risposi di proposito. Bofonchiando minacce proseguirono di traverso, scomparendo dietro i larici di Mancio.

Ero sicuro che sarebbero riapparsi di lì a qualche giorno. Invece no, non si fecero vivi. Comunque stavo sempre in guardia, con quei due non si poteva mai sapere. Rimasi ancora tre giorni nell'antro di Tamarìa e, all'infuori degli animali, non apparve altra anima. Sentivo che tutte quelle bestie mi diventavano amiche e cominciai a pensare di non ucciderle più. Tre mesi in loro compagnia mi avevano insegnato un po' di cose.

Però non era facile. Mi toccava anche mangiare, quindi qualcuna doveva soccombere. È come in natura: il leone uccide la gazzella, il gatto si pappa il topo, il pesce grande divora quello piccolo e avanti così. Un altro ostacolo era la passione, come facevo a spegnere quella? Per uno che ha cominciato a cacciare da bambino non è semplice smettere. Per intanto decisi di abbattere solo selvaggina che serviva a mangiare, come fanno gli animali. Il leone quando è sazio non uccide nessuno. Così è da fare e così farò. Poi mi venivano in mente i galli forcelli, anche quella una passionaccia. Le loro code, ritorte a lira, le pagavano bene su nel Tirolo. E ancora: cedroni, pernici bianche, francolini, coturnici, lepri, caprioli, cervi. E le volpi? Vendevo le pelli e guadagnavo un bel po' di soldi. No, non era facile smettere di colpo. Comunque, se questa faccenda finiva bene, ci avrei riflettuto sopra. Se finiva male, non serviva pensarci più.

Dall'antro di Tamarìa intendevo spostarmi nel luogo dove abitava un eremita dentro una spelonca a pochi chilometri dal paese. Si chiamava Venaria e la grotta aveva preso il suo nome. Ero amico di quel vecchio dalla barba lunga, grigia e fluttuante come un fumo di rami verdi. Volevo andarlo a trovare e nascondermi una notte nella sua tana, e fare un altro scherzo ai gemelli.

I tre giorni trascorsi al Tamarìa, dopo la visita dei Legnole, sono stati meraviglia. Facevo ogni notte camminate sulle grappelle nei boschi illuminati dalla luna. Di giorno, dopo aver riposato con un occhio solo, salivo sui monti più facili, dove poteva arrivare anche il mio Papo. Ascoltavo molto. Mai nella mia vita ho ascoltato come in quei mesi di fuga. Udivo voci provenire da cose che non avevano voce. Come il sole, la luna, la luce, il buio. Nel loro andare e venire, facevano rumori, battiti d'ali, passi, parlottavano, ridevano, cantavano. Così mi sembrava, così mi piaceva pensare. Quando si vive soli, in mezzo alla natura, tutto prende voce. Se guardi un sasso affiorante nella solitudine dell'inverno, senti che ti parla. A parte le voci di animali, vento, valanghe, temporali, grandine e frane, isolato lassù, da solo, scopri che ciò che tace parla. La terra congelata, sepolta di neve e solitudine, respirava. Lo percepivo. Era come un tenue, ampio prender fiato. Le gobbe innevate a fissarle s'alzavano e s'abbassavano ansimando. Mi pareva di sentirle, e le sentivo. Avevo imparato a conoscere la qualità del manto nevoso da come mi parlava. Prima di questa esperienza tiravo a indovinare. Stabilità, durezza, consistenza, friabilità mi venivano dal suono delle grappelle che bucavano la sua schiena. A seconda di come si lamentava, mi diceva il suo stato d'animo. Al mattino, quando uscivo, osservavo il luccichio di superficie e sapevo cosa mi aspettava sotto il passo. Durante la giornata, il luccichio mutava e io cambiavo passo e modo di muovermi. Tuttavia le valanghe erano sempre in agguato nonostante gli insegnamenti delle voci. Le valanghe, come i terremoti, nessuno sa quando partono. Si sa quando arrivano. Se d'inverno la vetta di un monte fuma, come se tenesse appesa una nuvola candida, e non si sente nulla, bisogna stare attenti. Lassù imperversa la *ventadiza*, può scaricare a valle l'intera montagna di neve.

Ogni notte arrivava al rifugio il gufo reale a tenermi compagnia. Si poggiava fuori, su un ramo, un ceppo emergente, su un bordo di roccia. Teneva dentro l'anima di mia mamma, l'ho già detto.

Comunque, in quei tre giorni non allentai la guardia un minuto. Se dormivo alcune ore, prima legavo Papo all'ingresso dell'antro. Mi svegliava spesso, abbaiava ai rumori delle notti invernali, e dico per fortuna. Guai non avesse segnalato. I Legnole potevano avvicinarsi. Invece Papo era vigile, di lui mi fidavo, riposavo tranquillo.

L'ultima notte al Tamarìa capitò un fatto incredibile. Era già tardi, la luna allontanandosi aveva tolto chiarore alla spelonca, il cane dormiva, il fuoco andava a tutta. Ascoltavo il mitragliare dei rami di larice, secchi e duri come ossi, e dei ceppi di carpino nero tolti alle valanghe. Il fumo, spinto dalla turbina del risucchio, filava all'esterno a profumare il buio e dare un cuscino alla notte assopita. Tutto aiutava, nel gelo dell'inverno, a sostenere due esseri viventi raccolti con affetto dal ventre materno di una spelonca. Mai avrei immaginato di vivere come i primitivi uomini delle caverne. Invece era successo, e cominciava anche a piacermi. Allora, come dicevo, stavo godendo il fuoco e il crepitio di rami e ceppi, quando Papo alzò la testa e ringhiò. Fuori sentiva qualcuno, fiutava presenza, forse un animale di passaggio. Strano, pensai, con tutto quel fumo le bestie stanno lontane. Guardai verso l'entrata illuminata dalle fiamme e rimasi di sasso.

Al centro apparve un camoscio. Immobile, ritto sulle zampe, mi fissava. Non temeva le presenze, né me, né il cane, né il fuoco. Men che meno il fumo che, seppur alto nella volta, gli andava contro. Pareva imbalsamato. Ne ho uccisi di camosci, più ancora visti, ma uno così mai. Era imponente. Portava un trofeo doppio del normale e il pennacchio sulla schiena alto una spanna. Al centro, questo pennacchio esibiva un ciuffo bianco come neve. Il tutto si muoveva come il fiato di un leggero vento. L'animale invece pareva scolpito nel marmo. Stava di fronte, e mi fissava severo come un rimprovero. Vedevo il pennacchio sporgere ai lati tanto era lungo. Accanto a me, per sicurezza, tenevo i fucili. Afferrai la doppietta a pallettoni e gliela puntai per capirne la reazione. Niente, non si spostava. Dopo qualche minuto si mise a raspare la pietra con la zampa destra, continuando a fissarmi. Cominciai ad avere paura. Mi pareva che dallo zoccolo uscissero scintille. Era, lo so, un'impressione, ma vedevo scintille. Allora tolsi la sicura dallo schioppo, convinto fosse il diavolo venuto a prendermi e, sebben non credo troppo, mi feci il segno della croce. Dopo il primo ringhio, Papo restò in silenzio fissando anche lui il maestoso animale. Confesso: lo avrei ucciso volentieri. Esibire in paese un simile esemplare avrebbe dato gloria eterna a chiunque. Ma qualcosa mi diceva no, fermati. Non era possibile che un camoscio si comportasse così. Forse stavo male, avevo le visioni. Mi toccai il viso per sentire la febbre, ma non c'era. E lui stava lì, immobile. Pensai fosse impazzito di vecchiaia, anche loro consumano il cervello e non sanno più cosa fanno. L'unico modo per farlo sloggiare era esplodere un colpo verso l'esterno, senza colpirlo. E così feci. Puntai alto sull'entrata, verso il cielo cupo della notte invernale. Tirai di prima canna. Sembrò un colpo di cannone. La grotta tremò assieme alla montagna. Seppur avezzo agli spari, Papo scattò in piedi. Le frasche sul bordo scricchiolarono, i rami di fuori oscillarono, uno cadde tranciato di netto. Tutto si mosse sotto il colpo, solo il camoscio non fece una piega. Seguitava a fissarmi e, devo dire, non aveva occhi cattivi. Il fragore dello sparo non lo aveva scosso minimamente. Era un camoscio quello, o qualcos'altro?, mi chiedevo sbalordito e spaventato. All'improvviso l'animale grattò due volte con la zampa, fece un balzo e sparì nella notte rosicchiata dal silenzio. Non fui capace di chiudere occhio. Papo si addormentò di nuovo, io no. Decisi lì per lì che l'indomani sarei calato in paese, passando a trovare Venaria l'eremita nel suo antro sotto la strada maestra.

In un punto dentro quel grande buco, profondo e tetro, avevo nascosto oggetti che mi sarebbero serviti di lì a poco. I Legnole avevano fatto saltare il sentiero sulla cresta di pietra, non dovevano passarla liscia. Come ho detto, dovevo distruggere qualcosa che li rappresentasse. Dopo quei giorni nella grotta di Tamarìa, era tempo di agire.

Dovevo andare in paese. Non prima di aver studiato le intenzioni del tempo, il giro delle nuvole e il colore del cielo. Non volevo trovarmi lì se cominciava a nevicare. Tornare in quota sarebbe diventato difficile, faticoso e rischioso, se non impossibile. Restare nel villaggio era ancora peggio. Troppe spie, troppa gente che mi odiava, nemici, delatori, vigliacchi. I gemelli avrebbero avuto partita facile. Dovevo risalire in montagna, una volta concluso il progetto. E avevo anche un'idea. Sarei andato a nascondermi nell'antro di Bosconero, sotto la parete settentrionale del monte Duranno. Un bel posto per stare in pace e tranquilli. Luogo mitico, leggendario ricovero di bracconieri, contrabbandieri e fuggitivi, l'antro di Bosconero faceva il paio con quello della Rizéa, circa un'ora più a ovest. Oltre ai soliti viveri raccolti in paese, avrei cacciato cervi e camosci che laggiù abbondavano. Laggiù c'era di tutto, anche se era difficile arrivarvi.

La carne che già avevo l'avrei appesa sotto la volta del Tamarìa. Il freddo la conservava integra, l'altezza la proteggeva dai predatori a quattro zampe, il bidone dai rapaci con le ali. Fondamentali le ciaspe per la neve fresca, le grappelle per quella di marmo.

Ma era presto per i progetti, prima dovevo scendere a sistemare i Legnole. Quando al mattino puntai a valle vidi lontano, verso grandi pianure, le nebbie azzurrine del bel tempo. Non sapevo che giorno fosse, da tanto evitavo di consultare il logoro calendario che tenevo in fondo a uno dei sacchi. Lassù vivevo di emozioni, sensazioni, sentimenti d'affetto verso la natura. Ormai non mi interessava più il dettaglio di ore, giorni, mesi. E forse nemmeno degli anni. Però sapevo che giunto nel paese dei cattivi l'amico me lo avrebbe detto. Perché glielo avrei chiesto. Quando si torna nella civiltà si cercano di nuovo informazioni inutili. Infatti fu così. Rispose che eravamo ai primi di febbraio. Lasciai per due giorni Papo al mio amico e mi detti da fare.

Ma è meglio che racconti la storia per ordine.

Febbraio

Lentamente scesi dall'antro dopo aver nascosto le armi. Metti che mentre io andavo giù loro salissero da un altro sentiero? Che conducono a Bedin Alta ce ne sono almeno quattro, senza contare le varianti. Provenendo da nord, altri due. Se fossero entrati al Tamarìa quando non c'ero, almeno salvavo i fucili. Dopo un paio d'ore cambiai direzione per andare alla grotta dove avevo nascosto la pistola. La recuperai mettendola nello zaino, ma la sorpresa era in agguato.

I gemelli erano passati di lì saccheggiando e distruggendo tutto. Avevano rubato i viveri, le candele, una giacca pesante, sfasciato la zaga. E fatto i loro bisogni al centro della spelonca. Nel loro italiano raffinato con un tizzone spento sulla pietra avevano scritto: "*Ni rivedemo*".[9]

La pistola però era salva, a quella tenevo più che ai viveri. In quanto al regalo della merda, li avrei sistemati presto. Nel mio fuggiasco peregrinare, trovai altre grotte e spelonche devastate dalla furia ottusa dei Legnole. Ma, con calma e pazienza, visto che tempo ne avevo, le attrezzai di nuovo. Piano piano ripresi la via verso il paese, che raggiunsi verso mezzodì. Sparai un colpo di revolver sulla curva del cimitero per avvertire l'amico che abitava lì

[9] Ci rivediamo.

vicino. Una vecchia stava uscendo dal luogo dove presto sarebbe tornata per sempre. Si spaventò e mi prese a male parole e insulti.

Portavo la barba lunga una spanna, non mi aveva riconosciuto. Se era in casa, udito il colpo, l'amico sarebbe venuto a incontrarmi. Se era altrove, avrei legato il cane alla porta, tornando avrebbe capito che stavo nei paraggi. Dopo qualche tempo, un'ombra si stagliò sui prati innevati di Sciampuz. Era lui. Lo raggiunsi di corsa. La gente stava chiusa attorno ai focolai, faceva freddo, a respirare bruciava le narici. Che non ci fosse nessuno in circolazione era meglio per me. E non solo a scopo di sicurezza. Dopo tre mesi di solitudine, le persone mi davano fastidio, mi pareva di sentire il loro odore di coscienze sporche, false, ipocrite. Non che io fossi meglio, intendiamoci, ma almeno il mio lezzo me lo respiravo da solo senza sparpagliarlo agli altri.

Salutai l'amico, che mi squadrò da capo a piedi. Consegnandogli il cane, illustrai il mio progetto. Non fece commenti tranne questo: «Stai attento, quelli non scherza. Li ho sentiti da Pilin dire che è venuto il momento di fartela pagare».

«Vedremo.»

Gli consegnai Papo, che non fece storie ma si capiva che era avvilito. Separarsi da me lo intristiva. Da parte mia percepii il distacco come un tradimento, ma sarebbe stato breve, massimo due giorni. Prima di congedarmi chiesi all'amico che giorno era.

«Due febbraio, mercoledì.»

Pensai con sollievo che l'inverno stava mollando le catene ma ancora dovevo patire, e il mese corto si rivelò assai cattivo.

Facendo un lungo giro alto sul paese, calai al ponte dal Tin, traversai l'indurito bosco di Ciope, scheletrico e pieno di neve, saltai la strada e varcai l'antro di Venaria. Lì dentro c'era sempre fuoco, anche a luglio. Il fumo usciva dagli sfiati pigro e solenne, salendo nel cielo dritto come un fuso, segno che il bel tempo sarebbe durato. Sentii immediatamente l'odore del vecchio, un misto di tabacco umido, muschio bagnato, latte caprino e sottobosco. L'uomo era steso nella zaga, più in là un fuoco enorme intiepidiva l'intera caverna.

Fu contento di vedermi, ma non si tirò su dal giaciglio. Salutandomi disse: «È morto il tuo amico Pascal Pez Piciol, caduto dalla croda col camoscio sulla schiena. Pascal della Taja era lì con lui, non ha potuto fare niente».

Fu una mazzata. Ero legato a Pascal come a un fratello. Fin da piccolo mi portava con sé a pesca, caccia, legna, fieno e altre cose da fare. Quel che sapevo della vita era anche insegnamento suo. Aveva settantasei anni. Di colpo collegai lui al camoscio imponente che non s'allontanava dall'antro di Tamarìa nemmeno a colpi di fucile. Pascal era venuto a salutarmi l'ultima volta. Per farlo aveva preso le sembianze del superbo animale. E pensai che l'amico cui avevo lasciato il cane non mi aveva detto niente. Appena lo vedevo ne avrebbe sentite quattro di quelle giuste!

Venaria disse: «Mi dispiace».

Lo osservai. Aveva la barba lunga fino alla cintura, grigia come il fumo che andava verso il cielo. Respirava lentamente, sollevando il petto stanco di ottantacinque anni. A ogni respiro la barba si alzava come a non volergli pesare. E poi tornava giù a tenergli compagnia. A un certo punto, con uno scatto inaspettato si levò in piedi. Alto, magrissimo, ancora dritto, essenziale e secco, pareva un larice cresciuto sulla roccia.

«Ho il bricco del caffè, la grappa è in quel buco.» Indicò un pertugio sul fondo della spelonca.

«Niente caffè ora, semmai stanotte.»

Osservavo il regno dove, tenace come un carpino, alla mercé delle intemperie, sereno e in pace viveva quell'uomo, quel vecchio. Poco più in là, in una caverna comunicante, masticavano il tempo una trentina di capre. Quiete e silenziose, parevano tristi. In alcuni antri adiacenti, collegati da sentierini, stava ammucchiata una gran quantità di fieno. «Le conosco una per una» disse, accortosi che osservavo le bestie, «ognuna ha il suo nome e li so tutti.» Per stupirmi guardò il branco. Poi gridò un nome: «Fioca!». Di là rispose una capra con un belato. Poi chiamò un altro nome: «Furina!», e rispose Furina. «Mi conoscono» disse.

Questo antro era il regno dell'eremita Venaria e delle sue bestie. «Hai fame?» chiese. «Ho mezzo capretto nella teglia, te lo scaldo.»

«Lo mangio volentieri anche se di carne sono quasi agro.»

«In paese le voci girano, i gemelli vogliono tirarti via le spese.»

«Lo so, ma so anche che non hanno fretta, questo mi agevola.»

Venaria si levò il berretto di lana dalla testa, mostrando fluenti capelli candidi ancora ben piantati nella cute. Anche lui, come i Legnole, era pieno di crine fino al naso, ma a differenza loro non era cattivo né stupido. Io che di capelli ne avevo ormai pochi provai un po' di invidia. Presi ancora un pezzo di capretto riscaldato, che si sciolse in bocca. «Buono» dissi. E lo era.

«Lo devo cuocere tanto, finché si disfa, sono senza denti.»

«Non hai i denti ma hai capelli, io il contrario.»

«Servono i primi, credimi, i denti occorre, i capelli no.»

Lasciai cadere quel discorso inutile per farne uno serio: «Sono venuto a prendere un po' di roba».

«È al suo posto, l'ho sempre tenuta all'asciutto.»

«Stanotte torno qui a dormire, non spaventarti se vedi la pila.»

«Ormai non mi spavento più di niente.»

«Resto qui fino a notte» dissi, «poi vado e torno.»

«Che intenzioni hai? Con quella roba lì, di notte, non si va a rane.»

Gli raccontai che i bastardi avevano fatto saltare il sentiero della cresta rocciosa, volevo rendergli la paga. Venaria sbottò: «No! Quello no! Era l'unico per passare senza spendere una giornata».

«Invece sì, l'hanno fatta sporca, così anch'io stanotte farò saltare qualcosa. Qualcosa che li rappresenta.»

Montai tre gradini di pietra sul fondo della grotta e da un buco dove il vecchio teneva gli utensili tirai fuori una cassa di dinamite. Ne avevo nascoste due. Separai cinque candelotti, un detonatore e un bel po' di miccia.

«Con quella non si scherza, è roba che fa male.»

«Niente paura, non voglio fare fuori nessuno, solo demolire una cosa che rappresenta i gemelli.»

«Non vedo niente che li rappresenti se non cattiveria, ignoranza e stupidità, quelle non le fai saltare con niente.»

«Eppure c'è qualcosa che gli somiglia, prova a pensarci.»

Il vecchio, assorto a testa bassa, concluse: «Non lo so, ma domani lo saprò», poi si stese di nuovo sulla zaga.

Mangiai ancora capretto, buttai legna sul fuoco e aspettai la notte.

Che arrivò inesorabile, dalla val Vajont, come una nube cupa che spandeva inchiostro. Vedevo i muri a secco, eretti a protezione dell'antro, tingersi di nero. Si scurivano dal basso verso l'alto come se un misterioso imbianchino passasse il suo pennello antico. La caverna precipitò nel buio come se qualcuno avesse tirato giù una saracinesca. Il vecchio accese una candela per avere un po' di luce oltre quella del fuoco. Stavo seduto su un mezzo tronco fungente da panca e lo osservavo.

Non avevo mai saputo il motivo, o i motivi, della scelta di vivere in una spelonca. Venaria non aveva mai detto a nessuno le ragioni che lo avevano portato, vent'anni prima, a quella decisione. So che in paese aveva avuto casa, moglie e figlia, che erano emigrate in Svizzera, e non erano più tornate. Ma non bastava questo per abbandonare i muri paterni. Ci voleva dell'altro. Mi azzardai a chiederglielo ancora una volta, come sempre quando lo incontravo: «Perché sei venuto qui, Venaria?».

Mi rispose un debole fischio che si ripeteva ritmico. Il vecchio s'era addormentato. Presi una coperta e gliela adagiai sopra. Poi lo coprii con alcune pelli di pecora conciate alla buona. E mentre l'uomo dell'antro sibilava il sonno dei vecchi, preparai l'innesco ai candelotti. Dopo un paio d'ore Venaria si destò. «Mi ero appisolato, porta pazienza.» Fissò la dinamite: «Non voglio sapere che intenzioni hai, ma pensaci. Quella roba non parla in fiato, quella urla. E quando qualcosa urla, la gente si volta. Per far qualsiasi cosa adopera attrezzi muti. Pensa al coltello e al fucile, uno tace, l'altro fa rumore, e il rumore fa la spia».

«Niente paura, Vena... non ammazzo nessuno, faccio solo saltare una casetta, uno scherzo rumoroso e basta.»

«E se passa qualcuno? Sai che qui gira gente di notte più che di giorno.»

Aveva ragione. Mi salvai dicendo: «In quel posto passano soltanto loro, e uno alla volta, e se passano, amen».

Venaria mi guardò come si compatisce un disgraziato in cerca di guai. E poi non parlò più.

Verso le due di quell'inizio febbraio, partii in missione speciale nel terreno concimato a odio di Gildo e Gianco Legnole. Tra andata e ritorno impiegai circa due ore. Il vecchio era sveglio, armeggiava intorno a una pelle di capra, il falò ardeva alla grande, le bestie dormivano. «Non ho sentito niente.»

«Tra poco sentirai.»

Di lì a poco l'antro tremò, un boato scosse la valle, svegliò le persone e agitò gli animali. Il paese non era distante dalla spelonca. I gemelli abitavano fuori mano, nella parte bassa, isolati in uno spiazzo abbastanza vasto, detto *La Spianada*. Lo avevano recintato con pali e filo spinato lasciando un pertugio e un'asse a mo' di porta.

Arrivò all'antro un vento leggero come se l'esplosione

avesse mosso l'aria. O forse era il vento di febbraio venuto a far girare il fuoco. Dormii accanto al vecchio, in un giaciglio simile a quello di Venaria. Le capre si quietarono, stese di nuovo in terra ripresero a masticare il tempo lungo dell'inverno. Più che dormire, Venaria e io passammo il resto della notte in chiacchiere.

«Gli hai fatto saltare la casa?» domandò a un certo punto.

«No, solo qualcosa che li rappresenta, come ti avevo detto.» Aspettavo chiedesse quale cosa, ma non mi dette questa soddisfazione. Il vecchio faceva poche domande.

Al mattino, il paese aveva un fatto da commentare. Sul quale fare congetture, illazioni e avanzare sospetti. Nel cuore della notte, infatti, era finita in briciole la latrina dei gemelli. Tappezzando di merda la casa dove vivevano. E non solo. Le finestre erano esplose e gli escrementi erano finiti all'interno. Sui letti, in cucina, nel tinello. Dappertutto c'era merda smaltata e pezzi di legno. Anche sui corpi mal costruiti e sulle facce brutte e ormai maleodoranti dei due farabutti. Il sentiero sulla cresta rocciosa era vendicato.

Lo dissi a Venaria dopo il sorgere dell'alba. Volevo vedere i suoi occhi. Ridevano. Ridevano di quel sorriso smagliante senza i denti che non aveva più tra le labbra. «Gli ho fatto saltare il cesso di legno, per smerdarli a dovere.»

Fu a quel punto che gli occhi del vecchio smisero di ridere. «Questa mi piace, mi piace proprio. Ma se uno o l'altro avessero avuto bisogno in quel momento?»

«Avrebbero visto la miccia ardere, se ne intendono di esplosivi, il dietrofront sarebbe stato fulmineo.»

Ma Venaria aveva in serbo la domanda alla quale non potevo rispondere se non ripetendo una parola già detta.

«E se uno dei due fosse arrivato davanti alla porta mentre la miccia finiva?»

«Amen.»

«Comunque hai avuto ragione, niente più del cesso e della merda li può rappresentare.»

Quando il sole entrò nell'antro, furtivo come un ladro di bestiame, la roccia s'illuminò. Salutai Venaria abbracciandolo. Non l'avrei più rivisto, ma non lo sapevo.

Ripercorsi a ritroso il bosco di Ciope, superai il ponte dal Tin, feci il giro alto e andai dall'amico a riprendere Papo.

«Perché non mi hai detto che era morto Pascal?»

«Non ho avuto coraggio, saresti rimasto troppo male. Ho preferito fossero altri a informarti.»

Lo abbracciai, quello era un vero amico. «Hai sentito la novità?» chiesi.

«E chi non l'ha sentita? Col botto che c'è stato credo che tutti siano saltati sui letti. Sono qui ancora che rido. Ma d'ora in avanti devi stare molto attento. Li sentivo fin quassù urlare in piena notte che ti avrebbero ammazzato.»

«Staremo a vedere, comincio a divertirmi.»

Presi da lui un bel po' di provviste, cartucce a palla e munizioni spezzate, pallini e pallettoni. Un ultimo abbraccio e con Papo alla corda partii verso l'antro di Tamarìa. Da lì, tempo permettendo, mi sarei spostato all'antro di Pagnàch e Rizéa, in Bosconero, dove avevo intenzione di trascorrere parte di febbraio e aspettare marzo con le sue promesse.

Impiegai il resto del giorno per giungere nell'antro. Non per la fatica, ma per le pause. Mi fermavo sovente ad ammirare lo spettacolo della natura invernale. E sì che ne avevo visti di paesaggi in quei mesi! Eppure a ogni passo scoprivo qualcosa di nuovo che mi colpiva occhi e mente. Salivo e ogni tanto guardavo in basso. Notavo il grappolo delle case diventare una macchia sempre più piccola. I camini fumavano in mezzo alla conca bianca della neve. Tutt'attorno, a difesa e protezione, le montagne della mia infanzia. Più che riconoscerle, ne sentivo la presenza ovunque mi girassi. Si tenevano per mano come scolare, un girotondo immobile, sotto un cielo smaltato di blu. Certén, Col Nudo, cima Camp, il Toch. E di seguito in senso orario: Borgà, Buscada, Palazza,

Cevìta, Al Sass, Duranno, Fortezza, Porgeit, Ludinia, Cornetto. Poche volte avevo osservato in modo così preciso che il paese si trovava come sul fondo di una scodella. C'è voluta la fuga per aprirmi gli occhi. Stranamente, nel pericolo e con la fretta di scappare, vedevo più cose di quando andavo piano. Soprattutto le apprezzavo di più. Le pesavo, le studiavo, mi sorprendevano.

C'era uno spezzone d'acero, avvolto dal ghiaccio di una cascata, che pareva la Madonna dentro una teca di vetro. Aveva gli occhi, e mi guardava. Pensai a un buon segno, seppur ci credevo poco. Vicino all'antro mi fermai. Spiai la valle per vedere se c'erano movimenti. Dopo lo scherzo della latrina, i Legnole si sarebbero messi in moto. Anche per questo volevo calare in Bosconero. Era molto difficile arrivassero laggiù. Non per incapacità, tutt'altro! Quelli valevano quanto me. Ma erano nervosi, le lunghe distanze e le intemperie li imbestialivano. Questo non significava non vederli un giorno scavalcare la forcella della Spalla verso il Bosconero.

Una volta al Tamarìa, prima accesi il fuoco, poi mi stesi sulla zaga col mio Papo. Era quasi l'imbrunire, il giorno diventava sempre più scuro, il freddo aumentò di colpo. Dopo qualche tempo entrò nella grotta la lunga figura della sera con la sua candela spenta. Tutto diventò malinconico. In quei casi, per scacciare la tristezza, o forse aumentarla, bisogna buttar legna sul fuoco. Tanta. Lo feci, ma la malinconia non bruciò tra le fiamme. Rimase con me, seduta sulla zaga. Invidiavo Papo che di sicuro non aveva di questi problemi. Ancora una notte in quella spelonca e sarebbe iniziata un'altra avventura. Gli alberghi futuri sarebbero stati tre antri: Bosconero, Pagnàch e la Rizéa. L'idea di finire in quelle bolge infernali, d'inverno, da solo, con la neve valangosa dei Ziròcoli, mi faceva paura. Era un luogo così ostile che morivano i camosci più forti. Nevicate, slavine e scariche di sassi li uccidevano senza pietà. D'estate i bracconieri trovavano gli scheletri e si portavano a casa i teschi con le corna. Ne ho trovati parecchi. Io, non essendo forte come un camoscio, ero più a rischio di loro. Durante gli spostamenti, nei cieli di vetro ogni tanto passava un aereo. Lasciava dietro un sentiero di fumo che si sfaldava come neve al sole. Pensavo a quel fumo come ai sentieri della vita. Si disfano anch'essi, chi vi cammina sopra non sa più dove andare e si perde.

Nell'albergo Tamarìa, preparai le cose per il trasloco. Avrei portato il necessario per vivere nella bolgia infernale di Bosconero, dove da ragazzo, in primavera, cacciavo i galli forcelli. Lasciai appesi alla volta della grotta viveri non deperibili. In un pertugio ad altezza d'uomo nascosi un po' di cartucce a palla e pallini. Poca roba, giusto l'emergenza. Se i Legnole avessero perlustrato l'antro, niente soddisfazioni. Erano decisi, poteva darsi li vedessi spuntare da un giorno all'altro. Per questo mi trasferivo nel Bosconero di val Montina. Laggiù era difficile metterci naso, potevo stare più tranquillo. Finito di preparare il sacco, mi stesi accanto al fuoco con Papo di fianco. Ho idea intuisse l'imminente partenza, perché studiava ogni mia mossa. Guardava con l'occhio di traverso quel che facevo, senza girare la testa poggiata sul letto di mughi, senza muovere la coda, senza quasi respirare. Anch'io lo osservavo di sottecchi. Vedevo un occhio umido, velato, rosso di stanchezza e affetto. Uno sguardo che dichiarava fedeltà, pazienza e amicizia. Guai se non avessi avuto accanto il mio Papo in quel duro anno di fuga. Era meglio di un essere umano. Di gran lunga migliore. Non parlava come gli uomini, ma si faceva capire e mi capiva. Sentiva quando ero in ansia, o impaurito o felice di essere in quei posti desolati, a scoprire una natura che credevo di conoscere.

«Domani si parte» dissi rivolto a lui. Non batté ciglio, ma la coda si mosse a pennellare l'aria della grotta intiepidita dal fuoco. Non chiedeva mai niente il mio Papo. Aspettava. Prendeva con gioia quel che gli davo: una carezza, una scodella di cibo, una voce. Aveva meno richieste di mia mamma, che pretendeva brodo di camoscio, e aveva innescato tutta la faccenda. Insomma, sentivo che mi voleva bene.

Altro che la gente! Dice di volerti bene, poi si aspetta qualcosa in cambio. Se non gliela dai, ritira il bene come la chiocciola ritira le antenne quando gliele tocchi. Nessuno al mondo sa voler bene come il cane. Lo puoi picchiare, sgridare, lasciarlo senza mangiare, che lo chiami e viene vicino scodinzolando di gioia. Il cane perdona sempre. E non pretende scuse. Le richieste di risarcimento offese appartengono al genere umano. Non deve essere l'offeso a richiedere scuse. Semmai è l'altro che ha da capire, pentirsi e porgerle di cuore. Questo pensavo accanto al fuoco nella spelonca di Tamarìa, col mio cane vicino. Papo, l'angelo custode, col suo occhio rosso, stanco e pieno d'affetto, nel silenzio delle notti invernali, tra un buio di solitudine, era per me la stella del mattino e la luce della sera.

Intanto seguitavo a far mangiare le fiamme, avevano sempre fame. Ciocchi di carpino nero e rami secchi di larice, il più bel fuoco che si può avere. E il più forte. I fuochi, come la neve, non sono tutti uguali. Dipende dai legni che bruci. Se ti senti solo e triste, metti pino, larice e abete bianco. Sarà una mitragliata di suoni, canti e scoppiettii. Chiacchiere senza senso ma che tengono allegri. Vuoi raccoglierti nei pensieri? Riflettere sul tempo che passa? La vita che va? Brucia carpino scuro. È così discreto che non emette alcuna voce, al massimo lievi respiri. E alla fine scompare. Non fa braci né tizzoni, lascia soltanto una cipria di cenere bianca. Vuoi far sapere dove sei? Metti rami e frasche di peccio. Il fumo parte copioso, come quando fuma un vulcano. Non facevo mai fuoco con quella roba. Era come gridare ai Legnole "sono qui".

Quell'ultima notte al Tamarìa cercai nella mente il miglior percorso per arrivare in Bosconero. Erano almeno quattro, tutti pericolosi. Si rendevano impraticabili con la complicità di valanghe, ghiaccio, ripidezza e scariche di sassi. Decisi per quello della spalla del Duranno. Tolti i primi quattrocento metri, che scendono verso i Ziròcoli, era un po' meglio degli altri. Ma quei quattrocento erano davvero ostici. Ripidi, ghiacciati, alla mercé di slavine che precipitavano dalla parete occidentale del monte, diventavano l'azzardo della vita. E per un pelo non ci stavo rimanendo, liberando i Legnole dall'impegno. Mi torna in mente mia mamma che diceva: "Camminando s'inciampa, vivendo s'invecchia, invecchiando si pensa". Era proprio così.

Passai la notte tranquillo, nella pace dell'inverno sui monti. Ascoltavo un silenzio grande e misterioso, squarciato ogni tanto da suoni lontani, versi di animali disperati che lo rendevano ancora più potente. È strano, mi dicevo, proprio quando il silenzio viene spezzato diventa ancora più silenzio. La natura invernale, regina di trappole e pericoli, letale per gli incauti, perdeva la sua forza perché me l'ero fatta entrare nel corpo e nell'anima. Non era mai successo. Conoscendola sempre di più, la assecondavo o la schivavo, la accettavo o la respingevo, sapendo cosa fare in ogni circostanza. Ci volle parecchio tempo. Fu come incontrare una bestia pericolosa, che a vederti ringhia. Devi allora stare fermo. Poi avvicinarti un po' e sederti. Aspettare, nel frattempo buttargli un po' di cibo. Lasciarla annusare, mangiare e fare ancora un piccolo passo. Altro cibo e altro passo. Intanto studiare cosa fa. Altro regalo per la bocca. Se hai pazienza, calma e freddezza, alla fine vai a spasso con lei.

Così è la montagna. Soprattutto d'inverno. Avvicinarsi adagio, con prudenza ma determinati. Conoscerla e farsi conoscere, averne rispetto e fiducia. Alla fine vivere con lei. A quel punto se capita qualcosa è solo colpa nostra.

Infatti, quando il giorno dopo rischiai la vita, fu per mio, incauto, errore. La montagna non si mosse, quel giorno.

Niente valanghe, né pietre rotolanti, né vento che ti rovescia. Il ghiaccio solido, trasparente e liscio delle cascate custodiva il rumore dell'acqua sepolta come una crisalide effimera e fragile. Eppure rischiai.

Quando la notte soffiò sulle braci dell'alba, preparai una cuccuma di caffè. Intanto vedevo spuntare il chiarore sulla cima dei Preti. D'improvviso, brillò un fuoco rossastro che rendeva le nuvole fiamme vaganti. Veniva verso valle un viola scuro che a mano a mano schiariva prendendo luce. Le montagne s'accesero come vetro soffiato, i corvi imperiali facevano *cra*, i ciuffolotti *pit*. Mi parve di sentir scricchiolare le ossa antiche della terra. La natura stiracchiava le membra indolenzite nel risveglio dell'alba invernale. Lasciai che il fuoco si spegnesse.

Quando un filo azzurro di fumo salì a pennellare la volta dell'antro come una tenue condensa, dissi: «Andiamo, Papo». Il cane scodinzolò senza voltarsi. Sapeva quel che lo aspettava. Seguitava a spiare il fumo, steso rasoterra come un tronco messo lì apposta. Lo richiamai e partimmo verso l'ignoto.

Nel tempo curvo dell'inverno, dentro un'alba gelida, sotto nuvole di fuoco senza calore, il mio cane e io iniziammo il viaggio. Traversammo lentamente i boschi innevati del Sass, le Bindole e Pale de Mela. Si camminava sul cemento ed era una meraviglia. Sotto la costa Salvada, calzai le grappelle. Risalii la lunga val di Làusen tenendo Papo a corda, che non scivolasse.

Verso mezzogiorno, calcai con lui la forcella della Spalla. La neve era talmente alta che non riconoscevo i particolari, né trovavo i vecchi riferimenti. Il vento aveva limato tutto rendendo la forcella una grande mezzaluna rovesciata, affilata come un rasoio. Mi fermai a riposare. E guardai.

Il Duranno era un'immensa piramide di zucchero filato, con un pennacchio di fumo sulla vetta. Lassù c'è la *ventadiza*, pensai. Dovevo stare attento alle valanghe. Buttai l'occhio oltre lo spigolo, verso la val Bosconero e Rizéa. Sapere che dovevo scendere laggiù mi fece tremare le vene ai polsi. E le gambe. Mi sentii veramente solo. Per un attimo coltivai l'idea di tornare al Tamarìa. Ma fu un attimo. In val Montina, Rizéa e Bosconero sarei stato al sicuro. Inoltre, l'idea di passare marzo in grembo a quel catino solitario, dove confluivano tre valli aspre e selvagge come ruscelli dentro una conca, mi affascinava. Un luogo isolato dal mondo, sorvegliato da vette alte e solitarie messe in cerchio. Duranno, cima dei Preti, quella dei Frati, cima Laste, Gea, cima di Collalto, Col Tondo, cima della Spalla, il Sass. E altre minori, non meno ripide e affilate. Tutto quel mondo era protetto da forcelle invalicabili, passi difficili e foibe a tenaglia. Nella stagione fredda risultava assai ostico passare da quelle parti. Tutto questo mi spinse a scendere verso il destino.

Ero a metà del tratto difficile quando commisi l'errore. C'era da traversare alcuni metri per infilare un canale meno ripido. Invece di tenere lo scarpone ramponato in piatto, appoggiai la guancia esterna parallela al pendio di neve dura, levando così il morso alla grappella. Partii sul fianco. D'istinto mollai la corda che teneva Papo per non trascinarlo. Avevo i fucili a tracolla e cercai di farli grattare sul ghiaccio per rallentare. Un povero, inutile tentativo. Non mi sarei fermato.

Ma un provvidenziale larice, la cui punta emergeva qualche metro dalla neve, mi venne in soccorso. Lo vidi, aprii le gambe a forbice e lo centrai mentre le mani avvinghiavano il fusto. Rimasi qualche minuto steso, l'albero tra le gambe. Per la paura presa e soprattutto la botta nelle parti basse. Era andata bene. Udivo Papo uggiolare e chiamarmi dieci metri più in alto. Gli urlai di stare fermo. Se fossi morto sarebbe rimasto lassù, bloccato in quel budello di ghiaccio, a crepare anche lui. Penso però che sarebbe venuto a cercarmi, scivolando e ammazzandosi in fondo, accanto al padrone. Papo non mi avrebbe mai lasciato solo. Nemmeno se ero morto.

Con calma, stavolta mettendo bene le grappelle, usando

la canna del fucile a mo' di piccozza, lo raggiunsi. Non fece salti di gioia perché intuiva che al minimo passo sarebbe scivolato. Afferrai veloce la corda e solo allora, quando si sentì al sicuro, si mise a farmi le feste. Con estrema cautela riprendemmo a scendere, l'avevo davvero scampata bella!

Giungemmo all'antro di Bosconero che stava cominciando a calare la sera. Arrivava dalle montagne, lentamente, avvolta nel lenzuolo scuro. Più bassa c'era la notte, che aspettava il suo turno, avvolta nella coperta d'inchiostro nero punteggiata di stelle. Per prima cosa accesi il fuoco. Le fiamme illuminarono la vasta spelonca, da secoli ricovero di bracconieri, disperati fuggitivi e spiriti solitari. Alla luce balenante delle fiamme, detti un'occhiata intorno. In un silenzio spettrale, emergevano dalla penombra gli oggetti dei secoli. Roba lasciata da chi ci abitò prima, durante le stagioni accessibili. Col piede toccai uno di quegli oggetti che diventò polvere. Era una specie di cassetta in legno, grande come una scatola da scarpe. Vuota, ma piena di mistero e storie da raccontare. C'erano vecchi letti di tronchi, panche, uno sgabello a tre piedi, due *baril* per raccogliere acqua, due piccole caldere, asce, segoni, una mazza di ferro. Lungo le pareti, alcune mensole fatte di alberi segati a metà, parevano altari pagani pronti a ricevere sacrifici.

Il cuore batteva a mille. Ero emozionato e contento di essere in quel posto. Non molti uomini erano arrivati laggiù in pieno inverno. Dico "laggiù" rispetto alla cima del Duranno ma quell'inferno stava in alto. Ci avevano provato due fratelli che avevano ucciso il vecchio Bati, e avevano scelto di nascondersi nel Bosconero di val Montina. Trovarono gli scheletri a fine giugno, nella zona dei Ziròcoli, travolti da una valanga.

Dopo il primo entusiasmo mi prese paura. Stava per arrivare marzo ma in quel posto era come gennaio. La zona è tutta a nord, il sole devi solo ricordarlo. La luna invece sorge, e gira intorno a mutare le cascate in lampade di ghiaccio. Poteva nevicare ancora, e come risalire alla Spalla se veniva giù un metro o due?

Scacciai quei pensieri tristi come mosche fastidiose. Guardai il cane, s'era accucciato accanto al fuoco. Le fiamme intagliavano figure lungo le pareti e poi le facevano ballare. Buttai una bracciata di rami e iniziò il mitragliamento. Legna ce n'era una scorta da scaldarsi tutto l'anno. Stava accatastata sul fondo a sinistra. L'antro di Bosconero è lungo almeno trenta metri, a tre ripiani. Alto una decina e fondo quindici, è il più bello di tutti quelli che conosco.

Disfeci lo zaino, che pesava una montagna. Sparpagliai la roba per sistemarla con calma, ordine e in base all'urgenza. Avevo munizioni per mesi, farina, lardo, salami stagionati duri come pietre, formaggio, candele, carburo, fiammiferi, due accendini a benzina con boccetta di carburante. E pure tabacco e cartine.

Insomma, avevo quel che serviva per un mese di vacanza. Più le ciaspe. Ovviamente selvaggina, che in quella bolgia non mancava. Se una cosa laggiù abbonda è proprio la selvaggina. Cervi, camosci, caprioli, lepri bianche, cedroni, galli forcelli. E ancora pernici, francolini, e perfino gatti selvatici. Ragionai che un mese potevo farlo comodamente. Sicuro di superare la prova, iniziai a fare progetti. Ma, nonostante i buoni ragionamenti, ero confuso, agitato e inquieto. E se fosse mutato il tempo? Se cadeva una grande nevicata? Mi dissi che occorreva andare per ordine. Aspettare gli eventi senza, come si dice, fasciarsi la testa prima della botta. Allora, per prima cosa, misi i vestiti ad asciugare. Poi mangiai, fumai, e mi godetti quella nuova notte vegliato dalle vecchie stelle, accanto al fuoco e vicino al mio Papo.

Marzo

Laggiù, nel Bosconero di val Montina, trascorsi senza dubbio il mese più bello della mia esistenza. Seppur correndo qualche rischio, riuscii a vivere la pace dei monti in armonia con me stesso e la natura. Un giorno mi capitò un accidente fatale, e se posso raccontarlo devo ringraziare Papo. Il mio cane, senza volerlo, ma questo non toglie valore al fatto, mi salvò la vita. Però devo andare in ordine di accadimenti o viene confusione.

La notte avanzava come ombra inquieta. Nonostante questo, per la prima volta da quando ero scappato a novembre, non avevo l'incubo dei gemelli. Laggiù era difficile arrivassero. Mi ripromisi di sistemare l'antro, visto che dovevo starci qualche tempo. Intanto pensai una cosa che non credevo possibile. In quella bolgia infernale, non temevo tanto i gemelli bensì quello che mi stava intorno. Tutto mi intimoriva, anche il buio. Si potrebbe pensare che le notti siano tutte uguali. E dappertutto. Non è così. Le notti cambiano a seconda di dove ti trovi, come stai e in che stagione sei.

Mi accorsi subito che quella che stavo per affrontare nell'antro dei bracconieri non era come quelle al Tamarìa. Laggiù, nella bolgia del diavolo, tutto era più intenso, forte, inquietante. Avevo scavalcato il confine della civiltà. Oltre la fatidica Spalla non giungevano più i segnali del mondo.

Nemmeno remoti suoni di campane, sferragliar di treni, sirene di fabbriche. Questo aiuto morale accadeva di là, dove giungevano le voci del Cadore portate dal vento.

Il Bosconero di val Montina era una voragine scura, coricata ai piedi di rocce arcigne, chiusa da monti uniti e compatti che sbarravano ogni rumore, suono, voce. Porte di pietra, austere e silenti, chiuse per l'eternità e mai aperte, nemmeno il giorno della creazione. Si apriranno tra miliardi di anni, quando saranno scomparse, sgretolate dal tempo, diventate ghiaioni, pianure, delta di fiumi e polvere. Allora arriveranno i suoni, nella valle di Bosconero, ma forse gli uomini non ci saranno più. E dovessero esserci, di certo non andranno a caccia o a nascondersi nella valle dei sogni perduti. Quel luogo è stato abbandonato da Dio per dare tana al diavolo e deve starci lui. Da oggi, io e lui.

Tornando alle notti in montagna, sono diverse anche da quelle sul mare. Nel Bosconero mi facevano paura per mistero, bellezza, inquietudine e silenzio. La potenza di quelle notti non si dimentica. Il buio era totale e non mutava di un millimetro. Forse un poco sotto la luna, ma non tanto. Si poteva tagliarlo con la scure. Quando uscivo per un bisogno, avevo l'impressione di dover spingere il corpo per entrare dentro la notte. E quando rientravo al calore e alla luce del fuoco, mi sembrava di uscire da una porta. Un buio così non l'ho mai sentito.

La luna faceva quel che poteva. Iniziava il suo cammino, ma appena era un po' in giro qualche montagna allungava la mano e la cacciava dietro le spalle come a toglierla di torno. Durava poco la luna in val Montina. E forse era meglio così. Quando appariva nei suoi corti viaggi, il Bosconero diventava un catino cupo, pieno di maledizioni, magie tenebrose e antiche minacce. Meglio rimanere senza luna nella valle delle poche speranze.

C'erano dei momenti, però, sul far della sera, in verità molto rari, che, pur non perdendo austerità, l'ambiente rilassava le membra. Per un attimo abbandonava le braccia lungo i fianchi, si coricava respirando a fondo, come fosse stanco di stare in agguato a colpire le vite. Laggiù, infatti, morivano animali e uccelli, alberi e cespugli. Valanghe, scariche di pietre, venti, tempeste e uragani mietevano ogni anno le loro vittime. Io potevo essere una di quelle, una delle tante, una in più nel carniere della val Montina.

Anche sotto la luce della luna, seppur breve e fioca, quella bolgia serbava intatta l'arcigna, aspra natura. Pure d'estate. Era l'unico posto da me conosciuto, e ne conoscevo tanti, dove la moneta lucente nel cielo invernale non creasse paesaggi fiabeschi da intenerire il cuore. Nei luoghi dove avevo vissuto all'aperto, senza eccezioni, questo succedeva. Laggiù no. Non vi era alcuna dolcezza nella valle delle speranze perdute.

Anche il sole si fermava poco. Aveva difficoltà a scaldare quei picchi dolorosi e inquietanti, dove la vita stentava a resistere e la morte aveva buon gioco. Se ne andava in fretta. Pareva che la valle lo intimorisse, o gli fosse antipatica. Non lo so. Quello che so è che dopo una breve visita, solo qualche ora, giusto per assolvere il compito affidatogli dall'alto, si dileguava lasciando un freddo che gelava le ossa e impegnava il fuoco a pieno regime. A me pareva addirittura che se ne andasse infastidito.

Nonostante tutto, in quel posto stavo bene. Lo capii dalle prime notti. L'allenamento dei mesi precedenti dava i suoi frutti. Ma rimaneva sempre quella leggera paura mista a inquietudine. L'ambiente era così cupo e severo che gli animali vaganti nel buio si lamentavano in maniera diversa. Parevano rassegnati al peggio, come avessero perso ogni speranza. Come avessero capito che in quell'inferno bianco lamentarsi non serviva a niente. I rapaci notturni avevano cambiato registro. Niente rantoli soffocati o lamenti disperati, solo starnuti e soffi senza voce. Era come avessero timore di svegliare gli spiriti assopiti, e quel paesaggio ostile, sempre in agguato e pronto a colpire.

La natura in val Montina dormiva con un occhio solo, non dovevo scordarlo. Lo sapevano alberi e animali e, per quanto potevano, erano attrezzati. I camosci avevano il pelo più lungo, compatto e folto del normale. I corvi imperiali facevano un *cra* al giorno, forse due. Giusto per far sapere che c'erano. I ciuffolotti tacevano, come del resto le martore. Per non parlare della selvaggina a piuma. Cedroni, francolini, pernici, galli forcelli, uscivano in silenzio per mangiare un po' e sparivano di nuovo.

Ma io, se è per quello, sapevo dove stanarli. Si spostavano senza rumore, come se volessero imitare il volo dei gufi, per la solita cautela di non disturbare la tigre. Laggiù era così, alla fine di febbraio. Quando marzo bussò alle porte di Gea, ero pronto ad annusare aria di primavera. Ma era ancora lontana, avevo parlato troppo presto.

Ora devo tornare alla prima sera. Altrimenti mi confondo. Rimasi accanto al fuoco, intimorito dal luogo e dalla notte solida. Alla luce delle fiamme e di una candela, esplorai l'antro. L'ultima volta ci ero stato molti anni prima, forse quindici, non ricordo. Su una di quelle mensole-tronco trovai un piccolo ronchetto a serramanico. Arrugginito ma ancora recuperabile. Lo pulii. Portava incise sul manico due lettere: "G.L." Sussultai. Potevano dire Gildo Legnole, o Gianco. Come avessero fatto, l'uno o l'altro, a dimenticare la britola storta in quel posto proprio non lo capivo. Erano aborti umani, individui tirchi e pidocchiosi, legati alla roba come il manico alla scure. Di certo non ricordavano di averlo lasciato lì, altrimenti sarebbero corsi a prenderlo. Poi mi venne un dubbio. Le due lettere potevano indicare qualcun altro. Il mio amico giù al paese, per esempio. Si chiamava Guido Lastia, ma non gli avevo mai visto quel ronchetto. Allora decisi che era dei gemelli e giurai di voltarlo a mio favore.

Per il resto, nell'antro non c'era altro. Sui legni delle zaghe stavano incisi nomi, date e ghirigori, alcuni risalenti a più di cento anni fa. Chi erano stati quegli uomini, mi chiedevo. Che facce mostravano in giro? Cosa avevano combinato nella vita? Misteri consegnati al tempo, segnati da coltelli su tronchi antichi. E ormai dimenticati, dispersi nell'oblio dei secoli, trasferiti nella pace dei cimiteri.

Scelsi una zaga sul ripiano alto, dove avrei riposato un mese. Lasciai sul fondo i resti delle mughe che avevano fatto da materasso a qualcuno. Avrei messo sopra nuovi boccoli e sarei stato bene. Detto così potrebbe sembrare facile. Invece no. Laggiù si prospettava dura. Per questo, tolti i brutti musi dei Legnole, volevo mettermi alla prova.

Il freddo s'infilava nel viso come spilli roventi. Quando uscivo per un bisogno, baffi e barba mettevano ghiaccio, le narici bruciavano il respiro. La condensa faceva il resto. Mi ero intabarrato dalla testa ai piedi, e tenevo sempre il fuoco acceso. Anzi due fuochi. Il letto sul piano rialzato era più caldo. Un fuoco basso mandava calore lì sopra. L'altro ardeva nei pressi della zaga e, oltre al caldo, mi teneva compagnia.

Nell'antro di Bosconero c'era un giro di correnti a favore che accompagnavano il fumo all'esterno e non lasciavano entrare aria fredda. Ed era l'unica cosa buona, oltre al paesaggio, in quella valle disperata. Collaudai il soppalco accorgendomi che stavo benissimo. Fuoco giù, che mandava caldo in alto, fuoco su per rinforzare e rallegrare corpo e anima. Ma lo stesso non c'era da scherzare.

Decisi di sistemare la roba con calma il giorno dopo e mi stesi nella zaga, il mio Papo accanto. Dormire non se ne parlava. Non per il duro tavolato di legno, ma a causa di pensieri e preoccupazioni. Emozioni violente mi spintonavano e non prendevo sonno. Da quattro mesi vivevo alla macchia. A poco a poco stavo perdendo la dimensione della vita civile. Del paese, delle osterie, degli amici (pochi), del negozio, della chiesa. Tutto questo non esisteva, e se esisteva non mi apparteneva più. Realizzavo che la società era organizzata dall'uomo allo scopo di vivere bene coi suoi simili. Ma io, per cause di forza maggiore, non stavo più là dentro. Ne ero uscito. Avevo mollato l'andamento dei giorni uguali, il lavoro, gli impegni (pochi, come gli amici) e mi accorgevo che stavo molto bene. Dirò di più. Anche se tutto fosse finito nel migliore dei modi, non ero convinto che sarei tornato a casa. Solo l'idea mi avviliva. Mi sarebbe piaciuto restare nei boschi. Certo, non tutto l'anno, ma parecchio sì.

Piano piano, mentre ragionavo su questi pensieri, fece capolino nella caverna l'alba livida e tagliente della val Montina. Mi accorsi che il fumo cambiava direzione, e un tenue lucore definiva gli oggetti. Buttai legna su entrambi i fuochi ed ebbi la conferma. Il fumo usciva da un'altra parte, molto più veloce. Forse voleva sincerarsi del tempo, scrutare il cielo, farsi portare in alto dall'aria del mattino. A furia di stare solo, davo vita e azione a qualsiasi cosa, anche agli oggetti, come fossero amici, complici, compagni di viaggio e avventura. L'ascia era diventata la *canaja*, la bambina. L'accendino una stella che brillava d'improvviso nella notte. Gli scarponi due fratelli simpatici, allegri a riposo, decisi in cammino. Quello di sinistra prendeva in giro quello di destra. «Tu sei bagnato, io no.» «Il padrone è finito in una pozza, non ho colpa. Ma tu ti stai aprendo davanti, io no.» Ci parlavo, creavo teatrini, li mettevo uno accanto all'altro, proprio come fratelli gem... Stavo per dire gemelli, ma con quel nome bastavano i Legnole. La lampada a carburo era diventata la signora della notte, e così via.

Alimentai il fuoco basso con ceppi di larice secchi e duri come ossi. Quello di sopra lasciai che si esaurisse. Sciolsi della neve e feci un bricco di caffè. Poi, imitando il fumo, uscii a scrutare il tempo. Appena misi fuori il naso rimasi indurito. Tirai sul collo il passamontagna e mi affacciai al bordo innevato. Respiravo lentamente. Se aumentavo, il gelo mi bruciava le narici. Papo non si mosse, stava steso al piano alto, con l'occhio rosso vigile. Sentiva, il birbante, che non sarei partito. Non sapevo come faceva a intuire ogni mia mossa. Istinto? Affetto? O entrambi? Alzai la testa. Tanto limpida era l'aria e lucente il sereno, che non vedevo il cielo. Sembrava fosse sparito. Mi ci volle un po' a cercarlo. Dal semibuio dell'antro alla luce violenta del mattino, gli occhi subirono un forte impatto. Sole niente.

Adocchiai un grosso cespo di pino mugo, sulla sinistra, dove finiva la spelonca. Sarebbe diventato il materasso dell'Hotel Bosconero. Rientrai, impugnai la roncola e in più riprese riempii la zaga di soffici boccoli. Quelli vecchi, usati da chissà chi e chissà quando, erano diventati polvere. Li lasciai che facessero spessore, isolamento e ammortizzatore. Finito il letto, vi stesi una coperta e lo provai. Pareva di stare su un materasso a molle con l'aggiunta del profumo che deliziava le narici. Sistemai a dovere tutta la roba, aggiungendo ogni tanto legna al fuoco.

Appesi il mangiare sotto la volta del piano alto. Per la saggia regola del non si sa mai, alzai il cibo da terra come sacrificio alla prudenza. Metti che, mentre ero in giro a caccia o a spasso, fosse entrato un cervo, o una volpe, o una martora o quello che si vuole. Addio. Piace anche a loro quella roba lì. Fame è fame, non si va per il sottile.

Avevo portato sempre con me piccoli quaderni e lapis, durante la fuga. Di tanto in tanto segnavo quel che succedeva e quel che facevo. Per ricordare. Una volta finito tutto, una volta a casa, avrei letto. Ogni passo mi avrebbe riportato a quel giorno, a quell'ora, a quel fatto, ravvivando l'emozione del ricordo. Sempre, beninteso, avessi ripreso la vita normale, cosa che non mi andava del tutto.

Verso mezzodì uscii col binocolo a perlustrare la zona. Mi serviva carne fresca e dove mi trovavo non mancava. Notai cinque camosci davanti all'antro della Rizéa. Piluccavano adagio le punte degli alberi che spuntavano dalla neve. O grattavano con le zampe sul bordo della grotta per far uscire dal ghiaccio qualche lichene. Era dura anche per loro, pensai.

Prima di rientrare guardai il paesaggio. Quando cacciavo, nella vita normale, il paesaggio mi interessava poco. Qui lo studiavo, lo mandavo a memoria. Laggiù, dove la valle stringeva i fianchi, tra anse d'ombra e coltelli di luce, un ruscello dalla voce fioca portava a tracolla grandi sciarpe di ghiaccio. I vapori del mattino, creati dall'acqua, s'erano incollati addosso agli alberi formando enormi pupazzi di zucchero filato. Qualche colpo di vento li muoveva e questi perdevano lo zucchero, scuotendo nuvole di polvere bianca. L'inverno traversava le gelide creste dei monti come un re sul cavallo. A ogni colpo di speroni, le creste alzavano pennacchi di fumo che si perdevano nel cielo azzurro, o rotolavano dall'altra parte in serpentine e spirali di saetta. I boschi, sepolti di neve, respiravano debolmente l'aria pura del giorno, esalando fiati antichi di pace e rassegnazione. Da una remota lontananza oltre le creste, vidi una montagna fumare come un vulcano e capii che lassù infuriava la *ventadiza*. Ovunque girassi lo sguardo, vedevo cose emozionanti, crude, severe e grandiose che mi facevano riflettere sull'apparente pace dell'inverno. Fintamente adagiato nella sua vigile solennità, era pronto a scattare.

A un certo punto abbandonai queste visioni concentrandomi sui camosci. Rientrai. Con calma preparai il caffè in acqua di neve sciolta. Me lo bevetti e caricai il fucile a palla. Appena udì il *crik-crok* dell'otturatore, Papo alzò la testa.

Mi imbottii di giacca, sciarpa, passamontagna e guardai il cane. Era già in piedi, aveva capito. Presi le grappelle, calcolando che tenendomi basso, verso il ruscello, forse non servivano. Papo era un rischio, poteva allarmare i camosci e farli fuggire. Ma non me la sentivo di legarlo nell'antro.

Papo non era un cane. Era un amico, un fratello, un compagno di viaggio, avventura e vita. Ovunque andassi e qualsiasi cosa facessi, doveva essere presente. Ancora non mi perdonavo di averlo lasciato qualche tempo al mio amico.

Accostai la Rizéa traversando sopra il ruscello. Notai alcuni larici feriti dalle pietre colmi di resina. Le grappelle non servivano e nemmeno assicurare Papo. In quel punto la valle s'adagiava e, pur rimanendo sfuggente, si poteva camminare tranquilli. Per fortuna stavamo sottovento, i cinque camosci non s'accorsero di nulla. Diedi a Papo il "seduto" e imbracciai. Appoggiatomi a un moncone di larice, puntai il maschio vecchio.

Stava grattando licheni per conto suo. Potevo far fuori un giovane, carne tenera, filetto speciale. Ma volevo il re, il capobranco altero e possente. Non per il trofeo, lassù non valeva. Per lasciare spazio ai maschi nuovi, rivali sconfitti dal vecchio. Così anche loro potevano assaggiare qualche femmina. Mi sentii piuttosto generoso. Partì il colpo e terminò la vita del re. Lo vidi inarcarsi e cadere, ma subito l'attenzione si rivolse altrove.

Fui travolto dal frastuono dello sparo. Direi spaventato. Valle, montagne, neve, boschi, uccelli e animali sussultarono. Tutto tremò nello spavento dell'esplosione. Fu uno squarcio nel silenzio, un colpo di mazza in una vetrata, una bomba sotto un lago ghiacciato. Sentii male al petto, quasi dolore fisico. Tutta la pace, l'armonia, il silenzio di quella valle sospesa sul vuoto dell'inverno erano crollati di colpo. Finiti in terra, frantumati, i cocci sparpagliati ovunque.

E, come se non bastasse, lo sparo non voleva andarsene né spegnersi. Vagava rimbombando per monti, dirupi e costoni, in un'eco che si moltiplicava all'infinito. Dopo qualche attimo, finalmente, il caos terminò. Ebbi l'impressione che la valle tirasse un sospiro di sollievo. Io di certo respirai rilassato. Tutto era tornato a posto.

Giurai che da lì in avanti avrei sparato soltanto per non morire di fame. Mai più un frastuono simile a smembrare quella pace antica.

Raggiunsi il camoscio, che non si indurisse troppo. Lo liberai subito delle interiora. Una parte le divorò Papo, il resto a volpi e martore. Misi in spalla l'animale e m'avviai all'albergo Bosconero. Era un esemplare magnifico. E pesava. Nell'antro lo scuoiai. Solo a quel punto osservai bene le corna. Formidabili! Un trofeo che i collezionisti avrebbero pagato oro. Ma qui non serviva a nulla. Qui serviva la carne.

Le cose hanno valore a seconda di dove si trovano, di come stai e di che hai bisogno. Nel deserto vale una borraccia d'acqua; al gelo, una buona giacca. Io lo sapevo. Tesi la pelle sul telaio di una zaga. Una volta asciugata mi avrebbe fatto comodo.

Nella città dei coltelli il cranio del camoscio valeva soldi. Qui no. Qui valeva la pelle, e la carne, e non per vezzo ma sopravvivenza. Riaccesi i fuochi che nel frattempo si erano accasciati sulle braci. Poi feci quello che fanno i cacciatori quando uccidono una bestia: si mangiano il fegato con le cipolle. Mi ricordo da giovane che seguivo i bracconieri per imparare e questi mi dicevano: «*Canaj, tol dòe théule*».[10] Laggiù cipolle non ne avevo, in compenso tenevo sale e pepe, bastava così. Appesi la carcassa vicino al fuoco, che sgocciolasse. L'indomani avrei selezionato i pezzi migliori, il resto brodo.

Papo si era appostato sotto al camoscio a prendere al volo le gocce cadenti. *Slap, slap*, sembrava un orologio a pendolo. Alla fine si stufò e mi venne accanto. Avevo notato all'arrivo due caldere girate sottosopra in un angolo. Decisi che una era per sciogliere neve, l'altra per bollire la carne. Per arrostire avevo due pentole mie. Mi venne in mente la mamma. Adesso ce n'era di roba per farle il brodo. Ma non c'era lei, causa involontaria di tutto questo. Preparai il fegato usando come burro una fetta di lar-

[10] Ragazzo, prendi su un po' di cipolle.

do. Sale, pepe e la cena fu pronta. Immobile a terra, Papo ruotava la punta del naso a destra e sinistra come avesse dentro un perno. Seguiva l'odore del fritto sperando nel boccone. Ne ottenne più di uno.

Intanto, forze misteriose stavano tirando su dalla valle la coperta scura della sera. Ombre livide avanzavano in salita, separando nettamente con una linea il chiaro dell'alto e l'ombra del basso. I due si rincorrevano. Il buio aveva la meglio. A mano a mano che avanzava, si mangiava la luce. Che per sfuggirgli correva verso l'antro senza riuscire a seminare l'aggressore.

Riflettei che il primo giorno nella valle senza speranze dava bilancio positivo. E i Legnole? Che fine avevano fatto i gemelli? Di loro manco mi ricordavo, tanto era l'impegno a sopravvivere. Avrei voluto vederli laggiù, nella valle delle speranze assenti, a lottare con gelo e pericoli.

Dovevo però stare calmo. Quelli erano capaci quanto me di resistere alle spallate dell'inverno. Anzi, essendo piuttosto ottusi, forse reggevano addirittura di più. Gli ignoranti spesso non si rendono conto dei pericoli. Sono ignari, incauti, incapaci di provvedere a se stessi e di solito gli va sempre bene.

Guardavo il mio Papo. Era un setter di taglia grande, bianco, puntinato di macchioline scure. Testa nera, tartufo nero, e tra i due occhi una fascia bianca larga due dita. Occhi tristi. Ma così tristi e avviliti che pareva piangere sempre. Rammentava quei bambini sensibili che li sgridi una volta e rimangono malinconici e abbacchiati tutta la vita. Mi faceva una tenerezza che piangevo io.

Ma quando c'era da lavorare quegli occhi lucevano. Diventava un treno, nessuno lo arrestava. Sulla ferma e riporto, imbattibile. Ubbidiva alla lettera. Quel che gli ordinavo, eseguiva. Se c'era da stare fermo, stava fermo. Anche ore, immobile, tremando di tensione. Questo qui era il mio Papo. Ma il suo valore lo esprimeva nell'affetto per me. Nessuno, neanche mia mamma, sopportava con tale pazienza i miei difetti. E mi sorrideva ogni volta col suo labbrone storto, sempre bagnato.

Ben piazzato accanto al fuoco, o meglio ai fuochi dell'antro, ragionai su cosa fare per trascorrere i giorni, lungo quell'insolito mese di marzo.

Innanzitutto esplorare nei dettagli quei luoghi remoti che, nella fretta dei tempi normali, avevo trascurato. E un po' di caccia, sparando poco per non fracassare l'immoto silenzio della valle. Subito avrei cercato una ferita nel ruscello dalle sciarpe lucenti, per avere acqua buona senza sciogliere neve. Da lontano avevo notato spacchi e fessure nel ghiaccio dai quali potevo attingere.

E, non ultimo, dovevo tenere gli occhi ben puntati alla forcella della Spalla per vedere se sbucavano le sagome inquietanti dei gemelli.

Per passare un po' di ore, cercai di mettere ordine nel caos dell'antro. Non era facile trascorrere giornate nell'ozio, dovevo trovare diversivi. Veniva notte presto e chiaro tardi.

Avrei voluto essere Papo, capace di stare steso immobile tutto il giorno, zampe avanti, muso a terra, orecchie basse e occhio indagatore. Mi venne in mente d'improvviso di fare una cosa che mi aiutò molto. Iniziai a scortecciare e poi intagliare i legnetti che intasavano l'antro. E rami di mughi emergenti dalla neve. Ne cavavo serpentelli e brutte facce di gnomi scoprendo che possedevo qualche talento.

Fu una gioia. Passai quasi l'intera notte coi miei lavori, nella quiete assoluta dei monti, e dentro l'anima una pace che non avevo mai sentito. Se non consideravo il verso di animali e uccelli, che ogni tanto si facevano sentire, in quel posto regnava il silenzio potente di Dio. Un sibilo leggero, come il sospiro di un vecchio, entrava per un attimo a far girare il fuoco e se ne andava portando via il fumo. Era il vento della sera che passava a dirmi buonanotte.

Quel silenzio totale, ibernato di gelo e solitudine, non mi impressionava più come all'inizio della fuga. Ormai facevo parte della natura e lei di me. Ero diventato, o stavo per diventare, gufo, camoscio, martora, cervo, vento, neve e tutto il resto. Steso sulla zaga, imbacuccato accanto al fuoco, mettevo le mani sotto la testa riuscendo a rimanere fermo, concentrato dentro l'ombra dei pensieri.

Fantasticavo, facevo progetti, piani di battaglia e sogni. Quando m'accorgevo che il fuoco non cantava più a voce alta buttavo legna e la musica riprendeva. Chi non entra in queste aspre solitudini non saprà mai cosa vuol dire il fuoco. Ma bisogna averlo vicino, toccarlo, ascoltarlo, scottarsi.

Mi veniva in mente un amico benestante, forgiatore di asce e coltelli, nella città dei medesimi. Qualche volta andavo a trovarlo. Quasi sempre d'inverno. Aveva una bella casa, col caminetto inserito nel muro, e il fuoco. Solo che il fuoco era isolato da un vetro e pure da una griglia di rete metallica. Che fuoco era quello? Non esisteva, non faceva rumore, si poteva soltanto vedere. Gli domandai perché. Rispose che era per il fumo: poteva annerire il muro intorno. Così, invece, lo costringeva a salire per il camino senza sporcare l'appartamento. Né pennellare i muri candidi con le sue ombre scure. Non dissi niente.

Ora però devo rivelare come sparai nelle teste dure dei Legnole. E lo feci con grande gioia nonostante il fracasso degli spari che volevo evitare. La tentazione di sparare in faccia ai due era troppo forte. Attorno alle zaghe c'erano pezzi di legno alti due spanne, grossi come un tubo da stufa. L'indomani ne scelsi due e pian piano, un po' con l'ascia, un po' a coltello, cavai fuori le brutte facce dei gemelli. Le posai sulla neve a cinquanta metri dall'antro. Battezzai Gildo quello a sinistra, Gianco quello a destra. E sparai. Volarono schegge dappertutto, dei due fantocci non rimase altro che polvere.

Devo confessare che provai quasi timore anche a colpire solo quei volti di legno. Figurarsi farlo sul serio! Loro invece sì che mi avrebbero sparato volentieri senza patemi d'animo e pentimenti.

Passai il terzo giorno a rassettare meglio l'albergo. Mi accorsi che mancavano legnetti sottili e rame secche per accendere. Nell'antro il fuoco non si spegneva quasi mai. Poteva darsi, però, rimanessi fuori alcune ore. In quei casi le fiamme morivano. È ben vero che rimanevano braci come ricordi ancora vivi, ma su quelle non si possono buttare i ciocchi grandi. Prima occorre dargli roba sottile e a mano a mano sempre un po' più grossa.

Il fuoco è un tipaccio assai permaloso, se non lo tratti con le dovute maniere non parte. E se non prende, non ti scaldi. Ci sono momenti, quando sei nel gelo più feroce, che Dio ti salvi se non accendi in fretta. Puoi congelarti mani e piedi.

Ma qui occorre una raccomandazione. Guai avere fretta. Bisogna stare calmi, ragionare bene, preparare tutto con pazienza e solo allora agire. Controllare sempre l'accendino, avere pietrine di riserva e benzina e fiammiferi ben asciutti. Col freddo non si scherza.

A tal proposito, durante quel duro inverno, ricordai sovente un libro la cui lettura mi aveva impressionato. Era la storia di uno che nel bosco voleva accendere il fuoco per non morire congelato a meno cinquanta gradi. Sbagliò alcune cose e morì. Io sono uno che quando può legge. Il fatto di esser fuggito in fretta senza procurarmi qualche libro mi avviliva. Anche per questo mi ero messo a scrivere sui quadernini. Per leggere poi qualcosa. Ma, devo dire, quello che scrivevo non mi piaceva per niente.

Comunque, in quel mese che apriva le porte alla primavera, per ingannare il tempo, scrissi di più. Prima mettevo sui quaderni solo le cose principali da ricordare. In seguito, cominciai a raccontare tutto, e il tempo passava in fretta.

Quel lavoro mi aiutò moltissimo e mi regalò pure un certo orgoglio. Ma rileggermi non mi piaceva, anche se fu un aiuto nell'aspra solitudine dei monti congelati.

Il quarto giorno andai a legna fina. C'erano in giro enormi abeti bianchi e pecci colossali che avrebbero fornito il necessario per il fuoco. Parevano grandi ombrelli chiusi, la punta in alto coperta di neve. Sotto questi ombrelli, vicino al fusto, stava ciò che serviva. Ciuffi filiformi tipo matasse di filo, grigi come i capelli di una vecchia, avvolgevano la base dei tronchi. Quelli erano benzina pura. E poi prendevo i primi rami bassi di ogni albero, talmente secchi che spaccandoli era come sentire fucilate. Le mani indolenzivano per il colpo di rinculo. Dovevo procedere a quel modo evitando la roncola. Quei rami lì sono acciaio, mi avrebbero sbrecciato il filo. E laggiù, nella valle ibernata da Dio, non era semplice affilare attrezzi. Anche se, devo ammettere, un sistema ce lo avevo e lo dirò.

Per entrare sotto questi ombrelli carichi di neve dovevo strisciare pancia a terra, come i gatti quando cacciano. Aprirmi un varco a spallate tra i rami che, imprigionati dalla neve, avevano eretto un'inferriata.

Là dentro, dove le radici vengono all'aria come grossi serpenti annodati, vi sono licheni secchi e barbe antiche grigie di muschi estenuati senza più vita. Se li stringi in mano diventano polvere, tanto sono friabili. Roba eccezionale per accendere il fuoco. E si possono pure fumare se vuoi prendere una specie di allegra ciucca.

In un giorno accumulai tanto materiale d'accensione da averne per un anno. Fu rovistando tra le radici esposte di un maestoso abete bianco che ebbi la sorpresa. Trovai una scatola da tabacco, di quelle in metallo, arrugginita ma ancora intatta. La raccolsi emozionato. Avevo capito, infatti, che non era stata smarrita, ma occultata con cura sotto un pertugio.

Tirai il coperchio ma non s'apriva. Feci leva col temperino

e ci riuscii. C'era dentro un pezzo di carta marrone con su scritte queste frasi: "Neanche qui ho trovato un posto buono per morire in pace. Non resta che la foiba". Chi le aveva scritte? E perché? Come mai cercava un luogo adatto per chiudere i giorni? Domande senza risposta.

D'improvviso ricordai una tragica storia udita da mia mamma. Di uno che odiava le donne e finì a morire in una foiba. Aveva trovato il posto giusto. Ma è probabile non fosse lo stesso uomo. A me pareva giusto anche Bosconero, ma forse avevamo esigenze diverse. E poi, quando si muore si muore, che c'entra il posto? Ma qui devo ricredermi e dar ragione a lui. Meglio crepare in un bosco, magari sotto i colori d'autunno, che dentro un ospedale. Richiusi la scatolina e la ficcai in tasca. Sarebbe diventata testimonio dei miei giorni al Bosconero. Legai un fascio di rametti secchi e tornai all'albergo. Lì mi impegnai ad affilare il coltello.

E devo dire come si fa in condizioni estreme. Lungo torrenti e ruscelli delle nostre valli, vi sono pietre ruvide chiamate *saldan*, color verde scuro, con le quali si fanno anche le mole rotonde. Ebbene, sfregando su quelle pietre aspre e dure le facce dell'utensile, si crea una bava di filo detto "filo morto". Per rendere rasoio la lama trattata bisogna asportarlo. A quel punto interviene un'altra pietra, anch'essa offerta da torrenti e ruscelli. Di solito hanno forme tondeggianti, piccole e levigate. Quella giusta, la più adatta, la migliore, è quella che, bagnandola, assume un inconfondibile color fegato. Passandola sul filo morto, lo asporta rendendo l'attrezzo una lametta da barba. Queste cose occorre saperle se si vuole campare all'aria aperta per qualche tempo e con pochi mezzi.

Per una settimana mangiai carne lessa e bevvi brodo caldo corroborante. Quello che mancava a mia mamma io ne avevo anche troppo. Trascorrevo i giorni girovagando con

Papo a cercare i luoghi più nascosti e misteriosi, raramente visti da occhio umano. Oppure scolpivo legni usando il coltello, o scrivevo sui quaderni quel che mi capitava. Qualche ora la spendevo a far da mangiare, risparmiando sulle scorte fondamentali. Un conto era finire sale e pepe, un conto la farina. Si può mangiare polenta senza sale, ma farla senza farina è difficile.

Mangiavo quindi soprattutto carne. Andavo anche a strappare scorze buone dagli alberi commestibili che conoscevo bene. Mughi, abeti bianchi, aceri, pecci. Facevo bollire tutto insieme ottenendo un liquido oleoso, molto buono e pure energetico. Avevo lucidato le caldere di rame con cenere e muschio, ed erano diventate specchi. Sul bordo di una trovai incisi dei nomi: "Della Catena Sebastiano e Osvaldo".

La caldera era loro, portata all'antro per usarla al ritorno dalle scorribande bracconesche. La fama dei due fratelli, le gesta epiche di caccia, la loro forza bruta erano leggendarie in paese. Ma al Bosconero nella stagione cattiva non erano mai stati. Altrimenti l'avrebbero detto.

Un giorno che il cielo era diamante e il gelo un chiodo d'acciaio dentro la schiena, presi il mio Papo e m'avviai verso Ziròcoli. Avevo notato nel binocolo un piccolo di capriolo zoppicare vistosamente. Forse aveva una gamba rotta per una scarica di pietre o qualche valanga. Carne ancora ne avevo ma volevo levare la tribolazione a quel piccolo.

Per questo salivo con la doppietta ai Ziròcoli, i piedi del Duranno. La mia presunta generosità per poco non mi costava cara. I Ziròcoli si chiamano così perché *piròcoi* vuol dire "sassi". In quel posto vengono giù dal Duranno a camionate. Occorre passare veloci, specie d'estate. D'inverno il gelo li serra nella morsa d'acciaio, per un po' stanno fermi. Ma quando un solo raggio di sole sfiora la vetta, la musica ricomincia.

"Non verranno giù proprio oggi" mi dissi. Invece sì, vennero giù quel giorno. Arrivai ai Ziròcoli intorno a mezzodì. Terreno ripido, neve dura, vento. Salivo con le grappelle, tenendo Papo a un pezzo di corda di tre metri. Me l'ero stretta in vita. All'altro capo il cane, legato in vita anche lui. Se scivolava non volevo che, bloccandolo, il collare si sfilasse.

Legati in vita, dunque, nel bene e nel male. Il piccolo di capriolo era fuori tiro, dovevo andare più in alto. Mi avviai. Non ero ancora giunto sopra la fascia ripida che la scarica partì. Rovinò alla mia sinistra, stavo al sicuro. Ma una pietra venne a cercarmi. Mi colpì alla gamba sbilanciandomi. Scivolai. Per lo strattone anche Papo scivolò e fu la mia fortuna.

Tra noi due un pino che usciva dalla neve. Sentii uno strappo e un guaito e mi trovai fermo a pancia in giù. La corda che ci legava, passando dietro l'albero, aveva arrestato la caduta di entrambi. Uno di qua e uno di là, in mezzo il pino. Papo fece da contrappeso strizzandosi le coste. Respirava male. Povero amico, uggiolava, ma poi si calmò. Il capriolino era stato investito in pieno e trascinato fino a noi.

Mi rimisi in piedi e aiutai Papo a risalire. Raccolsi la bestiola e, lesto quanto permetteva il pendio, guadagnai l'antro. L'avevo davvero scampata bella. Non ci fossero stati il mio cane e l'albero sarei morto. E anche lui. Non si esce vivi rotolando da lassù. Quell'accidente mi servì da lezione avvertendomi di non passare vicino ai Ziròcoli a certe ore.

Nell'antro mi accorsi che la gamba doleva. A ogni battito del cuore faceva *tun*. Controllai. Era una forte contusione, violacea e gonfia di paura. Dovevo procurarmi la resina di larice che noi chiamiamo *slargè*. Intanto spellai il piccolo di capriolo massacrato dai sassi. Non aveva più un osso intero. Anche la pelle piena di buchi. Era già frollato. Selezionai la carne e regalai le budella a Papo, che le divorò.

Avevo risparmiato una cartuccia e risparmiato alla valle l'onta dello sparo che le avrebbe sbregato la pancia. Il capriolino mi fece tristezza. Morto giovane senza udire il canto della vita come tanti bambini sfortunati. Mi veniva da pensare questo.

Le nostre esistenze sono romanzi. Chi ha cento pagine, chi novanta, cinquanta, venti e così via. I bambini morti hanno visto solo la copertina. Non hanno avuto tempo di scrivere. Come loro, il piccolo di capriolo.

La gamba mi batteva e pensai di nuovo alla medicina. Verso la Rizéa avevo notato alcuni larici feriti dalle pietre rotolanti. Buttavano resina per guarire. Era un po' tardi, ma partii lo stesso a farne scorta. Serviva anche per accendere. Presi la lampada a carburo nel caso avesse fatto sera. Trovai subito quel che occorreva. Dovetti staccarla col coltello per dura che era nel gelo. Tornai all'antro, sciolsi un pezzo e lo applicai alla gamba. La resina di larice è formidabile a guarire botte e distorsioni. In paese ogni famiglia ne tiene un vaso pieno sul caminetto. E anche l'altra, quella che butta il peccio.

Dopo tre giorni di cura la botta era sparita. E ripresi a scorribandare col mio Papo. Ogni sera controllavo il bordo nevoso dell'entrata accorgendomi che, seppur minimamente, cominciava a calare. Un centimetro alla volta, sotto i deboli raggi, in qualche ora di sole. Che però pian piano aumentava, saliva nel cielo, durava un po' di più illuminando la terra dei sogni ibernati. Ero contento di veder calare la neve, ma fui contento per poco.

Una mattina che non era ancora chiaro udii ticchettare all'esterno dell'antro. Era, penso, la seconda metà di marzo, ma non sapevo bene. Non avevo più controllato quel brandello di calendario. Non m'interessava. Intanto il tenue ticchettìo continuava, e avevo già capito di cosa si trattava. Prima di uscire a vedere quel che già sapevo, ravvivai il fuoco che partì rombando come se fosse stufo di sonnecchiare sotto la coperta di cenere. L'antro prese vita, luce e calore, e anche Papo e io.

Uscì a fare i bisogni e tornò col pelo impolverato. Nevicava! Si piazzò steso rasoterra, dopo essersi scrollato di dosso la cipria, e rimase fermo. Pareva pensasse qualcosa, il mio Papo. Era sempre serio e triste. Non sempre, a dire il vero, ogni tanto mi faceva festa. Ma di solito pensava. Forse alla fedeltà e alla pazienza nel seguire quel padrone disgraziato.

Imbacuccato per bene uscii a vedere il cielo. Che non vidi. Nevicava, e come veniva giù! Mi prese lo sconforto. Se insisteva così un paio di giorni, chi risaliva alla forcella? Avevo le ciaspe, ma quelle non salvano dalle valanghe. Decisi allora di attendere con calma che finisse di nevicare, e soprattutto che le montagne si scrollassero di dosso le coperte bianche. Nevicò tutto il giorno.

Alla sera, con un colpo di bacchetta magica, la natura fermò tutto e nel cielo apparvero le stelle. Fui più tranquillo. Dalla mia tana m'apprestai ad ascoltare le voci dell'inverno che dava gli ultimi colpi di coda. E che colpi! Udivo rombare i treni delle valanghe che partivano dalle stazioni di cima Gea, cima dei Preti e cima Laste. Alcune scivolarono da Col Tondo e Collalto. Altre più in là, verso val Vedorcia. Voci possenti, fonde e tumultuose che facevano intuire l'immensa forza della montagna.

Quella notte tutto ciò che di solito tace era vivo, in movimento, sbraitava e prendeva voce. Solo gli animali tacevano, e così pure i rapaci notturni. Aspettavano come me che il gelido regno dei monti, destatosi all'improvviso, si chetasse e tornasse alla calma solenne dell'inverno. Dai Ziròcoli non venne giù niente, il Duranno teneva stretta la sua neve come un'amante che volesse fuggire.

Nell'antro ardevano due fuochi, stavo bene. Scolpivo pezzi di legno a coltello, cavando brutte aquile e brutti camosci. Però mi piaceva e ingannavo il tempo. Oppure passavo alla matita, segnando sul quaderno fatti importanti del giorno. Ci avevo preso gusto e temevo di finire le pagine prima di tornare in paese. Allora presi a scrivere in piccolo, ma così piccolo che stentavo a rileggere. E risparmiavo spazio. In questo modo imbrogliavo il tempo aspettando che le montagne si alzassero dai letti precari, buttando via le loro spesse coperte di neve.

Furono giorni di pace e tranquillo passar delle ore. I Legnole con quelle condizioni non si sarebbero mossi, io stavo bene accanto al fuoco e al mio Papo. Ogni tanto pensavo a mia mamma. Tutto era avvenuto a causa sua. Senza volerlo aveva aperto al figlio nuovi occhi, facendogli scoprire bellezza dove prima non vedeva nulla. Troppo distratto da risultati e fretta, tirava dritto. Dove urgeva fermarsi sbalzava.

Rimasi nella spelonca quattro giorni finché le montagne si calmarono, la neve recente si saldò a quella vecchia e tornò silenzio. Una notte vidi un pallido lucore entrare nella caverna. Era la luna. Dovevo vederla, salutarla, dirle grazie. Portava segni buoni, le giornate s'allungavano. In punta di piedi, per paura che scappasse, uscii a cercarla. Rimasi incantato. Brillava come una lama di falce, sopra la grande cascata ghiacciata di cima Gea, saldata alla vetta. Vidi un'enorme candela azzurra con la cera colante ai lati e la fiammella che ardeva in punta. La natura aveva acceso un cero per me, fatto di ghiaccio e luna. La osservai a lungo finché se ne passò via, andando verso cima Laste e il Duranno. Il colosso congelato si rabbuiò. La candela si spense come se qualcuno vi avesse soffiato sopra. Era stato il vento dei Ziròcoli, o quello di cima dei Preti o entrambi che si univano? Certezze non ne ho, ma la candela era molto bella.

Pulii dalla ruggine il ronchetto con le iniziali "G.L." e lo affilai sul *saldan* che lo fece diventare rasoio. Ancora non sapevo che mi avrebbe aiutato a vivere. Ma devo procedere in ordine o viene confusione.

Aspettai con calma che la montagna tornasse sicura. Arrostii un po' del capriolino e ancora pensai a lui con tristezza. Il suo destino mi lasciò lì a riflettere. Il camoscio, una volta sgocciolato, lo appesi all'esterno, ad altezza sicura, che congelasse. Una mattina stavo seduto al bordo dell'antro, su un tronco a mo' di sedia. Binoccolavo il mondo ibernato e bianco. Mi pareva di stare coricato al centro di un immenso catino di latte cagliato.

Verso mezzodì puntai gli occhi in alto, sulla forcella della Spalla. Non potevo crederci. Che mi venisse un colpo! Sul filo del cielo, stagliate nell'azzurro, due sagome scure facevano avanti-indietro. Andavano un po' a destra e tornavano a sinistra, senza fermarsi. Regolai il binocolo e vidi due uomini. Non potevano essere che loro. Addio pace. I Legnole avevano intuito che stavo laggiù. Ripetevano quel via vai di sicuro per scaldarsi. Decisi di non mollare la guardia. Se azzardavano a calare avrebbero ricevuto l'accoglienza adatta a loro. Ma ero certo che non sarebbero scesi. C'era pericolo di valanghe, dai Ziròcoli non erano ancora partite. E i gemelli erano scemi, sì, ma non così tanto da provarci. Allora che ci stavano a fare lassù?

Prendendo le dovute cautele, decisi di salire verso di loro fino a tiro di voce. Volevo prenderli in giro, canzonarli, sfotterli dicendo che non avevano coraggio di venire giù. Il fumo usciva dall'antro come un possente respiro, e sicuramente lo avevano visto. E avevano visto anche me. Senza più indugi, misi le ciaspe e m'avviai con Papo. Quella decisione per un pelo non mi costò la vita. E dico che me l'ero cercata.

Avrò camminato forse un'ora, sempre in salita, sempre ballando sulle ciaspe. Loro lassù a binoccolare e fare avanti-indietro. Mi cercavano, non avevano digerito la dinamite nella latrina. Arrivato dove il pendio impenna più forte, li chiamai: «O gemelli, venite giù che vi preparo polenta e camoscio».

Risposta di uno: «Tra poco andrai giù tu, e anche veloce».

L'altro disse: «Così non ci daranno nemmeno la colpa».

Il primo riprese: «Farai la fine dei fratelli di Bati».

E il secondo: «Ti troveranno questa estate, con le ossa bianche».

Seguì un silenzio strano, che m'insospettì. I due tacevano troppo. A quel punto mi aspettavo qualcosa ma non quel che successe. Temevo mi sparassero, perciò nascosi la mia brutta sagoma sotto una roccia che sporgeva. Da lì seguitai a sfotterli.

«Venite giù se avete coglioni. Siete in due, avanti, scendete.»

Rispose uno che disse: «Noi non ci muoviamo, viene giù qualcun altro».

Non capivo, ma dopo qualche minuto capii. Un boato impressionante scosse l'intera valle e le montagne intorno. Avevano fatto esplodere dinamite. Non passarono cinque secondi e tuonò un altro boato, e si mischiò al primo che ancora rimbombava sulle cime. Avevano mosso la mostruosa valanga dei Ziròcoli con la dinamite. Maledetti bastardi! Abbracciai Papo, e facendomi piccino piccino mi rannicchiai dentro la sporgenza. Sopra di noi passò l'inferno. Un rombo di milioni di tuoni dentro il petto, che mi spaccava in due.

Riuscivo a respirare a stento, e Papo s'agitava. Gli ficcai la testa dentro la giacca e mi tirai il maglione sul naso sopra il passamontagna. Tiravo il fiato giusto quel che serviva, poi lo trattenevo. Non c'era più da scherzare. I gemelli avevano pensato bene a farmi fuori restando puliti. Quella valanga era cattiva. Aveva già ucciso uomini. Non ultimi i due fratelli, quelli che assassinarono il vecchio Bati. Sentivo dentro il gorgo della massa inviperita tonfi di pietre enormi che rotolavano a frantumarsi le une con le altre senza esclusione di colpi. Il frastuono non finiva mai, il pulviscolo mi entrava nei polmoni, faticavo a respirare, Papo scalciava.

Finalmente, dopo un tempo che mi sembrò eterno, quasi di colpo tutto si arrestò. Tra i monti, il rimbombo ancora brontolava, ma era solo un'eco di memoria dissolta per farmi capire quel che avevo rischiato. Con cautela misi fuori il muso e scrutai intorno. Dove era passato il treno bianco, non esisteva più un filo di neve. Aveva raspato via tutto, persino i sassi risparmiati dalle antiche valanghe. Era talmente enorme che arrivò a pescare ovunque, anche là dove non erano mai arrivate le altre. Scrollai via a manate la polvere bianca che mi ricopriva. Papo fece altrettanto con vigorosi scossoni. Realizzai che dopo quella raspata potevo scendere senza ciaspe.

Guardai la forcella. I gemelli non giravano più. Convinti di avermi fatto fuori, se l'erano data a gambe. Nonostante fossero ottusi, l'avevano studiata bene. Altro che stupidi! Travolto dalla valanga e chi s'è visto s'è visto. Devo dire che una buona mano gliel'avevo data io salendo lassù.

Così, se gli andava bene, io morivo e per loro nessuna accusa. Geniali! Ancora tremante decisi di tornare all'antro. Tuttavia, prima di muovermi, aspettai. Potevano benissimo essersi nascosti e, accortisi che ero vivo, spararmi. Non vidi movimento alcuno sulla forcella, e siccome cominciavo ad avere freddo decisi di muovermi. Vedevo laggiù in fondo l'amico antro, e un filo di fumo uscire dall'imboccatura. Sempre più tenue, sempre più azzurro. I legni esalavano l'ultimo respiro. Sarebbero rimaste le braci ad aspettarmi, non vedevo l'ora di ravvivarle.

Sotto lo spuntone non ne potevo più e iniziai a scendere. Levai le ciaspe, e percorrendo la strada aperta dalla valanga calai veloce verso l'albergo. Non fidandomi del tutto, ogni tanto spiavo la forcella. Niente, nessun movimento. I vigliacchi erano scappati. Ma ancora non mi fidavo. Finché non arrivavo fuori tiro di fucile, meglio adottare cautele. Scendevo un tratto di corsa e m'appiattivo dietro un sasso, di quelli a margine risparmiati dal cataclisma. Papo uguale, si nascondeva con me. Ma lassù era tutto fermo, nessuno mi sparava. Maledissi mille volte la sciagurata idea di salire a sfotterli. Chissà da quanto tempo viaggiavano con quei candelotti nello zaino, aspettando l'occasione. E io gliel'avevo fornita su un piatto d'argento.

Bene o male, a balzi e rotoli guadagnai l'antro. Ero così contento che canticchiai una canzone. Il grande buco nero mi sembrò una reggia, un castello o semplicemente un nido accogliente e tiepido. Ero mezzo congelato. La polvere bianca, entrandomi dappertutto, si era sciolta sul corpo bagnandomi. Allargai le braci e vi buttai rametti sottili. E poi più grossi, e ancora di più. Quando prese forza lo caricai a ciocchi e il fuoco rombò di potenza.

Pochi sanno cosa vuol dire un fuoco quando sei allo stremo. Esso infonde vita, speranza, coraggio di andare avanti, spinta a tenere duro, insistere. Inoltre, il fuoco è chiacchiera, racconto, memoria e tante cose. Potrei parlare per ore di cos'è il fuoco in certi momenti. È un amico fedele come il cane, anche se non abbaia. Questo è il fuoco. A casa lo accendevo anche a luglio e agosto. Non certo per avere caldo, ma compagnia.

Quel giorno, dopo aver scampato la morte ai Ziròcoli, bagnato, infreddolito e depresso, apprezzai una volta di più l'amicizia del fuoco nei momenti difficili. Trascorsi una notte tranquilla, seppur senza sonno. Papo emetteva spesso una voce roca, forse per la polvere di neve respirata. Verso l'alba guaì e smise di tossire.

Io intanto rimuginavo sul da farsi. Volevo fare un salto in paese, annusare la situazione e poi cambiare antro. Stavo perdendo il conto dei giorni. Avevo con me un calendario stropicciato, ma non sapevo a che punto era il mese. Scoprii con piacere che non mi interessava. Sarebbero stati i venti, le temperature, i movimenti atmosferici, il canto degli uccelli e l'alzarsi della luce a informarmi dove stavo nel tempo. E anche il calo della neve. Allora, senza alcun pentimento, tirai fuori dal sacco quel calendario inutile e lo buttai tra le fiamme. Subito mi pentii. Non per la sua utilità ma perché la carta poteva servirmi ad accendere. Ma ormai era fatta e mi sentii più libero.

La mossa successiva l'avevo in mente da qualche giorno. Avrei lasciato fermare l'orologio. Ne avevo uno da taschino che non caricai più. Adesso potevo dirmi davvero animale allo stato brado come le bestie che giravano intorno all'antro. Eliminare due oggetti importanti nelle solitudini non mi procurò alcuna angoscia. Anzi, mi chiedevo perché non l'avessi fatto prima. Guai! Non ero ancora pronto. Se l'avessi fatto prima sarei precipitato nell'angoscia. Le scelte arrivano per gradi, come le noci cadono al momento giusto. Ero molto incuriosito dalla mia progressiva selvatichezza. Dove mi avrebbe portato?

Che avrei fatto una volta tornato in paese? Domande che eliminavo senza risposte. Non ci pensavo proprio. Vivevo all'aria aperta, stavo bene, il seguito lo avrebbe deciso la sorte. La batosta della valanga mi costò qualche giorno di paura e inquietudine. I bastardi l'avevano studiata bene. Morto in valanga, ossa a primavera, e amen. Dovevo render loro la paga. Non più la latrina, questa volta. Alla prossima dovevano provare paura vera, quella che toglie il sonno.

Intanto riflettevo sulla mia difficile situazione passando da momenti di allegria a ore di profonda tristezza. In quei momenti avevo l'anima coperta di nuvole, ma, seppur lontano, percepivo il sole. Andavo incontro alla primavera, alla bella stagione, tutto sarebbe stato più facile. Il mio Papo sentiva quando ero triste. Mi veniva accanto leccandomi il dorso della mano. Se ero allegro lo sapeva, e saltava invitandomi al gioco.

Da novembre ero sparito dal mondo come un tarlo nel legno. Udivo il mio *crik-crok* rosicchiare la vita per aprirsi la strada. Mi infilavo negli antri, nei budelli, nelle spaccature delle rocce come la pietra di falce si infila nel portacote.

Una sera, cascata e luna mi offrirono la candela speciale. Uscii per ascoltare, invece vidi. La grande moneta d'oro era piena e brillava più del solito. Incendiando il ghiaccio, sparpagliava luce su tutta la valle addormentata. Il silenzio era così compatto che un sasso caduto chissà dove mi fece sobbalzare. A dar man forte alla pietra cadente da remote lontananze balzarono grida di animali e rantoli di gufi. Volevo godermi quella immensa pace, ma conservare il silenzio era impossibile. Le bestie della notte iniziavano la giornata dialogando tra loro.

Tutto induceva a riflettere sull'esistenza e la brevità dei giorni. Nessuno esce indenne dalla vita. E bisogna ringraziare quando vengono a conforto salute e allegria. La luna piena era un formaggio d'oro tra le stelle. Presto sarebbero arrivati i topi da spazi siderali a banchettare con la grande forma splendente. In due settimane l'avrebbero addentata fino a farla sparire. Topastri! Ma altri quindici giorni e sarebbe riapparsa, nuova e più bella di prima.

Ho amato la luna fin da bambino. E provo la certezza che ogni nuova sia più bella di quella precedente. O almeno così mi piace credere. Quella sera ammiravo la candela di cima Gea. Un cero colossale col corpo di ghiaccio, lo stoppino di roccia e la fiamma di luna.

Sotto di me, vicino all'antro, quattro pini secchi, morti da chissà quanto tempo, vegliavano la notte. Volevo tagliarli, offrivano legna speciale. Fiorivano dalla neve indurita, per metà del corpo, ed erano completamente scortecciati. Quando li vidi a una cert'ora, illuminati dall'astro notturno, mi vennero dei dubbi, sul fatto di abbatterli: color grigio uniforme compatto, di giorno non suscitavano alcun interesse. Solo alberi morti, come centinaia nei boschi. Ma quella notte diventarono persone. Anime disperate fuse in argento vivo. Le braccia tese brillavano come cenere lucente sì da farmi strizzare gli occhi. Non riuscivo a guardarli. Che spettacolo! Mai li avrei tagliati. Dovevano restare, lì, a farsi argentare dalla luna. Gli anni e le intemperie li avrebbero polverizzati come gli esseri umani, gli animali e gli uccelli dell'aria.

Contemplai quella magica visione finché la moneta d'oro andò a spendersi altrove, cambiando completamente il taglio di luce. In quel momento i pini secchi si spensero, tornarono grigi, insignificanti, e le loro braccia sparirono come se qualcuno le avesse spezzate. La luna mi aveva convinto a deporre la scure, salvando quelle vite morte da tempo.

D'improvviso l'aria cigolò, portandomi alle narici un tepore nuovo. Sentii voci di cambiamento. Non lo percepivo da novembre. Per qualche attimo fui un animale felice. Felice di sentire nell'aria odor di primavera, di trovarmi lì con un cane e un paradiso intorno. Non saprei dire quanto rimasi in Bosconero. Un mese? Meno? Di più? Mi interessava poco. I gemelli non davano segni di vita. Di sicuro erano convinti fossi morto nella valanga. Sarebbero tornati quaggiù in giugno a recuperare i miei fucili. E per vedere le mie ossa sbiancate dalla neve. Invece, una volta tornato in paese, avrei riservato loro una bella sorpresa.

Giorno dopo giorno respiravo dai boschi alcuni segnali incoraggianti. Il sole saliva in alto, scaldava di più, la sua luce durava di più. Tutto cominciava a essere "di più". La vita giù nel regno del Bosconero cominciava a diventare gradevole. Lavoravo con serenità e metodo, soprattutto senza fretta, alle solite imprese: camminare, cacciare, osservare, scoprire cose e posti nuovi.

Fu durante una di quelle ispezioni che mi trovai di fronte a un piccolo antro. L'entrata era diventata raggiungibile grazie alla neve alta un paio di metri, e me lo trovai davanti. D'estate sarebbe stato difficile arrivare lassù, a meno di non essere rocciatori esperti.

Entrai carponi in quel budello. Papo restò fuori. Alla fioca luce dell'accendino, notai sul fondo una cassettina di legno posata sopra un sasso. La presi con cautela portandola alla luce del sole. Sulla neve incendiata di raggi, l'aprii delicatamente. Conteneva un revolver vecchio, un po' arrugginito, senza colpi nel tamburo. Nonché un biglietto ingiallito con queste parole: *"I ladri fa na pore fine"*.[11]

Collegai in un primo momento il biglietto con quello scoperto nell'antro. Ma non era la stessa mano. Anzi, le mani le trovai poco dopo. Rientrai carponi nel budello e ispezionai con l'accendino l'esiguo spazio. Vidi in un angolo un teschio umano. Solo il teschio, ossa niente. Mi feci vicino illuminando, per quel che poteva una macchinetta a benzina. Presi quel cranio e tornai all'aperto. Aveva un foro nella tempia destra e pochi denti. Si è sparato, pensai.

Ma se il revolver stava nella cassetta come poteva spararsi? E riporlo? Il resto delle ossa dove si trovava? Bel mistero. Il teschio era verdastro, ammuffito dall'umidità e dalle *ventadize*. Guardai meglio e un po' più in là vidi le ossa di due mani. Di sicuro erano state mozzate. Mi corse un brivido lungo la schiena. L'uomo misterioso era stato ucciso. Ma da chi? E perché c'erano solo la testa e le mani? Chi le aveva messe in quel buco? O forse le bestie della montagna avevano asportato il resto del corpo? Possibile, con la neve alta potevano entrare. Rimaneva un mistero. E un altro era il fatto che io fossi destinato a trovare ossa umane.

Rimisi quei resti al loro posto, portando via cassettina e contenuto. Mi intrigava scoprire qualcosa su quell'uomo. Se la mia avventura fosse finita bene, mi sarei interessato. Per esempio, indagando su quali persone erano scomparse dal paese. E quando. Ancora non sapevo che l'avrei scoperto senza il minimo sforzo. Ma devo andare per ordine.

Nel piccolo antro c'erano pietre sparse qua e là. Mi sfiorò l'idea di alzare un muretto e chiudere l'entrata. Ci pensai e dissi no. Il manufatto avrebbe attirato l'attenzione dei bracconieri estivi. Volevo che la testa abbandonata dell'uomo

[11] I ladri fanno una brutta fine.

misterioso riposasse in pace. Allora, per essere più sicuro, la coprii con dei sassi e me ne andai.

Tornai al mio antro e, ravvivato il fuoco, mi stesi sulla zaga con Papo accanto. L'indomani, sorpresa delle sorprese, tre uccelli mi fecero sperare nella vita. Udii l'aria muovere un'ombra che sfiorò il bordo dell'antro. Andai a vedere. Su uno dei pini che la luna argentava, nel colmo stava appollaiato il gufo reale. Era lui: quello che mi cercava ovunque, quello che secondo me scaldava tra le piume l'anima di mia mamma. Mi aveva seguito sempre, stava là intorno senza farsi vedere, e ora, per dirmi chissà cosa, si era palesato di prima mattina. Aspettai che mi rivelasse i suoi piani. L'altro volatile che mi rese la vita allegra si manifestò con un suono atteso da mesi: il canto del cuculo. Proprio lui, l'amico speciale venuto a portarmi la primavera.

PRIMAVERA

Aprile

Il cuculo veniva a dirmi con voce sua che era sbucato aprile dal costone, e lui cominciava a cantare. Dai primi di aprile fino a inizio luglio. Avevo trascorso un mese nell'aspra val Montina, tra le fauci affilate del Bosconero, avvolto nel pastrano dell'inverno.

Il terzo uccello che annunciò la buona stagione lo udii la mattina del giorno dopo. Stavo sul bordo della spelonca intento alla pipata, quando da Rodetìa, sulla groppa del vento, giunse un soffio. Mi concentrai di più, non potevo crederci fosse già arrivato. Dopo qualche minuto, dalle radure di pian della Taja, giunse come un farmaco salvavita il canto del gallo forcello. Srotolava nell'aria il suo classico gorgoglio seguito da possenti soffi a mo' di sfida. Da tempo aspettavo quelle voci. Erano segni di primavera, il peggio stava alle spalle.

Sono un cacciatore completo, vado col cane ma anche senza, e soprattutto in ogni stagione. Una delle passioni a me più care è la caccia al forcello in primavera. Quegli splendidi uccelli dedicano all'amore i mesi di aprile e maggio. Basta imitare il soffio del rivale e il vecchio parte al volo arrivandoti in braccio. *Bum*! E giù. Un po' mi dispiaceva ucciderli nel momento più bello. Spesso immaginavo me al loro posto. Mi sarebbe garbata una scarica nella schiena mentre facevo l'amore? No. Ma passione è passione, e per me la caccia è religione.

Caricai quindi la doppietta e tentai il richiamo di sfida: un secco, deciso soffio. Se lo udiva sarebbe volato verso di me come un proiettile. E così fu. Sentivo il batter d'ali sempre più vicino, finché il gallo piombò davanti ai miei piedi. Furente. Faceva la ruota. Tirai di seconda canna. Rotolò sulla neve alcuni metri. Sussultò facendo vibrare le piume nell'ultimo soffio e morì. Il primo gallo della stagione l'avevo insaccato.

Ma non ero contento. Qualcosa in me stava cambiando. Da quando vivevo tra di loro, uccidere animali e volatili mi risultava sempre più difficile. Cominciavo a diventare ateo, la religione si spegneva. Da molti mesi ormai mi tenevano compagnia, e che razza di compagnia! Uccidevo qualche ungulato per mangiare, sopravvivere, tenermi le pelli a coperta, ma ogni volta era una crisi di coscienza. Che mi stava succedendo? Non lo sapevo, ma qualcosa sospettavo. Stava emergendo la mia vera natura: un civile selvatico tra fratelli selvatici. E tra fratelli non bisogna farsi male.

Dopo questi pensieri mi accorsi che Papo aveva raccolto il forcello e lo aveva deposto vicino a me. Sollevai l'uccello per il becco, lisciando le piume scomposte dall'alto verso il basso. Magnifico esemplare! Coda enorme da trofeo, creste turgide rosso sangue, grosse e sollevate. Pensai che forse il tempo era più in là di inizio aprile, visti quei particolari. Le creste, come un dito indice piegato, dicevano così. Ma anche no. Certi vecchi maschi sono precoci e si svegliano presto. Questo qui, poveraccio, desiderava le sue femmine ed era balzato a me per gelosia. Un po' come tra gli esseri umani. Gli uomini si picchiano, le donne aspettano.

Da mesi anch'io non sentivo odore di femmina, ma nemmeno sentivo desiderio. Tutto ciò mi sorprendeva senza preoccuparmi. A me le donne piacciono, però vivere tra boschi e montagne, nella peggio stagione dell'anno, me le aveva fatte dimenticare. Ma nel caso mi fossero tornate in mente avrei saputo come arrangiarmi.

La contentezza che provai nell'aver incontrato i segni della speranza era quella del bambino di fronte al regalo. Gli uccelli cantavano la vita, il tepore annunciava primavera, le gemme chiedevano sole, i giorni volevano crescere, erano riapparsi gli spigoli delle montagne. Provai un certo dispiacere e un tantino di rimorso per aver ucciso il forcello.

Giurai a me stesso che se tutto finiva bene non avrei più soppresso nemmeno una formica. E neanche sarei andato a trote nei miei torrenti preferiti: Vajont, Vail e Mèsaz. Mica pescavo con la canna. Usavo la dinamite divisa in piccoli pezzi. Chi vende il prodotto per campare non sta ore imbambolato con una canna sbalzata sull'acqua. Così è.

Stavo scoprendo giorno dopo giorno la dolcezza e la pace di vivere in solitudine, lontano dai miei simili, in compagnia della montagna e dei suoi abitanti. Protetto da gnomi, folletti, spiriti dei boschi, nonché da un gufo reale e dalla mia esperienza, vivevo ogni ora aspettando le sorprese. Che non mancavano.

Tagliai la coda al forcello, cicatrizzandola col sale, poi lo immersi nell'acqua bollente e lo spiumai. Feci il lavoro malvolentieri. Con meraviglia stavo scoprendo un me stesso nuovo. Mai mi ero andato a genio quando vivevo con gli altri laggiù. Non conoscevo a fondo il mio animo. Tra i "civili" non ero mai contento, mi piaceva poco come agivo, quel che combinavo, come mi comportavo. Facevo delle cose ma sempre malcontento e nervoso. Ora non più. Ero pacifico. Preoccupato dalla caccia dei Legnole, ma per il resto ero sereno e tranquillo. Ora anche di più. Con l'arrivo della bella stagione me la sarei goduta. Sempre tenendo d'occhio i gemelli, ovviamente. E poi è vero che cantavano cuculi, forcelli e un gufo reale montava la guardia, ma c'era ancora molta neve, occorreva stare all'erta.

Il giorno dopo, arrostito il forcello e mangiatane una parte, decisi di spostarmi all'antro di Rizéa e rimanervi qualche tempo. Lo avrei sistemato a dovere come un minuscolo albergo per vivere la primavera tra quei muri naturali, dentro la pietra antica scavata d'un sol colpo. La spelonca di Bosconero rimaneva l'hotel di riferimento, roba di lusso, luogo da tenere sempre vivo. Non distava che un'ora e qualcosa dal Rizéa, dove facevano la ronda numerosi galli forcelli. Inoltre, dalla nuova dimora potevo controllare nel dettaglio tutta la val Montina, antro compreso. Così mi spostai.

Per far passare il tempo, sistemai a dovere il piccolo ricovero. Mentre facevo pulizia di muffe e tizzoni spenti luccicanti di umidità, trovai una vecchia *baril* quasi sfasciata. La doga più larga portava inciso un nome: "Corona Domenico di Felice". Vicino stava un paiolo, che mi parve d'alluminio, annerito dalle fiamme. Un badile arrugginito, tra la malta della cenere, senza manico, portava addosso delle pietre, come se qualcuno avesse voluto bloccarlo che non lo trascinasse il vento. Una piccola catasta di legna sepolta da ragnatele e muschi era ammucchiata sul fondo.

Aleggiava in quella spelonca solitaria la malinconia dei ricordi perduti, degli anni raccolti in secoli, degli oggetti minati dal tempo, appartenuti a chissà chi. Memorie lontane, gente scomparsa, uomini e donne che in quei luoghi furono pastori, boscaioli, bracconieri. O fuggitivi, come me.

Di quel Corona Domenico di Felice sentivo parlare da bambino. Uno sciagurato. Non ne dicevano bene. Nessuno. Era un bracconiere spietato che non rispettava gli animali. Uccideva tutto, anche le femmine coi piccoli. Quando beveva, picchiava moglie e figli. Li picchiava sempre, finché lei se ne andò lasciando tre bambini alla custodia di tre vecchi. Un bambino a testa, un vecchio a testa. Dicono che morì nel sonno a ottantasette anni. Non ho certezza se fosse lo stesso della *baril*. Nel paese dove nessuno sa nulla, sono parecchi con lo stesso nome. Forse per confondere le acque, o intorbidirle. Non so, e poco m'interessa.

Nel trasloco portai prima i fucili. Poi lo stretto necessario, visto che tenevo il Bosconero come sito principale. Dopo sommarie pulizie, sistemai una zaga riempiendola con boccoli di muga. Dovetti rinforzarla accostandole dei tronchi che fungevano da panche. Intanto avevo acceso il fuoco, che mitragliava. La legna umida dell'antro, con le sue barbe di muschi e ragnatele, non era il massimo. Tagliai allora alcuni pini secchi che sortivano dalla neve come ombrelli senza tela. Parevano fatti d'argento, duri come osso. A spaccarli con la scure saltavano impazziti sotto la volta, emettendo schiocchi che sembravano fucilate.

Nella pace solenne della valle, dentro il guscio di pietra annerito da antichi fuochi, i colpi sui legni mi davano fastidio. Rompevano un silenzio primordiale, immoto e perfetto. Li percepivo come un insulto, un'offesa alla natura e ai suoi abitanti. Da quando vivevo all'aperto, avevo imparato a far meno rumori possibile. Sentivo che creavano fratture, seminavano disordine, scompigliavano le cose perfette dei luoghi solitari. Serviva muoversi piano, camminare leggeri. Agire come un respiro diventò la mia regola.

L'antro di Rizéa tiene l'entrata a levante, il sole veniva a visitarmi presto. Prima di lui iniziavano i galli forcelli. Faceva ancora buio che li sentivo soffiare e cantare. Poi era il turno dei cedroni e di seguito tutti gli uccelli delle selve. Laggiù, nel Bosconero di val Montina, ero in paradiso. E intendevo restarci.

Quell'aprile non lo dimenticherò facilmente. Il tempo atmosferico venne in mio soccorso, allungò la mano affinché non sprofondassi. Non nevicò più, fenomeno raro in quelle zone, e a quelle quote. Dall'albergo Rizéa controllavo il Bosconero e il suo antro che apriva la bocca verso di me come a chiamarmi. Il binocolo mi portava l'entrata davanti al naso. Se qualcuno fosse calato laggiù, lo avrei scoperto subito. Ma c'era ancora parecchia neve, nessuno avrebbe azzardato quel passo. A ogni modo, meglio avere un occhio di riguardo. I Legnole erano buoni a nulla, rozzi, ignoranti, e feroci, proprio per questo capaci di tutto. Temevo sempre capitasse qualcosa. E quando temi le cose, stai sicuro che arrivano.

Era sorta un'alba livida, con nuvolacce viola come otri di vinaccia. Nonostante cantassero forcelli, cuculi e, più in basso, i cedroni, faceva piuttosto freddo. Puntai il binocolo a cima Laste per vedere le aquile. Giravano lassù, con le ali ferme, sostenute dalle correnti. Trovavano da mangiare perché sulle cenge c'erano i camosci. Calavano in picchiata facendoli precipitare. Cercavo i rapaci tramite occhi artificiali quando, con enorme sorpresa e timore, notai del fumo uscire dall'antro di Bosconero. "Eccoli" pensai, "sono arrivati. Vediamo cosa fanno."

Iniziava, o meglio, continuava la battaglia coi gemelli testa di pietra. Era chiaro che i Legnole avevano visto il mio fumo. Usciva dal Rizéa in nuvole azzurrine che salivano avvoltolandosi nell'aria, mischiandosi con l'alba livida e oscurando i rapaci. Caricai l'automatico a pallettoni. Cinque colpi. Sarebbe bastata la doppietta, ma non mi fidavo di due soli colpi. Meglio averne cinque. Usavo cartucce Baschieri & Pellagri, andavano più lontano. Per annunciarmi ai bastardi, tirai nell'aria una fucilata. Non passò mezzo minuto che udii la stessa risposta. Il rimbombo rotolò per la valle. Aspettavo il secondo colpo, i gemelli ne sparavano uno a testa. Sempre. Niente, il secondo non arrivava. Forse non erano insieme? Eliminai quel pensiero, i Legnole non si dividevano. Nemmeno l'accetta li separava. Solo la morte. Perché erano vigliacchi, qualsiasi azione compissero dovevano starci entrambi. Tirai un'altra fucilata, ottenendo uguale risposta: un colpo di là e basta.

A quel punto mi saltò in mente l'amico. Poteva essere lui. Avevamo un accordo. Quando tornavo in paese mi palesavo con uno sparo. Lui rispondeva con un altro. Era il via libera. Ma poteva anche essere un trucco dei gemelli. Meglio non fidarsi. La curiosità mordeva il cervello: chi poteva esser sceso fin laggiù? Dovevo andare a vedere. E andai. Presi fucile, cane e cautela, poi, guardingo come una martora, m'avviai verso l'antro. Se erano i Legnole o sconosciuti, Papo avrebbe ringhiato, abbaiato, dato segni di nervosismo. Invece non aprì bocca. Nemmeno quando stavo dietro un larice, a venti metri dall'entrata. Voleva dire che si trattava di gente a favore. Il mio Papo non sbagliava mai. Urlai il nome dell'amico. Due volte. Vidi profilarsi una sagoma sul bianco della neve. Era lui, il cuore si rallegrò. Lo raggiunsi e ci abbracciammo. Aveva acceso un fuoco misero. Agitai le deboli fiamme con bracciate di legna secca. Iniziò a ruggire la mitraglia dei rami di larice e l'amico disse: «Però». Quello risparmiava tutto, anche la legna. Era l'unico difetto che aveva, ma grande, e non lo sopportavo. So quanto gli costava rispondere ai colpi di fucile sprecando cartucce. Che regolarmente gli rendevo, caricate magistralmente con polvere Sipe. Lui adoperava prodotti da pochi soldi e conseguente scarsa resa. Si accomodò su una panca e disse: «Sono venuto per te, ma anche per i forcelli».

«Per me? Ero convinto solo per i galli» ridacchiai.

«Prima di tutto per te. Devo darti parecchi viveri e un dispiacere. Venaria è morto.»

«No!»

«Sì» disse l'amico a testa bassa. E proseguì: «Prima di andarsene ha voluto vedermi per dirmi alcune cose. Faccende molto brutte».

«Mi dispiace del vecchio Venaria» dissi, «mi dispiace proprio. Ma le cose brutte?»

«Stava male, gridava. Lo hanno portato in canonica, ospite del prete. Le capre abbaiavano di fame, piangevano per la sua assenza. È andato ad aiutarle uno che conosci bene.»

«Chi?»

«Florian della Polsa.»

«Ah, quello che mi portò via la morosa.»

«Quello. Ma non ti portò via un bel niente, fu lei a scegliere di cambiarti. Gli uomini non portano via donne, sono le donne che se ne vanno quando annusano cervo migliore.»

«Non voglio parlare di queste cose, non m'interessa più chi porta via quello o quell'altro. Dimmi invece di Venaria.»

Il mio amico, dopo una lunga pausa, proseguì: «Aveva ucciso un uomo».

«Venaria?»

«Sì, Venaria, proprio lui. Molti anni fa diventò assassino.»

«E il morto chi era?»

«Uno che scappava, come te. Gli aveva rubato dieci capre, Venaria non perdonò. Il ladro fuggì da queste parti, nascondendosi qua e là. Venaria lo scovò in un antro, qui nel Bosconero. Gli sparò. Poi gli tagliò testa e mani. Il resto del corpo lo trascinò in fondo ai Gravérs di val Montina, che se lo mangiassero le bestie della montagna.»

Non riuscivo a crederci. Il buon mite Venaria, il mio caro maestro!

L'amico proseguì: «Prima di rivelarlo al prete, volle fossi presente. Affinché te lo dicessi. Aveva nello zaino la cassetta con il revolver che lasciò nell'antro. Voleva disfarsene, ma non del tutto. Mi ha detto dove si trova questo buco, ma bisogna andarci quando c'è tanta neve altrimenti non lo si raggiunge». Fece un'altra pausa e andò avanti: «Dopo quel fatto, Venaria si allontanò dal paese ritirandosi nella spelonca fino al termine della vita».

«Chi l'avrebbe mai detto?» brontolai. «Pareva tanto buono.»

«Il prete gli dette una specie di assoluzione e, appena dopo, il vecchio spirò. Mi parve che morì in pace. Il suo volto si sciolse come una candela al fuoco, diventò liscio e sereno. Portarsi dentro quel peso tutta la vita non deve essere stato facile. Forse per questo, dopo aver parlato col prete, io presente, sussurrava "grazie grazie". E il sospiro che fece prima di crepare mi sembrò una liberazione. Questo son venuto a dirti.»

Riflettei un bel po' prima di rispondere. «Ascolta» dissi, «tutto quel che ha fatto Venaria non lo sapevo. Ora lo so.

Ho trovato l'antro con i resti: teschio e ossa di due mani. Il revolver l'ho portato qui, assieme a un biglietto, che a questo punto so essere di Venaria.»

«Venaria non sapeva leggere né scrivere» disse l'amico.

«Qualcuno l'avrà aiutato» suggerii. «Domani ti porto a vedere quei resti; ma vi ha detto chi era l'ammazzato?»

«No, il vecchio s'è portato il nome nella tomba.»

Avevo temuto che non sarei mai venuto a capo di quel mistero, invece l'amico mi aveva portato la soluzione a domicilio sul piatto d'argento.

La notizia scosse il mio animo diversi giorni. Mi tornarono in mente le parole del vegliardo quando passai da lui per la dinamite. Disse con fermezza che se gli rubavano una sola capra avrebbe tagliato le mani al responsabile. Dopo un po' aggiunse: «E anche la testa». Lo aveva fatto sul serio, chissà quanti anni prima.

Rimasi con l'amico Guido fino a sera parlando continuamente di quel fatto. Decidemmo di passare la notte nella caverna grande. L'indomani lo avrei accompagnato a forcelli nella zona dei Gravérs e poi a vedere i resti. Avremmo dormito da lì in poi nell'antro Rizéa per tenere d'occhio la valle e la terra tribolata del Bosconero. Che non arrivassero i gemelli a farmi fuori.

Così il tempo cadeva a nostro favore, come sabbia nella clessidra. E le ore passavano in silenzio come l'ombra sulla meridiana. Trascorremmo la notte senza dormire, commentando stupiti quel che il vecchio aveva fatto.

A un certo punto l'amico disse: «Fammi vedere quella pistola».

Mi alzai, buttai rami sul fuoco che crepitò gagliardo, presi la candela e andai presso la scafa dove avevo riposto la cassetta. A destra, messo accanto a un ceppo, stava un grosso fagotto. «È tuo?» domandai.

«Lo zaino sì» rispose Guido. «Quello che c'è dentro invece è per te.»

Intuii contenesse viveri e lo ringraziai.
«Il sacco non te lo lascio, mi serve.»
Presi la cassettina e gli feci vedere l'arma e il biglietto. Osservò tutto per alcuni minuti poi, soppesando la pistola, disse: «Questa la tengo io, a te lascio il biglietto». Un ferro simile lo avevo già e, seppur a malincuore, gli cedetti l'arma di Venaria.

Prima che facesse chiaro calammo nei Gravérs, in zona forcelli. Ci mettemmo ognuno alla propria posta. Io con Papo accanto, che sapeva stare zitto quando serviva. Alla luce tenue dell'alba i forcelli cantarono. Udii la fucilata, poi un'altra. Io ne avevo uno a tiro molto prima dell'amico ma non sparai. Gli regalai la vita che era già sua. Da mangiare ne avevo, a che serviva? Code non volevo più venderne. In malora i crucchi e le bande musicali. Se volevano abbellire i loro cappelli, andassero a prenderseli loro, i galli.

Non mi era mai successo di risparmiare una preda, nella mia carriera. Ne fui contento e so anche perché. A battuta finita ci riunimmo.

«Non hai sparato?» disse l'amico.

«No, stava davanti alle canne, l'ho lasciato andare.»

«Non ti riconosco più» brontolò allibito.

«Io invece mi conosco meglio ora.»

«Posso sapere perché non hai sparato?»

Spiegargli i motivi risultava difficile, soprattutto non avrebbe capito. Mi limitai a dire: «Non lo so, è andata così».

Scosse la testa deluso. «Contento tu.»

Tornammo all'antro. C'era da appendere i viveri sotto la volta, raccogliere alcune cose e trasferirci all'albergo Rizéa. E così fu. Guido aveva in mente i forcelli, io no.

All'inizio, per i primi due, tre giorni, fui contento di avere compagnia. Dopo tanti mesi di solitudine era un regalo. Ancor più gradito perché imprevisto. Mi son pentito subito di quel regalo e con meraviglia. Ero cambiato al punto che desideravo stare solo.

I primi giorni, come ho detto, furono tranquilli. All'alba si cacciavano i forcelli, io non sparavo. Guardavo i maschi azzuffarsi, quello che vinceva faceva l'amore. Guido era sempre più sbalordito. Faceva domande. Perché così, perché colà. Non ne potevo più. Alla fine, piuttosto scocciato, parlai chiaro. Dissi che non me la sentivo di uccidere ancora animali. Quella pratica era ormai finita, dispersa, allontanata. Aggiunsi: «Non sparo agli animali che mi tengono compagnia». Non voleva crederci. Sapeva che ero fanatico di caccia, non gli tornavano i conti.

«Stai scherzando, vero?»

«No» risposi. E chiusi il discorso. Allora si rassegnò e non fece altre domande. Probabilmente capì che stavo perdendo la calma. Aspettavo impaziente che tornasse a casa per starmene di nuovo solo.

Il quarto giorno lo portai a vedere i resti. Rimase alquanto impressionato. Non tanto dal teschio bensì dalle mani mozzate, diventate ormai fragili ossa ingiallite dal tempo. Disse che mai avrebbe ritenuto Venaria capace di tanta ferocia. Pensai che forse era stato quel fatto a indurre moglie e figlia a filarsela in Svizzera. Non si può mai sapere cosa nasconde tra le rughe un povero vecchio. E che misteri conserva tra la polvere degli anni vissuti.

Al quinto giorno di quell'aprile fuori dal mondo cominciai a percepire la presenza dell'amico come un fastidio. Non vedevo l'ora che tornasse in paese, volevo starmene solo, io e il mio Papo. Comunque, tenni duro per il tempo che rimase con me, ma davvero alla fine non ne potevo più.

L'amico aveva portato con sé il paese intero: nervosismi, ansie, rancori e problemi che scaricava nell'incontaminata val Montina. Io, che mi ero liberato di tutti quei fastidi, me li sentivo di nuovo addosso. Tramite Guido il Bosconero bianco di neve diventava scuro e insopportabile. Mi sentivo nudo con un lenzuolo bagnato intorno al corpo. E pensavo che anch'io una volta ero come l'amico: pieno di fretta, parole inutili, insoddisfazioni, voglia di selvaggina oltre il necessario, competitivo con tutti.

Ora le ambizioni erano scomparse. Stavo bene, in pace con me stesso, con gli animali, i boschi e le montagne. E pure con il freddo del crudo inverno. Che all'inizio mi faceva paura. Poi, pian piano, abituandomi a lui, me l'ero fatto amico, mi dava il suo cappotto gelido. Avevo addomesticato il mio corpo a suo favore. Mi ci ero infilato dentro come in un sacco a pelo.

Tutto questo grazie ai gemelli, ottusi animali da caccia, primitivi cervelli senza speranza di sviluppo. Quasi quasi sentivo di doverli ringraziare. Con la loro spietata ferocia, mi avevano fatto scoprire la vera vita. Che non è: noi di qua, le bestie di là, la natura intorno e l'uomo padrone. No.

La vita è, o dovrebbe essere, tutt'uno con animali, boschi, montagne, nell'armonia delle stagioni e con il prossimo. Il cielo di sopra, come un grande ombrello, veglia e protegge noi e l'intero universo. Assieme al sole e alla luna, che fanno brillare i ruscelli congelati, le pietre fissate dal gelo. E le colonne di ghiaccio, che ai primi tepori cedono durezza spaccandosi con *tek* da mettere i brividi. Sembra che qualcuno spezzi rami secchi di larice.

In quell'ambiente delle tre S, selvaggio, severo, silenzioso, udivo lontani i passi del futuro. Rimbombavano sul terreno bianco e bruno, piegando il suono verso di me, con promesse liete e buone speranze. Nonostante fatiche, patimenti, pericoli, difficoltà e paure, quel futuro lo sentivo a favore. Stavo andando incontro alle stagioni calde, percepivo un destino migliore, anche se dovevo ancora porre mille attenzioni e non potevo allentare la guardia.

Gli ultimi giorni con l'amico furono quasi insopportabili. Non era mai contento di quel che prendeva. Desiderava sempre di più. Uccideva un gallo? Non gli bastava, voleva l'altro. Accoppava l'altro? Bramava il terzo. E via così. Mi stava innervosendo.

Il fondo lo toccò una mattina, quando gli feci notare il

canto dei cuculi. Rispose che non gli fregava niente di quei parassiti. E nemmeno di altri pennuti. L'unico canto che lo interessava era quello dei forcelli. E dei cedroni, aggiunse. Tutte le altre voci del bosco non esistevano.

Cominciò a canzonarmi dicendo che ero diventato *monesìn*, che in dialetto vuol dire "tenero", "molle", "senza palle". A quel punto persi la calma, lo insultai mandandolo a quel paese. Ci restò male. Mise in scena un muso lungo fino alla cima del Duranno.

Allora gli spiegai. «Senti Guido, io non uccido più animali se non per estrema necessità. E forse neanche allora. Sono diventati amici, mi tengono compagnia, rallegrano le giornate di solitudine, mi consolano coi loro versi come fossero parole buone. Devo ringraziarli e chiedere perdono all'intero mondo delle selve. Questo devo fare. Tu sei libero di ammazzare ciò che vuoi, ma non ridere delle mie scelte. Se ti trovassi al mio posto forse faresti uguale. Ma non credo, perché sei una persona senza cuore. E adesso vattene via, ho voglia di stare in pace, visto che l'ho trovata.»

Rispose con mestizia e mi pentii di aver infierito. «Torno a casa, non preoccuparti» disse. «Vado per casera Vedorcia a galli. Faccio una tappa di due notti e rientro. Voglio però dirti una cosa: quando avrai bisogno di me ci sarò sempre, il mio aiuto non ti mancherà mai.»

Raccattò la sua roba, preparò il sacco, sistemò le armi e partì verso la remota val Vedorcia. Lo aspettava un percorso lungo e difficile, accompagnato dal canto dei cuculi che mal sopportava. Traversare il Bosconero per i pascoli ancora innevati della Vedorcia significava esporsi al pericolo di valanghe. Ma quella era l'unica via possibile, un percorso obbligato pieno di insidie. Il peggio stava nella salita al col della Taja, con il lungo traverso che guarda l'occidente come un punto irraggiungibile. Da lì tocca scendere il dislivello di quattrocento metri e poi di nuovo su per altrettanti, fino a perdere le forze di mente e gambe.

Per un attimo provai il desiderio di accompagnarlo e rimanere con lui qualche giorno. Averlo maltrattato non mi rendeva allegro. Un senso di colpa cominciò a pesarmi dentro mentre lo guardavo arrancare sulle prime rampe di neve dura come pietra. Lo chiamai per un ultimo saluto. Si voltò, fece un cenno con il braccio che toccò l'intero cerchio di montagne, e proseguì.

Guido era un uomo pieno di boria, ostentava sicurezza e aveva mille difetti. Spesso rompeva le scatole, e diventava antipatico credendosi chissà chi. Ma in quanto a fedeltà non era inferiore a Papo. Alla fine, l'egoismo si impose al cuore e non lo seguii. La decisione mi fece sentire misero, ma il desiderio di stare solo fu più forte dell'amicizia. Provai qualche vergogna ma sapevo sarebbe durata poco. È come quando uccidi un camoscio. Ti avvicini e lo vedi per terra, gli occhi aperti che guardano i posti dove viveva libero e veloce. A quel punto appare il rimorso, partono domande, i perché chiedono risposte. Allora, come a fugar la vergogna, affondi il coltello a levargli le interiora e passa tutto. Fai quel che c'è da fare, ci metti una pietra sopra e arrivederci. E dopo un po' tiri dritto a uccidere ancora animali.

Ora non più, c'era stata la conversione. Ora, gli occhi della bestia riversa mi avrebbero ferito, fatto vergognare. Sapevo che qualcosa dovevo ancora cacciare prima che la faccenda coi Legnole fosse conclusa. Ma avrei ucciso solo per estrema necessità, senza sprecare un grammo di carne.

Seguii con lo sguardo l'amico finché non sparì tra i larici scheletriti di Luderòns, che sulla neve impietrita di gelo parevano candele spente. Ma dentro, sotto la corteccia, nel cuore profondo del midollo, ardeva la tenue fiamma di primavera. I rami, immobili e rigidi come raggi di sole pietrificati, spingevano timidamente all'aperto le gemme. Un verde appena percettibile colorava quelle piccole vite, dando l'impressione di lucine stremate che volevano resistere. Là, dove stavo, ero circondato da larici e d'improvviso mi sentii un uomo felice.

L'amico, rivolto al suo destino, camminava verso il tramonto, dove sepolta di neve stava la Vedorcia. Ero di nuovo solo, nella terra della mia anima, Papo fedele e il tepore dei mughi generosi. La muga è un albero accorto. Incamera il calore del sole, anche minimo, e poi ce lo restituisce. Fa così anche d'estate e non auguro a nessuno di traversare una mugaia in pieno luglio.

Sentivo di stare bene, ero cambiato, il brutto tempo non mi spaventava più. E nemmeno fatiche, pericoli e difficoltà. Non ero l'uomo di un tempo e la cosa un po' mi inquietava. Poi riflettevo. E mi chiedevo: quello di una volta era il vero? O non è l'attuale il vero? Quello che oggi ama la vita all'aria aperta, i boschi, le montagne, la luna. E non uccide più animali. Mi rasserenavo pensando che un uomo deve cercare negli anni che gli sono concessi la sua anima, la strada giusta, il sentiero sul quale ogni passo lo porta a gioire, sperare. Non è facile. Nel mio caso ci sono voluti i gemelli. Tagliandomi ogni via possibile, mi hanno indicato quella giusta. Dove stavo bene, ora lo sapevo. Cosa e chi mi rallegrava l'esistenza, pure. Adesso diventava tutto più facile.

Ma non dovevo gioire troppo. Nel mio futuro, come asce sulla testa, pendevano i Legnole. All'orizzonte si stagliavano le loro ombre inquietanti. Senza la faccia dei due ottusi la vita sarebbe stata tranquilla, ravvivata o depressa ogni tanto da qualche novità. E basta. In quel modo sarei invecchiato. Un po' alla volta, giorno dopo giorno, al riparo da emozioni e paure insostenibili. Ma senza i Legnole, ai quali ora volevo quasi bene, non avrei scoperto la vera vita, la natura, né udito battere il cuore segreto della terra. Come dire che senza Giuda non avremmo conosciuto la storia di Cristo. Giù, nel paese dei silenziosi, usa dire che "non c'è male che non porti con sé qualche bene". Così, lentamente, accettai la mia sorte.

Ero lì che pensavo a queste faccende, quando udii un colpo di fucile rotolare lontano come un tuono che fugge. Il mio amico caccia, pensai. Di lì a un attimo sentii un rombo, seguito da un terremoto che scuoteva la valle. Accidenti, pensai, la valanga delle Portelline ha mollato gli ormeggi, e il mio amico sta proprio da quelle parti. Il frastuono durò alcuni minuti e fece tremare le pareti del Duranno. Dopo un po', sospinta dal vento, mi arrivò addosso una nuvola di polvere che invase l'antro e i dintorni. Pareva una bufera come in pieno inverno.

La cipria di neve si posava ovunque: sugli alberi e su di me, leggera e silenziosa come un fiato bianco. Provai il timore che Guido fosse finito dentro, e indovinai.

Ma devo procedere con ordine. Aveva svegliato la neve, sparando quel colpo sul traverso dei Luderòns, prima del Col della Taja? Questo mi chiedevo. Gli davo dello stupido dopo morto. Perché sparare in quel punto? E mi davo del carogna per averlo maltrattato. Poi cominciai ad avere dubbi. E se fosse rimasto vivo? Intrappolato o ferito che non poteva muoversi? Oppure era passato indenne e viaggiava tranquillo verso la val Vedorcia. Qual era giusta? Se era morto, amen. Pace all'anima sua. Ma se era vivo? Mettiamo con una gamba rotta? E magari invocava il mio nome? Se aveva una gamba rotta era come fosse morto. Da quelle bolge infernali non si torna con le ossa spaccate. Per risalire ci vogliono fisico e arti a posto. Addio Guido.

Dicevo così ma il dubbio mi tormentava. Potevo starmene fermo? No, non avrei più dormito né trovato pace. Dovevo andare a vedere. Preparai lo zaino velocemente, come mi fossi accorto d'improvviso che stavo perdendo tempo prezioso. Guido poteva aver bisogno e io stavo lì a cincischiare. Via, mi dissi, vai veloce. Con Papo che saltava impaziente, puntai le costole bianche dei Luderòns che menavano ai contrafforti della remota val Vedorcia. Se tutto stava a posto, al massimo rimediavo una faticaccia, ma dovevo sincerarmi. Non potevo rimanere fermo, far finta di niente non era possibile.

Camminavo a testa bassa per non vedere la distanza. È un trucco personale sviluppato negli anni. Aiuta a non pensare alla meta, ma a superare il terreno sotto i piedi passo dopo passo. Avevo con me l'attrezzatura per dormire all'aperto ed ero tranquillo. Camminai circa un'ora e mezzo o due. Mi chiedevo a che cosa avesse sparato l'amico, visto che il colpo era partito fuori orario dei forcelli. Forse al camoscio. Ma poi, come lo avrebbe portato alla Vedorcia? Bastava togliere i filetti e il trofeo, ma sarebbe stata un'azione vergognosa. La bestia va rispettata. Poteva aver tirato a un forcello. Nel periodo degli amori, di giorno usano posarsi sulla punta dei larici a studiare la situazione. Spiano le radure per vedere se qualche rivale fa il bullo. Ma non c'è soddisfazione a ucciderlo a quel modo. Occorre aspettarlo al canto del mattino, quando si batte per la femmina soffiando come un mantice. Comunque, a cosa aveva sparato erano affari suoi, io volevo soltanto sapere se stava bene.

Questo pensavo mentre passavo in rassegna l'esercito di larici dei Luderòns. Intanto studiavo ogni dettaglio o segno che incontravo. Pensavo che se aveva traversato prima che la valanga partisse, avrei notato le tracce andare verso Col della Taja e Vedorcia. Se invece, al di là della valanga, tracce non ce n'erano più, addio Guido. Sulla neve, anche la più dura, il passo dei viventi non è difficile scoprirlo. Basta cercare a testa bassa, portando il naso alle ginocchia e annusando con gli occhi. In quelle situazioni è anche facile morire. La valanga si stacca in silenzio, non suona la campana di partenza. La meridiana bianca annuncia l'ora senza aprir bocca. Io me ne intendo. Per tre volte le valanghe mi hanno stretto nell'abbraccio mortale. Me la sono cavata per pura fortuna.

Camminai un bel po' sulle peste di Guido. Poi finirono di colpo e davanti a me, come la bocca paurosa di un mostro, s'apriva lo squarcio della valanga. Faceva impressione. La raspata violenta aveva scardinato tutto. Andava giù fino al termine dei Gravérs, dove un percorso da formiche, pomposamente definito sentiero, mena in Cadore. Dopo ore di cammino, quel tratturo ti fa entrare a Macchietto e Peraro-lo, paesini in segno d'ombra, incollati al versante nord della montagna.

Traversai lo scivolo di macerie e appena oltre cercai tracce di Guido. Niente. Nessun segno a dirmi che era passato di là. Addio amico, pensai. Non so perché mi venne in mente di guardare verso i Gravérs e la val delle Èrghene. Mi pareva che in fondo si levasse un filo di fumo. Laggiù, molto lontano, proprio dove la slavina s'era allargata facendo strage di pini e larici, dondolava questa sottile lingua azzurra. Poteva essere uno straccio di caligheè, nebbioline primaverili che camminano silenziose tra i boschi come anime in pena. Osservai più attento e decisi che era fumo. Il binocolo mi dette ragione: ardeva un focherello con nessuno intorno. Mi rallegrai, forse si trattava di Guido, ma perché era finito lassù? Il sentiero per Vedorcia passava dove stavo io.

E se invece erano i gemelli a fare fuoco? E quel colpo di fucile? Forse avevano ammazzato l'amico credendolo me. E poi andavano a nascondersi in Cadore. Mi domandavo tutto questo senza saper che fare. Osservavo col binocolo la solitudine di quel focherello. Eppure, se ardeva, qualcuno l'aveva acceso.

Allora, in quel fastidioso non saper che fare, misi le mani a imbuto e iniziai a chiamare l'amico con tutto il fiato che avevo: «Guidoooo». La voce si perdeva nelle valli, rimbalzava sulla schiena delle montagne per tornare da me mutilata e fioca: ... *doooo*.

Dopo svariati richiami senza risposta lasciai stare. Il silenzio impassibile di quei luoghi abbandonati tornò a regnare incontrastato portandomi una malinconia insostenibile. Per rompere quel nulla opprimente chiamai Guido ancora una volta. Presumo che timore e tristezza distorcessero la voce, perché Papo mi abbaiò contro come a chiedermi che cosa stesse succedendo. Come fossi un altro e non mi riconoscesse più.

Da nessun angolo di quelle lande bianche e desolate giungeva suono di risposta. In montagna, quando chiami un amico e risponde soltanto un'eco lontana come fosse l'anima dell'amico morto, inizi ad agitarti. Urlai di nuovo il suo nome, ma risposta non giungeva. Allora, assai preoccupato, traversai il letto raspato dalla valanga più volte a cercare qualche segno.

Il treno bianco aveva messo a nudo le rocce, strappato le mughe per lunghi tratti, lisciato il fondo come un catino di smalto. Tornai di là, verso il passo di Vedorcia, sperando di trovare tracce. Niente. Nessuna pesta o segnale di sorta mi diceva che Guido aveva proseguito di là. Allora pensai che stava sepolto giù in fondo trascinato dalla valanga. Ma quel fumo laggiù? Chi alimentava il fuoco? Guido no, altrimenti avrebbe risposto.

Udii un forcello soffiare, lui sentiva il richiamo dell'amore. Bisognava andare a vedere. E se accanto al fuoco stavano i gemelli? Ispezionai la zona col binocolo. Stavolta più attento. Non appariva nessuno. Avevo con me Papo, sempre vigile: se non era l'amico se ne sarebbe accorto.

Piano piano, seguendo la strada raspata dall'enorme slavina, calai verso quel filo di fumo che mi chiamava come una voce. Senza speranza, solo per frantumare il silenzio di morte, a tratti urlavo il nome. Rimbombava sulle pareti ghiacciate dei monti, girava per le valli e tornava da me come quando si chiama il cane. Udivo un corvo imperiale fare *cra* chissà dove e da lontano, verso gli Agarùi, proveniva il grugolìo di un forcello giovane. Soltanto loro cantano di giorno.

A quel punto l'ansia che aleggiava sopra i larici piombò su di me afferrandomi alla gola. Dovevo fare in fretta, agire, andare giù deciso. E andai. Eliminando ogni prudenza mi avvicinai al filo di fumo. Ogni venti passi chiamavo Guido con la voce che avevo. Ma Guido non rispondeva. Allo stesso tempo stavo sul chi vive temendo di scoprire le sporche ombre dei Legnole.

Finché giunsi nei pressi della radura al bordo della quale s'alzava il fumo. Quel tenue filo di vita non smetteva di ondeggiare come a dirmi "vieni qui". Osservai Papo. Non dava segni di nervosismo. Anzi, d'improvviso si mise a correre verso un punto, scodinzolando. Ormai, quasi come per vizio, urlai ancora il nome dell'amico.

«Sono qui» lamentò una voce fioca. Fu come mi avessero sparato. Allora sì che cominciai a correre! Era lui. Laggiù, alla foce della valanga, dove l'accumulo formava immensi cavolfiori di neve, stava Guido. Ma non lo vedevo. Di corsa mi diressi alla voce. E lo vidi.

Stava sotto un larice, steso su rami di muga, accanto a un focherello. Faceva segni con la mano. Aveva il viso pieno di botte, gonfio, tumefatto e bluastro. Avvolto nel pastrano, poggiava la schiena al tronco. Mi sedetti accanto, chiedendo cosa fosse successo.

«Erano sulla cresta di Rodisègre, in due, di sicuro i gemelli. Hanno tirato un colpo. A che sparano?, mi sono chiesto. A me? Ma ero troppo lontano per colpirmi. Che stupidi, ho pensato. Invece non sono stupidi. La loro idea era cattiva. Me ne sono accorto di lì a poco. Hanno sparato per muovere la valanga. Di sicuro credevano fossi tu a traversare per Vedorcia. E la neve l'ho sentita scricchiolare. Poi è partita dalla cresta. Mi son visto girare verso il basso, poi non ho capito più niente. Mi ha preso al centro della conca e trascinato qui.»

Guardai l'amico e sibilai: «Che bastardi, volevano un lavoro pulito, farmi fuori senza sporcarsi le mani né rischiare la galera. È il loro metodo, hanno già provato. Morire in valanga è una disgrazia, così nessuno sospetta».

Presi una mano a Guido e notai che era ghiacciata. «Come ti senti?»

«Sono pieno di botte, fatico a muovermi ma credo niente di rotto. Almeno spero. Fortuna che avevo lo zaino stretto in vita. Ha protetto la schiena dai colpi. Mi sono trascinato perché tra paura e botte non riuscivo a camminare. Pensavo fosse finita, invece la valanga mi ha sputato come un boccone cattivo, come i rapaci sputano il *botol.*»[12]

«Te la senti di tornare al Bosconero?»

«No, resto qui stanotte, mi riprendo un poco. Se mi fai compagnia ti sarò grato a vita.»

«Ti farò compagnia finché vuoi.» Poi chiesi: «Dove saranno i Legnole ora?».

«Chi lo sa dove sono andati, quelli non hanno posti come non hanno anima. Potrebbero essere ovunque, anche qui intorno.»

Mi accorsi che non aveva il fucile e glielo dissi.

«L'ho perso durante i capitomboli, chissà dov'è finito.»

Allora, prima che facesse buio, perlustrai il fronte della valanga. Dopo un po' che cercavo, vidi un bastone che spuntava dalla neve aggrumata in fondo. Non ci speravo, invece era proprio il fucile. Miracolosamente a posto. Di solito, in simili circostanze, il primo a spezzarsi è il calcio.

Tornai dall'amico con il trofeo e un certo orgoglio. «Ecco qua» dissi. «Tutto intero il tuo automatico.»

Buttai legna sul debole fuoco e senza che se ne accorgesse lo scrutai. Mi fece una pena infinita, roba da non tener il pianto. Fino a poche ore prima averlo vicino era un fastidio, ora provavo tenerezza e affetto per l'amico ferito. Mi vergognai di averlo maltrattato, ora dovevo stargli accanto.

Preparai due giacigli con rame di muga che sbucavano dalla neve e mi sedetti vicino a lui. Parlammo di tante cose

[12] Bolo.

mentre il fuoco mitragliava le cortecce dei larici. Ovviamente si toccò l'argomento Legnole, e a quei nomi Guido mi stupì con una frase che non m'aspettavo.

«Ora siamo due contro due» disse, «andiamo a cercarli domani e li facciamo fuori. Via dalle spese una volta per tutte. Potevo essere morto a causa di quei bastardi e quaggiù nemmeno mi trovavano. Se trovavano qualcosa erano le ossa. Sono agro di questa situazione, soprattutto per te.»

«Non dire stupidate, Guido, occorre aver giudizio, guai a farsi prendere dalla rabbia. Prima o dopo quei due si faranno male da soli, vedrai.»

«Se prima non lo faranno a te» concluse l'amico. Poi disse: «Sei troppo buono, io al tuo posto avrei già risolto la faccenda».

«Uccidendoli?»

«No, azzoppandoli. Una scarica di pallini da uccelli nelle ginocchia e amen. Sulla panca per il resto dei giorni.»

Mentre si chiacchierava salivano da fondovalle le ombre della sera. Avanzavano lentamente mangiando ogni metro di luce. L'ultimo sole si spegneva e tutto diventava scuro come se una mano misteriosa tirasse la tenda su quel mondo solitario e lontano. Alimentavo il fuoco per avere caldo attorno a noi mentre, poco oltre il tepore, la terra si rattrappiva come un pugno che si chiude. Dopo essere sbocciata al sole del giorno, la primavera si chiudeva in se stessa facendoci capire che la morsa del freddo ancora non allentava le ganasce. Quella sera portava una pace malinconica e una quieta stanchezza, come se uno spirito misterioso prendesse la natura per mano accompagnandola nel sonno. La situazione non era allegra, eppure mi sentivo tranquillo.

Tenevo d'occhio l'amico, accorgendomi che riprendeva le forze minuto dopo minuto. Anche la paura tramontava lentamente nel suo cuore come il sole dietro le creste incendiate di cima Gea.

Prima che il buio cancellasse il paesaggio, un forcello si

posò sulla punta di un larice vicino a noi. Essendo in amore non temeva né fumo né fuoco, tantomeno la nostra presenza. Mi stupì il silenzio e la mancata reazione di Guido.

«Gli spariamo?» dissi.

«Sparagli» rispose, «ce lo mangiamo, anche se cibo ne ho.»

«Anch'io ne ho» dissi, «ma roba fresca è meglio. Spiccalo tu» conclusi, «io non me la sento.»

«Sei proprio cambiato.»

Gli porsi il mio schioppo e dopo qualche secondo andavo a raccogliere la bestia sotto il larice. Per mia leggerezza quel gallo quasi mi costava caro. Dopo averlo eviscerato lo spennai alla buona bruciando sulle fiamme residui di penne e piume. Lo infilai in un bastone, allargai un lenzuolo di braci e facendolo girare adagio lo arrostii come si deve. Papo e Guido osservavano in silenzio. Nel frattempo la notte entrava nella stanza aperta della Rizéa e tutto diventò pece.

Un oste impenetrabile riempì il bicchiere del giorno con il suo vino nero. Lentamente il cristallo cambiò colore. Abbandonò trasparenza e lucore riempiendosi fin sul bordo lontano delle creste. Dai boschi impenetrabili, sovrastando lo scoppiettio dei rami che ardevano, giungevano belati di barbagianni e rantoli di gufi. Parevano partire dalla fine del mondo, invece stavano là intorno. Ci spiavano, lo sapevo. Papo anche lo sapeva e non apriva bocca. Rispettava la loro triste malinconia, il loro antico vagare, il mistero di quelle vite.

Quando mangiavo selvaggina di piuma in presenza del cane, avevo cura di bruciare le ossa fino all'ultima scheggia. Lo feci anche quella sera. Ma non del tutto. Guido e io divorammo metà gallo forcello. Succhiavamo le ossa, poi le davamo al fuoco. Dai contrafforti di cima Laste saltò fuori la luna, il bicchiere colmo di vino si annacquò. La radura brillò come un catino d'oro. I monti lontani fecero gli orli dorati come certe tazze di porcellana. L'oste della notte si concesse una pausa riempiendo il calice della Rizéa con l'acqua pallida della luna. La compagnia di Guido e la magia del momento vinsero la mia abituale accortezza. Dimenticai l'altra metà del forcello che stava vicino alle braci. Stanchezza e tensioni, attenuate dalla pace per lo scampato pericolo, ci fecero chiudere gli occhi. Entrambi ci addormentammo cullati dalla magia di quel posto, con la luna a vegliare i nostri sonni agitati e i rapaci notturni a cantarci le storie.

Mi svegliò uno strano scricchiolio come se qualcuno frantumasse croste di polenta. Guardai Papo. Aveva divorato l'altra metà del forcello avanzato. Mi prese un colpo. È risaputo che le ossa di pollo sono cocci di vetro nell'intestino dei cani. Ma quelle del forcello, dure e sottili, sono pallottole esplosive, lamette da barba a doppio taglio. Mi disperai e svegliai l'amico.

«Prova a farlo vomitare» disse, «premigli un gomito sulla pancia.»

Era una buona idea, ma mi venne il dubbio di far peggio. E se premendo favorivo il danno? Poteva darsi che l'osso gli tagliasse lo stomaco. Così non feci niente rassegnandomi agli eventi.

Guido disse: «Fagli mangiare scorza di larice, proviamo se rimette».

Ero piuttosto scettico, ma volli tentare. «Da quando il larice fa vomitare?»

«Non lo so, mi è venuto in mente questo, proviamo.»

Con il coltello, alla luce della pila, scorticai il larice sotto il quale avevamo i giacigli. Raccolsi un pugno di neve e ne feci poltiglia mista a briciole di corteccia. Chiamai Papo. Conscio forse di ciò che lo aspettava, si era allontanato infilandosi nel ventre scuro di un pino mugo. Chiamai in tono deciso. Allora si mosse e venne, ma camminava a testa bassa e di traverso. Lo serrai tra le ginocchia e gli feci ingollare l'intruglio. Passavano le ore e lui fermo, zampe avanti e muso a terra. Stava sorgendo l'alba, gli uccelli liberarono sinfonie e il cane vomitò. C'erano ossa frantumate e un filo di sangue chiaro. Mi accorsi che stava bene, anche se, devo dire, male male non era mai stato. A ogni modo, sapere che non aveva lamette nella pancia mi rallegrò.

Guido, nonostante le botte, si era un po' ristabilito e mi parve in grado di camminare. Lo dedussi perché quando sentì i galli cantare disse: «Andiamo a tirargli».

Io risposi: «Se li chiamo vengono qui. Vuoi vedere?». Imitai il verso del maschio: un soffio potente e prolungato. Dal Collalto di Gea partì il rivale posandosi a pochi metri da noi. Fece un girotondo furioso, rompendo la neve, poi si accorse del trucco e s'involò.

Guido reagì a modo suo. Brontolò stizzito: «Potevi aspettare che caricassi, che ti è saltato in mente?».

Lo quietai dicendo che non si ammazza più niente se non per fame. E aggiunsi: «Almeno quando siamo insieme. Da solo fai quello che ti pare, con me no».

Bofonchiò ancora qualcosa e ammutolì.

Gli domandai se ce la faceva a tornare al Bosconero.

Fece sì con la testa ma aggiunse: «Piano, però».

Le vette intorno stavano prendendo luce. Una per vòlta si accendevano come candele, le fiammelle in punta parevano stoppini d'oro. I galli allungarono il collo per aprire i becchi e cantare. Il nero cupo della Rizéa se l'era bevuto il giorno appena sorto. Il bicchiere della valle divenne trasparente. Tutt'attorno era una sinfonia di forcelli, i loro soffi davano l'idea di demoni infuriati venuti a spaventarci. Mi sentii in pace, contento di essere lì, con l'amico ormai al sicuro. Raccogliemmo le nostre cose, affardellammo gli zaini e partimmo verso il giorno del Bosconero.

Ci volle l'intera giornata per giungere all'albergo. L'amico si fermava spesso, respirava a fatica, forse aveva qualche costola rotta. Mi disse che sentiva un coltello forargli il costato. Quando fummo nei pressi della meta, mandai avanti Papo a capire se nell'antro stazionavano ospiti sgraditi tipo i Legnole. Il cane segnalò via libera e allora, ma senza fretta, ci accomodammo nella spelonca.

Guido si sentò sulla zaga, sospirò e disse: «Quando vieni travolto dalla valanga hai tempo di sentire la morte che arriva. Lo capisci e ti prende il terrore. Non te l'ho detto ma mi sono pisciato addosso. Se ti sparano non ti accorgi di niente, la slavina invece te lo fa capire. È venuta a prenderti».

Non pronunciai parola per non caricargli ulteriore paura. Cominciai a preparare la stanza, che del resto era già pronta. Il rischio corso da Guido mi aprì gli occhi, e soprattutto il cuore, su cos'è l'amicizia. Spesso ci scontravamo in modo cattivo, con insulti e altro. Non sopportavo certi suoi atteggiamenti, idee, modo di cacciare. E altre cose. Lo criticavo aspramente, convinto della mia ragione. Ero incapace di guardare oltre me stesso. Prima c'ero io, poi tutto quello che resta al mondo. Ci vogliono la disgrazia che si abbatte sull'amico, e la paura, l'ansia e il dolore provati per quel che gli è successo, per aprirci gli occhi. Per farci capire quanto gli vogliamo bene. Sentii per Guido qualcosa che non conoscevo. O forse lo conoscevo ma non volevo ammetterlo. Capii che per certi versi era migliore di me e ne ebbi stima. Fu come lo vedessi per la prima volta. Era bello, buono, in gamba, fidato, sicuro, fedele. Giurai a me stesso di non stilare mai più giudizi negativi. Né su Guido né su altri. Il cattivo ero io.

Questo nuovo sentimento verso l'amico, se da un lato mi rallegrava, dall'altro mi inquietò non poco. Lo avrei abbracciato ogni minuto pensando a quel che aveva rischiato a causa mia. Ma era proprio quello il motivo? O c'era dell'altro? Un qualcosa che mi spaventava. Scacciai questi pensieri come mosche fastidiose e ripresi a sfaccendare nell'antro.

Guido si era steso sulla zaga tirandosi addosso una coperta. Pareva contento di essere là. Ogni tanto si assopiva e nel sonno uggiolava come Papo per qualche dolore che si faceva sentire. Lo guardavo provando gran tenerezza.

Intanto la primavera stava diventando generosa. Regalava giornate lunghe e tiepide, con un sole amico che pareva voler tramontare più tardi per darci una mano.

L'amico rimase con me per otto giorni. Non tanto per riprendersi, che stava già bene, ma per godersi quei lunghi momenti, uniti nella natura, come non eravamo mai stati, se non nelle poche ore di caccia. A me faceva piacere averlo accanto. E pensare che solo qualche giorno prima lo avrei preso a calci da quanto mi stava sulle palle.

Trascorremmo ore di pace in serena amicizia. Di giorno si andava a camminare verso il Col Tondo, Collalto e la forcella dei Frati. Andavo piano per non affaticarlo. Era ancora un po' ammaccato. Soprattutto aveva paura delle valanghe. Cercavamo tracce d'uomini, antiche vestigia di nostri predecessori. Portavamo un solo fucile. Non per cacciare, bensì per difenderci dai gemelli. Che almeno in quei giorni non si fecero vivi.

«Non torneranno più» disse Guido. «Li abbiamo stancati.»

«Lo penso anch'io» risposi.

Ma non era così. In una scafa sotto la forcella dei Frati trovammo un fucile avvolto nella tela, ormai diventato una crosta di ruggine. Pulendo ciò che restava del calcio scoprimmo due lettere: una A e una B.

Mi venne subito in mente la storia di Antonio Bati, bracconiere, ucciso laggiù, nel Bosconero, da due paesani per questioni di caccia. Gli spararono e poi non contenti lo deturparono a coltello. Ma finirono male pure loro. La vicenda di Bati somigliava perfettamente alla mia, e nel pensarci mi venne paura.

Quando Guido s'avviò verso la forcella della Spalla per tornare al paese, strani sentimenti mi girarono in testa. Fu come si allontanasse qualcuno che ami e vorresti rimanesse con te. Avrei voluto richiamarlo, abbracciarlo, stringerlo forte. Respinsi immediatamente quell'imbarazzante pensiero che mi procurava non poco fastidio. Ma quello si palesava di nuovo, preciso, implacabile a dirmi di trattenere l'amico. D'istinto mi venne di chiamarlo. Guido si voltò e fece un cenno di saluto. Stavo per dirgli "torna giù", ma mi trattenni. Che mi stava accadendo? Come mai quella improvvisa attrazione per l'amico? Non era certo un desiderio fisico, no, non voglio nemmeno pensarci. Tuttavia la tentazione di farlo restare e abbracciarlo era forte.

Voglio chiarire che a me piacciono le donne, anche se in verità ne ho avute poche. A qualcuna piacevo, a qualche altra meno, alla massa niente. Ma quando quelle poche cominciavano a dirmi "fai così", "fai colà", chiedermi dove ero stato, obbligarmi a essere pulito, eccetera, a quel punto mollavo. So io che fare di me. Quando mi serve qualcosa, ti chiedo. Punto. Una mi disse che se mi comportavo così significava che non l'amavo. Risposi che nemmeno lei mi amava visto che voleva ridurmi uno schiavo. Adesso, però, desiderare la compagnia di Guido mi sbilanciava parecchio. «Basta, non voglio più pensarci» dissi forte. Guardai ancora l'amico ormai alto sopra i Ziròcoli. «Torna a trovarmi quando hai tempo» gridai.

«*Vedaròn*»[13] rispose.

Quel "vedremo" mi deluse assai, e il fatto di essere rimasto male mi preoccupò. Per togliermi dalla questione urlai quel che mi venne in mente: «Ocio ai Legnole!».

«Occhio tu, invece, quelli cercano te.» Con queste ultime parole scantonò dietro gli affilati speroni dei Ziròcoli, accompagnato dal canto solitario di un cuculo.

Per me fu come quando tramonta il sole: mi prese la *malinchetudine*, un ibrido tra malinconia e solitudine. Per fortuna durò poco. A mano a mano che passavano le ore riprendevo l'autonomia che serve a vivere isolati, e dopo qualche giorno la mancanza dell'amico non mi pesò più. Aprile si stava consumando, maggio stava nascosto dietro le porte di Gea, pronto a saltar fuori.

[13] Vedremo.

In quel periodo camminavo molto. Su e giù per ogni valle, ogni costone, ogni cocuzzolo, una volta calai fino all'inizio del Cadore, in un paesino chiamato Perarolo. Come se sapessero che non avrei più sparato, incontravo ogni sorta di selvaggina. Prima della "conversione" era fatica scovare animali. Tribolavo giorno e notte per avere di che sfamarmi. Il camoscio sottratto ai gemelli era stata un'azione dettata dalla difficoltà di trovarne uno subito. Mia mamma voleva il brodo. L'avessi mandata a quel paese! Per una scodella di brodo subivo la pena di morte. Ma ho la certezza che se non fosse stato il camoscio sarebbe capitato qualcos'altro a muovere i Legnole contro di me. Ce l'avevano a morte da anni. Forse perché io ero quello che loro non sono. Un po' intelligente, un po' fortunato e, a detta di qualche donna, anche un po' carino. Insomma, di preciso non so perché mi odiavano, quello che so è che li avevo contro.

Una notte, subito dopo la partenza di Guido, tornò il gufo a trovarmi. Finché l'amico era rimasto con me, l'uccello non si era mai palesato. Gradiva vedere solo la mia faccia e quella di Papo. Niente intrusi. Mi sovvenne che anche mia mamma non vedeva Guido di buon occhio. Ecco perché il gufo si nascondeva. Secondo me quell'uccello conteneva l'anima della mia povera vecchia. Che in vita non sopportava Guido. Diceva di lui che mi portava in cattive compagnie. 'Sta cosa può far ridere ma è quello che penso. Chissà il gufo dove era finito tutti quei giorni. Magari stava là intorno, a spiarmi. O era uno dei tanti che rantolavano di notte.

Come ho detto, un giorno arrivai alle porte di Perarolo. Vidi l'osteria, proprio di fronte al torrente Montina, oltre la strada. Entrava gente e usciva subito, come se dopo aver bevuto avesse fretta di sparire. Cosa avrei dato per tracannarmi un litro di vino. Mentre fissavo l'osteria come il bambino guarda la torta, un fruscio accanto a me mi fece voltare. Una donna con la gerla piena di legna stava carezzando Papo. Come mai quel delinquente non aveva abbaiato? La squadrai bene in volto e capii. L'avevo frequentata qualche anno prima, quando calavo a Macchietto a rubar selvaggina in quel del Cadore. Mi fermavo la notte da lei, a tenerci compagnia. Papo sempre con me. Poi la cosa finì. Senza drammi e senza rancori. Non la vidi più. L'avevo incontrata la prima volta proprio laggiù, sul greto. Raccoglieva patate da un campo vicino al torrente. Mi offrii di portare la gerla con il sacco pieno legato sopra di traverso. Durante il tragitto raccontò un po' di cose. Vita grama, dolore. Il marito beveva. Morì travolto da un camion mentre traversava la strada. La picchiava. Figli niente. «Meglio così» disse, accennando a figli mai nati. Al paese mi pagò due bicchieri di vino per averla aiutata. La salutai e uscii. Mi seguì fuori dalla bettola. «Tornerai?» chiese.

«Tornerò.» Ci accordammo per qualche fugace incontro. Andavo da lei di notte, che la gente non mi vedesse. Oppure in una baracca abbandonata, sulla grande ansa del Montina, dove l'acqua fa la curva. D'autunno si stava qualche ora nella baracca dove di notte entrava la luna. Un po' di vino, qualcosa da mangiare, il fuoco. Non serviva altro. Si faceva quel che di solito fanno gli amanti. Senza parlare, né pretese né promesse. Silenziosi dentro il silenzio della val Montina.

Questo accadeva tre anni prima. Nonostante il tempo trascorso, Papo l'aveva riconosciuta. Mi raccontò che per campare raccoglieva legna sul greto del torrente, che poi vendeva porta a porta. Le chiesi della nostra baracca. «Non c'è più, l'ha portata via l'acqua della *brentana*.»[14] Così disse: "l'acqua della *brentana*". Mi sembrò assai provata e ne ebbi tenerezza. Rispetto a tre anni prima era dimagrita e malmessa. Il volto rubizzo denotava abuso di alcol. Così pensai. Le chiesi se mi pagava un bicchiere di vino. Ero senza soldi,

[14] Alluvione.

dove abitavo non servivano. «Sì» disse. «Andiamo nell'osteria dell'altra volta.»

Mi caricai la gerla, traversammo il ponte ed entrammo all'osteria. Ci mettemmo al primo tavolo e bevemmo un litro. Parlavamo di noi, di quel che ci era successo nel frattempo. Non le dissi che da quasi sei mesi vivevo ramingo nei boschi. L'oste ci guardava. «Te ti ho già visto» disse all'improvviso.

«Può darsi» risposi.

«Mica verrai qui a prenderci i camosci?»

«No, no, di camosci ne ho avuto abbastanza.»

«Mi sembri piuttosto in disgrazia.»

Avevo la barba di mesi, mal vestito ma ben protetto, e forse non emanavo un buon odore. «Taglio legna su in alta valle» dissi senza guardarlo.

«La legna non si taglia a fine aprile, tu non la conti giusta.»

Intervenne la donna a dirgli di lasciarmi in pace. La guardai intensamente. Mi fissava con occhi tribolati e spenti, senza dire niente. Papo sotto il tavolo stava immobile, orecchie basse e muso rasoterra. Ascoltava quel poco che ci scambiavamo.

«Resta qui stanotte, vai su domani» disse.

«E il cane?»

«Lo teniamo in cucina, posto ce n'è.»

Accettai, più per curiosità che altro. Mi portò a casa sua, dove ero già stato. Dopo essermi lavato per bene, trascorsi l'ultima notte d'aprile con lei, nella cucina, al tepore della stufa economica, su un vecchio divano sgangherato. Notai bottiglie vuote dappertutto, e il disordine di chi non vuole più vivere. Al mattino mi riportò all'osteria.

«Andiamo a bere il caffè» disse. «Qui non ne ho, qui non ho niente perché niente più mi serve.» Dopo un paio di caffè ordinò due rossi. Sollevò il calice, mi fissò e disse: «Salute caro amico, aspettiamo il destino. Mi raccomando, riguardati».

«Tornerò» dissi sapendo di mentire.

Risalendo al Bosconero pensavo alla donna con molta pena. Avevo ancora sul collo l'odore di un profumo scaduto. Ricordai la scena. Dopo che mi ero lavato, era andata a cercare una boccetta che, disse, non usava da anni. La trovò. Conteneva alcune gocce di profumo rimaste sul fondo da chissà quanto tempo. «Era il mio preferito» disse mentre me le versava dietro la nuca.

Dopo quella breve parentesi ripresi la via della solitudine. Niente era cambiato se non le tiepide notti di primavera. Tutto prendeva vita. Nelle radure spuntavano fiori, erbe commestibili, radicchi selvatici, tarassaco e altre primizie. Trascorrevo le giornate a cercare i prodotti spontanei della terra. Li mangiavo la sera, assieme a un po' di selvaggina che risparmiavo al massimo, per non uccidere ancora. Facevo scorpacciate con tenere foglie di faggi appena spuntate. Insaporivo le erbe con germogli di larice e lingua di vacca, un'erba che, schiacciata, sa un po' d'aceto. Da tempo non tornavo al paese, i condimenti scarseggiavano. Non dissi alla donna che mi serviva della roba. Aveva poco anche lei e sono certo se ne sarebbe privata per me.

Un giorno decisi di calare di nuovo a Macchietto, per cercare la venditrice di legna. La notte con lei, entrambi naufraghi di terra ferma, aveva lasciato in me la nostalgia. Quando un uomo sta solo per mesi, la compagnia di un'anima femminile gli cambia la vita e il modo di vedere le cose. Torna come un bambino. Vorresti che le ore si fermassero e con esse il tempo. Succede questo a chi vive solo.

Il segreto per capire la vita è aver bisogno di qualcuno e non trovare nessuno. Allora sì che, quando trovi, apprezzi. Se hai sempre tutto e tutto vicino, quel tutto si rovina. L'esistenza è una fisarmonica. Affinché suoni, bisogna allontanare i lati opposti e avvicinarli. Di continuo. Solo così suona. Se li tieni sempre lontani o sempre vicini diventa muta. Ero rimasto per mesi staccato dalla musica della vita. Ora, per una notte gli opposti si erano uniti e per un po' avevo udito suoni gradevoli. Ora la fisarmonica s'era distanziata di nuovo e non rientrava. E per questo la vita non suonava più.

Fu così che col mio Papo feci la val Montina in discesa. I ruscelli gorgogliavano nel canto del disgelo. Nei canaloni a settentrione c'era la neve e pure sui tratti di sentieri in ombra. Nel viaggio precedente tenevo con me le ciaspe, stavolta no. Non servivano. Tappeti rossicci di aghi, caduti dai larici l'autunno passato, attutivano i passi come stare sul velluto. I cuculi cantavano, i forcelli si posavano a tiro sulle punte degli abeti. Potevano stare tranquilli. Pareva sapessero che non li avrei uccisi. Il torrente Montina rumoreggiava ingrossato dal disgelo. Qua e là, sui lati della valle, sibilava qualche teleferica che portava in basso la legna. Dall'alto vedevo minuscole figure chinate sui campi intente a pulire.

La vita rinasceva dopo il lungo inverno. L'osteria era aperta, ma gente ce n'era poca. Gli uomini stavano ai lavori, le donne alle semine. Vidi entrare una vecchia vestita di nero che rimase dentro. Non avevo una lira, ma lo stesso varcai la soglia. Chissà che qualcuno non mi offrisse un bicchiere. Invece no, nessuno mi diede retta, come non si fossero nemmeno accorti. La vecchia stava accanto alla stufa spenta. L'oste mi squadrò torvo: «Ancora qua?».

«Disturbo?»

«No, no» rispose rabbonito. «Beviti un gotto, invece, lo pago io.»

Rinfrancato da quella retromarcia, mi sedetti accanto alla donna, col mio Papo vicino. Tracannai d'un fiato il rosso e ringraziai. L'oste mi riempì di nuovo il bicchiere dicendo: «Uno per occhio».

Domandai sottovoce alla vecchia se avesse visto la donna che vendeva legna. Sapevo benissimo dove abitava ma poteva darsi fosse in giro per faccende. La vecchia mi guardò senza muoversi. Teneva le mani ingroppate sulle ginocchia. Parevano un grumo di radici sporche e scure. Accanto a lei, sul tavolo, mezzo bicchiere di acquavite. Sentivo l'odore. Bofonchiò qualcosa che non compresi, tanto che dovetti rifare la domanda. Dopo un lungo silenzio, liberò le mani, fece un gesto a curva dall'alto verso il basso: «Si è buttata dal ponte» sibilò. «Una settimana fa. Han visto la gerla e lei vicino. Era stufa di tribolare.» Afferrò il bicchiere di acquavite e lo trangugiò d'un colpo.

In quel momento mi afferrò la tristezza come mi era capitato con Guido. Adesso che non c'era più, capii che quella donna era importante nella mia vita. Oso dire che le volevo bene. Riflettei sull'eterna beffa del destino. È solo quando perdiamo le persone, o rischiamo di perderle, che ci accorgiamo di quanto erano importanti per noi. Con Guido la sorte era stata magnanima, il suo incidente mi aveva regalato l'opportunità di capire. Con la donna della gerla no. Eppure era lì, esisteva, potevo avvicinarla quando volevo. È che l'egoismo, che credevo la più giusta delle mie scelte, non tollerava intrusi di sorta. Infatti, quando le storie con le poche donne avute finivano, se da un lato ne pativo, dal lato più segreto e nascosto ero contento. "Finalmente" pensavo. E provavo un gran sollievo. Io sono uno che pensa solo a se stesso. Vedo nel prossimo il nemico.

Invece mi sono reso conto che c'è del male in me e del buono negli altri. Stavo cambiando, lunga vita ai Legnole! Ora nei loro confronti provavo pietà. Ma stiamo calmi, pietà fino a un certo punto! Se mi mettevano alle strette, la pietà la caricavo a pallettoni. Però mi accorgevo con sorpresa di cambiamenti che non avrei mai creduto possibili. Mi chiesi: "Metti che i gemelli fossero morti in una valanga, sarei stato contento?". No, assolutamente no. Anzi, mi sarebbe dispiaciuto. Altro che ammazzarli, i Legnole, che volevano uccidermi: mi servivano a vivere. A scoprire l'esistenza assoluta che ignoravo. L'idea che i gemelli sparissero o non ci fossero più mi addolorava. Invece che essere contento, temevo per loro. Decisi in quel momento che mai avrei fatto loro del male. Farli imbestialire di rabbia sì, ma niente di più. Quei due erano i giocattoli, i birilli che davano pepe alla mia vita. Mi sarei difeso da un loro attacco solo in rischio di morte. Cercando semplicemente di neutralizzarli. È mica facile ammazzare un uomo. Figuriamoci due! A quel punto decisi di fare un altro tentativo per metter pace tra di noi.

Maggio

Maggio lo trascorsi come pellegrino dei monti. Lunghe camminate su gobbe e vette, con o senza ciaspe o ramponi, esplorando grotte e forre finché non mi seguivano le ombre della sera. Dei Legnole nessuna traccia. Fu un periodo nel quale per la prima volta mi trovai tranquillo. Ero sereno, sicuro, determinato e coraggioso. Nel senso che volevo affrontare i gemelli, viso a viso, per convincerli a far pace, berci sopra e parlare di tante cose. Avevo già deciso il percorso.

Era passata una settimana da quando avevo lasciato la vecchia dalle mani a groppi, nell'osteria dei "brevi incontri". Chiamerò così quella bettola di ricordi. Decisi di scendere in paese passando dalle porte di Gea, superare i varchi rocciosi di Rodetìa, calare alle Pale de Mela in val Zemola e poi andare all'osteria Pilin. Se non li avessi trovati a bere, li avrei mandati a chiamare. Chissà che dopo tanto tempo non fossero giunti a intenzioni più miti, scelte meno feroci. Pensavo questo, ma così non fu.

Però devo andare per ordine, o mi confondo. Calai dai contrafforti di Gea. Rivoltella in zaino. Puntai Rodetìa pensando a Pilin, ai Legnole e all'amico Guido. Il mio Papo seguiva, paziente e fedele. Mi dava fiducia, avevamo una sola anima. Le nostre vite erano legate dall'impegno costante di sopravvivere. Superare le porte di Gea fu come passare dall'inferno al paradiso. Di là il paesaggio era più gentile, meno aspro, soprattutto esposto a solivo. Ero conscio di fare una mossa azzardata, incauta, pericolosa. Un po' temevo. Ma bisognava tentare, finisse come voleva, dovevo provarci. Era una giornata di maggio di quelle che ti fanno sentire fortunato. Nonostante fatiche, pericoli e strapazzi, stavo bene dove mi trovavo. Adesso però dovevo affrontare i due.

Durante il tragitto si scatenò un temporale di quelli paurosi che manda la primavera. Dovetti rifugiarmi sotto un dente di roccia. Papo aveva il terrore dei tuoni. Tremava come colpito da corrente elettrica. Uggiolava disperato ficcando il muso dentro la mia giacca. Eppure delle fucilate non aveva alcun timore: a volte sparavo ai forcelli che lo avevo a un metro, e nemmeno sobbalzava. Forse percepiva la potenza della natura e la temeva, mentre non temeva i colpi del fucile che sapeva essere artificiali, cioè creati dall'uomo.

Passato l'uragano, che durò oltre un'ora, trascorsa a carezzare il cane per calmarlo, ci avviammo di nuovo al nostro destino. Nei pressi del paese sparai con il revolver il colpo per avvertire Guido. Che non si presentò. Mi preoccupai. Allora passai da casa sua, fregandomene dei gemelli e di chiunque incontrassi. Chiamai l'amico, che non rispose. Spinsi la porta come facevo sempre. Sul pavimento gocce di sangue. Avanzai chiamandolo. Udii una bestemmia. Entrai nel tinello, la stufa ardeva. Guido era steso sul canapè, il naso rosso e gonfio come un peperone, l'occhio sinistro mezzo chiuso. «Che ti è successo?»

«I Legnole, sono venuti qui ieri.»

«Perché?»

«Li avevo affrontati da Pilin gridando che avevano rotto i coglioni, e che ti lasciassero in pace. Che nella valanga mossa da loro ci stavo dentro io. E che era ora di finirla, perché io non sono come te, che hai pazienza.»

«E loro?»

«Non hanno aperto bocca, come non avessi detto niente. Però la sera sono comparsi qui, all'imbrunire, e mi hanno riempito di botte. Stavo pisolando sul divano, non ho fatto in tempo a prendere la scure ed è stato meglio così. Mi hanno spaccato il naso, non fermavo più il sangue.»

«Animali!» sibilai.

«Non so cosa pensi tu» brontolò Guido, «ma questa la devono pagare.»

«Che vuoi fare?»

«Ridargli la resa con ricevuta. Una buona rata di pacche.»

«Da solo?»

«Con te, due più due, in pari.»

«Io no» risposi, «non voglio sporcarmi le mani con quelli.»

«Solo qualche legnata» disse Guido. «Non devono passarla liscia, crederanno che abbiamo paura. Tu ne hai sicuro, son sei mesi che scappi.»

A quella provocazione risposi calmo: «Scappo per non dargli occasioni buone, scappo per evitare di macchiarmi la coscienza, scappo perché le cose si quietino col tempo, non per paura. Ma a questo punto, dopo sei mesi come hai detto, non scappo più, sono in villeggiatura nell'albergo più bello del mondo».

Guido si alzò, andò nello stanzino e tornò con due manici di scure appena sbozzati. Me ne porse uno dicendo: «Tieni e sta' pronto, devi venire con me».

Afferrai il manico senza convinzione e dissi: «Pensiamoci bene».

«Già pensato» disse l'amico.

Vedere Guido pesto e dolorante mi dispiaceva assai. Fosse successo mesi prima avrei goduto di quella batosta. Adesso provavo pena e dolore. Tutto per quel maledetto cambiamento avvenuto dopo il suo incidente. Ora gli volevo bene, e chi lo toccava toccava me. Decisi in tre minuti di aiutarlo a punire i Legnole. «Andiamo da loro stanotte» dissi. «Li prendiamo nel sonno dei *ciochi*.»[15]

«No» disse Guido, «li aspettiamo da Pilin, quelli devono essere umiliati in pubblico. La gente ha da guardare e godersela, nessuno li sopporta.»

Mi venne da pensare a come la testa cambi le decisioni in poche ore. Ero venuto per tentare la pace, o quantomeno una tregua, coi Legnole, e ora mi trovavo con un legno in mano pronto a bastonarli. Dissi a Guido: «Prima di strapazzarli fammi provare a parlare».

«Come vuoi» rispose, «ma poi si parte.»

Coi manici di scure sotto la giacca, scendemmo la strada di ciottoli che portava all'osteria. Lui davanti, io dietro. Nella bettola c'era gente, sette, otto persone. Uomini e donne. I gemelli assenti. Le donne bevevano, come gli uomini. Ordinai del vino. L'oste chiese quanto.

«Quello che serve al coraggio» disse Guido.

«Allora un fiasco» rispose l'uomo.

Ci mettemmo a bere in attesa dei due. Che arrivarono di lì a poco. Me ne accorsi dal grugnito di Papo. Erano già pieni di vino ma, l'avrei scoperto a mie spese, pienamente in grado di reagire e difendersi. Appena mi videro si bloccarono interdetti. «Buongiorno, ragazzi» dissi avvicinandomi e tendendo loro la mano. «Proviamo a fare pace e chiudere questa faccenda.» Non arrivai a terminare la frase che Gildo mi afferrò il collo, mentre Gianco tirava fuori dalla tasca il ronchetto a serramanico. Non potei difendermi giacché tenevo una mano sulla giacca a nascondere il randello. Ci pensò Papo. Saltò sul braccio di Gildo stringendolo tra le fauci, scuotendo la testa come a volerglielo staccare. Nel frattempo Guido menò una legnata sul polso di Gianco fa-

[15] Ubriachi.

cendogli volare il ronchetto. Nessuno dei clienti fiatava. Riuscii a divincolarmi con l'aiuto del cane, presi il pezzo di legno e assieme all'amico iniziammo le danze. Li battevamo sugli stinchi, la schiena, e sulle braccia perché i due tentavano di parare i colpi alzandole sopra la testa. Non caricavamo troppo i manganelli, volevamo soltanto dar loro una lezione. Più che altro umiliarli in pubblico.

Nessuno degli avventori mosse un dito o fece commenti. Solo una donna gridò: «*Copéili!*».[16]

I Legnole erano odiati e temuti da tutti. Dopo una raffica di bastonate, uno dei gemelli tentò di afferrare una bottiglia, ma l'oste lo bloccò.

«No, questa no» disse.

Alla fine, gobbi e ciondolanti, se la diedero a gambe. Sulla porta Gianco disse: «Siete morti».

Gildo bofonchiò: «Morti tutti e tre, anche il cane». E se ne andarono, bestemmiando contro Dio e il mondo intero.

«Avete fatto bene» dissero a turno gli avventori.

Mi accorsi che sul pavimento c'era del sangue. Papo aveva stretto bene. Dissi a Guido: «Da oggi dovrai stare all'occhio anche tu».

«Sì» rispose, «ma io non scappo come te, li affronto in paese, ora per ora, giorno dopo giorno.»

Finimmo il fiasco di vino, commentando con i clienti l'accaduto. L'oste mandò un giovanotto sulla strada a fare da sentinella, che non tornassero coi fucili. Ma per quel giorno dei gemelli nessuna traccia.

Quella notte dormii dall'amico sul divano. Mi propose di stare con lui, nel letto grande, cosa che avevo fatto altre volte. Ma dopo il cambiamento la proposta mi inquietò non poco. L'amico mi consigliò di rimanere e combattere i gemelli assieme, unendo le forze. Io però sognavo le monta-

[16] Uccideteli.

gne, i miei antri-albergo, le valli ancora con la neve e il canto dei galli forcelli. Così dissi che sarei partito l'indomani.

Nel cuore della notte due fucilate fracassarono la finestra della cucina. I gemelli non avevano perso tempo. Guido e io ragionammo sul da farsi. Avremmo potuto avvertire la legge, che li mettessero all'ordine. A parte che non sarebbe servito a niente. Se non li chiudevi in galera a vita, quelli sarebbero tornati all'assalto. Ma non era questo che volevamo. Ormai la questione doveva essere tra noi, niente divise. Adesso eravamo pari, due contro due, nell'amico avevo trovato l'alleato. Prima che facesse giorno, vidi Guido prendere la doppietta e uscire.

«Che fai?»

«Vado ad aprire una finestra.»

Di lì a poco partirono due colpi. L'amico tornò e disse: «Finestra per finestra, da oggi occhio per occhio».

Al mattino mi preparai a partire. Guido procurò viveri e quel che mi mancava. Lo vidi riempire due grossi zaini. «Ho una schiena sola» dissi.

«Ti accompagno fino alle porte di Gea» rispose.

Piano piano ci avviamo lungo la val Zemola. Lui aveva con sé la doppietta. Prima che gli rivolgessi domande mi anticipò. «Io non sono pentito come te» disse. «Vado a cercare forcelli lungo il cammino.» Mi faceva tenerezza con quel naso gonfio e l'occhio pesto.

Quando fummo nella val di Làusen, arrivò un gallo e si posò a tiro sulla punta di un larice. Non fece in tempo a chiudere le ali che era già steso sulla neve di marmo. Guido, a velocità di sparo, non lo batteva nessuno. Lo nascose sotto il bordo di una valanga e proseguimmo. Il tepore di maggio a mezzodì cominciava a intenerire la neve, cosicché nella salita più ripida non servirono i ramponi. Arrivammo alle porte di Gea che era pomeriggio avanzato. Il sole stava facendo il giro andando a visitare le vette del Cadore prima di dormire. Vi era nell'aria una calma misteriosa, come se tutto si fosse fermato. Qualche cuculo ritardatario cantava. Lontano, che non si capiva dove, abbaiava un capriolo. Vecchi urogalli ticchettavano nelle radure. Il loro verso assomiglia a qualcuno che spezza rami secchi. Ogni tanto, da una cima d'albero, proveniva il soffio di sfida di un forcello. Erano galli giovani che, insicuri e bene al riparo vista l'ora, cercavano fiducia e coraggio, sfidando un rivale che non c'era.

Alle porte di Gea, Guido disse: «Quasi quasi mi fermo a dormire. Non senti come si sta bene?».

«Sono mesi che so quanto si sta bene» risposi.

«Allora passiamo la notte sotto quella sporgenza, domani io torno giù di qua, tu dall'altra parte.»

L'idea non mi spiaceva e accettai di cuore. Allestimmo un ricovero di fortuna nell'incavo del tetto formato dallo spuntone. Tagliammo ciuffi di mugo disponendoli a mo' di materasso. Raccolsi un bel po' di legna secca, rami e cime di abeti e larici che spuntavano dalla neve. Accesi il fuoco e ci sedemmo attorno alle fiamme contenti come bambini. Attaccai le scorte che Guido aveva procurato. Mangiai qualcosa.

L'amico disse: «Io non tocco niente, quella è roba che ti serve». Non volle nemmeno le briciole.

Nelle difficoltà della solitudine, avevo imparato a non buttare niente. In paese scartavo le croste del formaggio. Ora le infilavo in uno stecco abbrustolendole alle braci. Delizia! Ammirai la generosità dell'amico e lo abbracciai. Era la prima volta che mi sbilanciavo così. Mai avevo circondato con le braccia un uomo. Ma con Guido, dopo l'inciampo, riusciva facile. Questo nell'intimo mi infastidiva. Aspettammo le ombre della sera parlando del più e del meno. Arrivò lenta la notte di maggio coi suoi misteri di boschi sussurranti e i suoi tepori. Buttavo legna sul fuoco e parlavo con Guido. Alla fine ci buttammo sui giacigli, le mani sotto la testa a guardare le stelle e un'unghia di luna che voltava in crescente.

La notte portò un po' di freddo ma il fuoco lo teneva distante. Fu a un punto delle ore tarde che l'amico disse: «Ho intenzione di lasciare il paese, trasferirmi all'estero».

«Che dici?»

«Sì, me ne vado. Sono stufo di quella gente, dei Legnole, delle case, delle bettole e perfino delle campane. Sono agro di tutto.»

«Non scherzare, Guido, dove vorresti andare?»

«Non lo so, Francia, Germania, Austria. Qualsiasi posto mi va bene. Basta non stare qui.»

«Pensaci su, dove si è nati è terra sacra, è una seconda mamma, ti mette le radici.»

«Io le radici le taglio una volta per tutte, sparisco.»

«Non esiste scure che possa troncare le radici. È come cancellare l'anima, impossibile. Le radici sono elastiche. Se vai alla fine del mondo si tendono, diventano sottili come corde di violino. E aspettano. Appena molli la presa... *paff*, con uno schiocco ti riportano a casa.»

«Se parto nessuno mi riporterà indietro, nemmeno la morte. Mi farò seppellire dove crepo» disse l'amico con un tono che non ammetteva repliche.

L'idea che Guido partisse mi gettò nello sconforto. Sentii che mi sarebbe mancato un pezzo di vita, di corpo, di cuore e di anima. Cercai in ogni modo di fargli cambiare idea, ma niente.

«Me ne andrò quest'estate» disse, «quando farà caldo. Pratico tanti lavori, dal carpentiere al muratore, e so lavare i piatti, qualora servisse.»

Rimasi senza parole. In un impeto di tristezza e delusione, mi avvicinai e lo abbracciai dicendo: «Non fare lo stupido, Guido, rimani qui, abbiamo da fare tante cose assieme, prima di tutte chiudere la guerra coi gemelli».

Con una calma che non gli conoscevo, l'amico disse: «No, ho deciso e me ne vado, ti manderò una cartolina a dirti dove sono».

Sciolsi l'abbraccio e mi caricai sulle mughe. Senza riuscire a dormire. Il pensiero della sua partenza mi tormentava.

A un certo punto, improvvisa come un rantolo di gufo nella notte, udii la sua voce sussurrare: «Non voglio farmi accoppare dai gemelli e nemmeno scappare tutta la vita. Tu fai pure come vuoi».

Non risposi e forse pensò che dormissi. Invece no. Ogni tanto buttavo legna sul fuoco. Guido era sveglio ma non parlava. Per ore nessuno di noi aprì bocca. Ognuno avvolto nella coperta dei pensieri, guardavamo il cielo pieno di stelle e quell'unghia di luna crescente. Gli uccelli notturni grattavano le gole rauche con lamenti malinconici. Un barbagianni rantolava lontano come se gli fosse morto un parente e non accettasse la disgrazia. Un capriolo abbaiava vicino che sembrava un cane, tanto è vero che Papo gli rispose rizzandosi in piedi e facendo la voce grossa. Dalle vette sovrastanti la valle si staccavano fette di neve con dei tonfi che parevano sospiri di stanchezza. Un vento leggero come seta carezzava le creste affilate arrivando fino a noi. Lo sentivo tra la barba farmi il solletico e muovere le fiamme e il pelo del cane.

Passò qualcosa nel cielo come una lunga e sottile coda di fuoco. Udii Guido sussurrare: «Pensa un desiderio ma non dirmelo». Che l'amico non partisse, questo fu il desiderio segreto. Da quando mi ero affezionato a Guido, e se non mi spaventasse direi "innamorato", il ricordo di mia mamma era diventato sempre più debole, fin quasi a sparire del tutto.

Ne ebbi la prova quella stessa notte. Buttavo rami secchi sul fuoco per avere caldo e sentivo il crepitio delle fiamme agitate. A un certo punto, silenzioso come uno sguardo, arrivò il gufo reale. Si posò su un ramo vicino. La cosa mi incuriosì, visto che non si palesava se non quando ero solo. Guido non si mosse per paura di farlo levare. Papo girò gli occhi verso l'uccello restando a testa bassa. Lo osservava, entrambi si studiavano.

«Quel gufo è l'anima di mia mamma» dissi.

L'amico rispose senza togliere le mani da sotto la testa.

«Sei diventato scemo? La mamma? Quello è solo un gufo. Mi meraviglio che non si muova, questo sì.»

«Non si sposta perché c'è lei dentro. Le piume la nascondono, ma la vecchia mi segue.»

Guido disse: «Sei stanco e provato, vedi se riesci a dormire».

Fu a quel punto che successe qualcosa che mi spaventò più dei Legnole. Avevo buttato sul fuoco brancate di legna secca. Le fiamme salirono alte superando il dente di roccia, illuminando la figura del gufo sul ramo. Pareva impagliato. All'improvviso aprì le ali e volò dritto dentro il falò che ardeva come una fornace sotto il mantice della brezza. Udimmo appena un *puff* e l'uccello sparì, polverizzato dalle fiamme.

«È stato accecato dal fuoco» disse Guido.

«No, lo ha fatto di proposito.»

«Bene, adesso tua mamma non ti segue più.»

«Brutto segno» dissi, «è un avvertimento di morte.»

«Sei stanco, riposati. Vedi pericoli ovunque. Tutti 'sti mesi a scappare ti hanno fiaccato la mente. Per me quell'uccellaccio è stato orbato dal riverbero, voleva andarsene ed è volato nel rogo. Questo è, non la mamma.»

Passammo il resto della notte commentando il fatto, io con la mia idea, Guido con la sua. C'era ancora nell'aria l'acre odore di piume e penne bruciate. Nonostante il vento, sparì solo all'alba.

L'amico mi prendeva in giro: «Tua mamma è ancora qui, non senti il profumo?».

Quando il sole del primo mattino illuminò le porte di Gea, Guido non era al suo posto. Mi ero appisolato e lui era sparito. Dopo un po' udii una fucilata che fece tremare la valle e le montagne. Il rimbombo rotolò fino ai lontani paesi del Cadore. Di lì a un'ora tornò tenendo un forcello per le zampe.

«Io non ho smesso come te» disse.

«Un giorno capirai» risposi.

In tarda mattinata, quando il sole del disgelo faceva fumare la neve, e le gemme minuscole dei larici ardevano come lucine, l'amico mi abbracciò promettendo che, prima di emigrare in qualche terra lontana, sarebbe venuto a salutarmi.

Invece non l'avrei più rivisto, ma questo non lo sapevo.

Lo strinsi forte anch'io, come se percepissi qualcosa di oscuro e tragico. Io le robe le sento, le sentivo fin da piccolo. Provavo una sorta di ansia, timore, paura, e allora ero certo che qualcosa succedeva. Ficcai tutta la roba in un solo sacco, abbracciai ancora una volta l'amico, gli consegnai il suo zaino e ci separammo. Un cuculo cantava, un forcello soffiava lontano.

Mentre s'avviava verso il Sass di Mezzodì gli urlai: «Non andare all'estero, Guido, la nostra vita è qui».

«La tua, non la mia» rispose ridendo.

Non dimenticherò finché vivo quella ultima risata.

ESTATE

Giugno

Arrivò giugno, che trascorsi sui monti. Andavo nei posti più lontani col mio Papo sempre accanto. Dei Legnole nessuna traccia. Ma non mi illudevo. Erano tipi dai denti affilati, l'osso lo tenevano. Non posso dire cani feroci, i cani sono buoni. Quelli erano serpenti dal morso letale. Il veleno lo avevano nell'anima e lo sputavano su tutti. Nel vagabondaggio arrivai a Pieve di Cadore, Cortina, Auronzo, Misurina. Stavo fuori anche sei giorni, dormendo ovunque ci fosse tana, antro o caverna. Rimasi in giro quasi tre mesi.

A Misurina conobbi un rocciatore, famosa guida alpina, certo Giuseppe Quinz. Aveva un figlio, Valerio, guida pure lui. Dicevano fosse il più bravo assieme ad Alziro Molin e un certo Piero Mazzorana. Dormii alcune notti da loro. Avevano una trattoria sul bordo di un bellissimo laghetto. Dissi che avrei lasciato il cane legato fuori.

«Guai» rispose Valerio. «Il cane dorme dentro, come noi.»

Quell'uomo formidabile aveva tre figli, Andreas, Ugo e Lorenz. E la moglie Angiola: dolce, paziente, silenziosa. Il vecchio Giuseppe mi portò a conoscere i Cadini, cime e guglie dalla bellezza non descrivibile a parole. Mi fece scalare con la corda, cosa di cui avevo già un po' di pratica. Salivo e scendevo su difficoltà semplici. Ma legato sul verticale era tutt'altra cosa. Fu con lui che presi più passione per l'arrampicata. Capii di avere buone capacità. Mi venne in mente che in quel modo potevo superare la cresta rocciosa fatta saltare dai gemelli con la dinamite. Risparmiando ore di strada. Dopo una settimana con quella gente speciale, di cortesia e generosità uniche, tornai nelle mie zone.

Prima di partire, Giuseppe Quinz, che fumava anche quando scalava, mi regalò del tabacco e due salami. Promisi che sarei tornato a trovarli, prima o dopo.

«Meglio prima» disse ridendo Valerio.

In tre tappe forzate tornai a Bosconero. Stava arrivando l'estate, non temevo più niente. Faceva caldo, il peggio era passato. Dopo le lezioni di Giuseppe e Valerio Quinz, scalai la cima dei Preti dalla val Montina. La cima Gea, la cima di Collalto, e altre vette che vigilavano impervie sulla valle. Alla base di ognuna lasciavo una maglia, la giacca o un indumento qualsiasi sul quale Papo si accucciava, e non si muoveva fino al mio ritorno. Mi ero quasi dimenticato del pericolo Legnole. Non si erano più fatti vivi. Ma non potevo illudermi. E facevo bene.

Un giorno che il sole scaldava la natura con lo splendore di giugno, e la vita gorgogliava nei boschi e nelle valli come un ruscello al disgelo, decisi di andare al paese. Volevo incontrare Guido, berci un bicchiere assieme e capire se i Legnole si erano ravveduti.

Calai col mio Papo al seguito, la doppietta a tracolla e cinque cartucce per il non si sa mai. Andavo senza fretta a godermi la giornata e il rigoglio dei boschi e delle valli dove ero cresciuto. Sul pian del Mandriz incontrai un gallo cedrone sul ramo di un larice. L'istinto mi fece imbracciare. Lui fermo. Lo puntai a lungo, finché non si levò. Solo pochi mesi prima avrei demolito anche il larice a fucilate. Invece lo lasciai andare. Guido mi avrebbe dato del cretino. Ma era in paese e salvai la faccia dai suoi sarcasmi. A dir la verità, quel cedrone mi faceva gola. L'istinto non lo domi con la ragione. Però ormai avevo fatto la mia scelta, e da quella non tornavo indietro. Nel viaggio tra boschi e crode m'accompagnava il canto dei cuculi e l'abbaio dei caprioli. Alla fonte di Rodisègre mi fermai a bere con Papo. È un'acqua bianca, che contiene argilla e dicono faccia bene. Un certo Celio andava lì ad abbeverarsi dopo le sbornie. Quando fui alla curva di costa, dove si vede il paese come sul fondo di una scodella, puntai il binocolo. Meglio esser prudenti. Cercai la casa dei gemelli e poi quella di Guido. Vedevo tutto nero, il tetto non c'era, al suo posto un buco scuro. Regolai meglio le lenti. Muri neri come se ci fosse stato un incendio. Mi prese l'angoscia. Non vi era dubbio, la casa di Guido era andata a fuoco. Mi buttai giù come un sasso. Sulla curva del cimitero sparai il solito colpo d'avviso. Nessuno rispose. Ne tirai un secondo per capire dove fosse l'amico. Lo feci più che altro per non tradire il nostro rito. Dal cimitero uscì la vecchia dell'altra volta.

«Ma tu vivi tra i morti?» dissi con sarcasmo.

«Fatti la barba» disse la donna, «e lavati, che puzzi da qua a là.»

La conoscevo bene, ma lei non capiva chi fossi. Glielo dissi.

«*O fiolòn, susto vif?*»[17]

Senza perdere altro tempo le domandai di Guido e della casa.

«Pover'uomo» disse segnandosi, «è morto nell'incendio pochi giorni fa.»

Rimasi morto in piedi.

La vecchia proseguì: «Era intorno a metà della notte, sono corsi coi secchi ma non c'è stato verso. Lo hanno trovato che era uno *stiz*.[18] Se vuoi vederlo è sepolto là in fondo, vicino al muro». E se ne andò.

Non sapevo che pensare ma fui certo di una cosa. C'entra-

[17] O poverino, sei vivo?
[18] Tizzone.

vano i gemelli. Si erano vendicati dando fuoco alla casa. Magari pensavano che Guido fosse a caccia. Ma anche no. Quelli non ci pensavano due volte a far fuori qualcuno. Andai giù vicino al muro dove stava una croce nuova, di legno, con scritto a minio il suo nome e cognome. Mi sedetti accanto a lui e piansi. Avevo capito di volergli bene quando si era salvato dalla valanga. Ora che era morto lo capivo ancora di più.

Mi balenò l'idea di presentarmi ai Legnole a chieder spiegazioni col fucile spianato. Ma era una mossa ingenua. Ci vogliono prove anche a pensar male. E se quelli reagivano? Che facevo? Gli sparavo? Mi sarei ridotto ad assassino? Nemmeno se fossero stati loro a bruciare il mio amico. In tutta questa sciagura mi visitò un pensiero come una liberazione, e nello stesso tempo mi fece vergognare. Provai schifo di me stesso, ma il pensiero era quello e non potevo farci niente. Con la sua morte, Guido mi aveva lasciato nel dolore ma altresì liberato da quella specie di innamoramento che provavo per lui. E che mi dava parecchio fastidio oltreché spavento e vergogna. Per un secondo fui contento di non aver più a che fare con la sua vita. Ecco perché mi feci schifo. Papo pareva sapesse che sotto quella terra riposava per sempre il corpo di Guido. Uggiolava. O magari percepiva il mio dolore. Non lo so.

Dopo forse due ore accanto all'amico, mi levai, deciso a raccogliere sentori da Pilin. Nella vecchia osteria le notizie circolavano come il fumo del tabacco e l'odore di vino. Promisi a Guido che gli avrei portato fiori delle nostre montagne. Me ne andai col cuore a pezzi. Da Pilin stazionava la solita combriccola. Cacciatori, pescatori, bracconieri (che son roba diversa dai cacciatori), bevitori e bevitrici. Quando mi videro qualcuno disse: «Hai saputo?».

«Sì, ho saputo.»

«Per me sono stati loro» disse un boscaiolo.

«Bisogna aver le prove» risposi. «Non si può accusare a casaccio.»

«Metterei i coglioni sul ceppo» ribatté il taglialegna. «Sono stati i gemelli a dar fuoco a Guido. Era troppo attento alle cose. Mai avrebbe lasciato scappar una fiamma.»

Non avevo soldi ma qualcuno mi offrì un bicchiere. Anzi, più di uno. Conoscevano l'amicizia che mi legava a Guido, probabilmente gli facevo pena. Mentre si commentava il fatto, apparvero i due. Qualcuno li aveva avvertiti. Anche se mi pagavano da bere, non godevo di troppa simpatia.

Gianco sibilò: «Uno è andato, il prossimo sei tu».

Gildo bofonchiò: «Le case son tutte di legno in questo paese».

La minaccia era chiara: avrebbero incendiato anche la mia. Il ricordo dell'amico e la presenza dei due escrementi mi fece montare il sangue agli occhi. Caricai la doppietta e gliela puntai in faccia. «Se manca solo una finestra alla mia casa vi spappolo quelle teste piene di merda.»

«Vediamo chi arriva prima» disse Gildo.

«Le disgrazie non avvertono quando arrivano» brontolò Gianco.

Papo mi vide troppo vicino ai gemelli e ringhiò verso di loro.

«Anche tu sei nella lista» disse Gildo rivolto al cane.

Gli avventori non aprivano bocca. Quasi tutti temevano i Legnole, e anche chi non li temeva preferiva non averci niente a che fare. Mi rivolsi al boscaiolo che aveva parlato prima: «Perché non dici loro quello che pensi? Quello che hai detto poco fa?».

«Perché non sono affari miei» rispose.

«Siete tutti vigliacchi» gridai, «vi cagate sotto, avete paura di queste merde!»

«Devi averla anche tu» ringhiò Gildo.

«E tanta» disse Gianco.

«Non ne ho un pelo» dissi, «e ve lo dimostrerò. Non serve coraggio con voi, vi fate male da soli. La vostra ignoranza vi fa odiare il mondo. Siete costretti a sopportarvi perché in due avete più forza, ma prima o dopo finirà.»

I gemelli si misero a ridere.

L'oste disse: «Lascia perdere».

Levai le cartucce dalle canne e me ne andai. Tornai al cimitero per salutare Guido e mia mamma. Mentre camminavo Papo ringhiò. Erano loro. Notai le facce vigliacche e curiose degli avventori spiare dall'angolo dell'osteria. Senza farmi notare caricai di nuovo. Li puntai mentre avanzavano. «Tornate indietro o vi spacco le gambe.»

«Hai la schioppa scarica» rise Gianco.

«Ti costerà cara questa mossa» ghignò Gildo, tirando fuori un coltello da maiali. «I fucili si lasciano carichi.»

Presero a correre verso di me. Parevano due larici scossi dal vento. Tirai un colpo sul muro del campanile. Chi non crede vada a vedere, ci sono i fori dei pallettoni. I gemelli si bloccarono colpiti dalle croste dell'intonaco. Avevo ancora due cartucce. Non potei fare a meno di dar ragione ai gemelli. Fucili sempre carichi. Altro che stupidi, quelli la sapevano lunga. Prima di girare i tacchi, Gildo mi lanciò il coltello preso da una rabbia incontenibile. L'acciaio fece scintille sull'acciottolato. Non mi spostai di un millimetro. Raccolsi l'arma e la tirai a mia volta verso di loro. Notai quanto fossero vili. S'accucciarono entrambi con le braccia sulla testa a parare la lama che passò oltre. Bestemmiando tornarono all'osteria, lasciando il coltellaccio sulla strada. Lo raccolsi ed entrai a mia volta. Nella destra il fucile, nella sinistra il coltello. Calò il silenzio dei cimiteri. Avvicinai Gildo, che indietreggiò.

«Tieni» dissi porgendogli l'arma, «è roba tua.» Lo fissavo. Capii che aveva paura.

Gianco stava più in là. Gildo allungò la mano afferrando il coltello per la lama. Lo ritirai di colpo aprendogli il palmo con uno squarcio che sanguinò sul pavimento. Rimase di stucco. Gianco si mosse. L'oste, per la seconda volta, posò la doppietta sul banco. «Fermo» disse.

Guardando Gildo negli occhi dissi: «Mai prendere i coltelli dalla lama, come non tenere i fucili scarichi». Glielo buttai tra i piedi e me ne andai. Papo mi seguì ringhiando, come a minacciare tutti.

Quella notte dormii con un occhio solo. O meglio, con entrambi gli occhi aperti. Temevo che i gemelli mi dessero fuoco alla casa. Invece non si fecero vivi. Comunque avevo visto giusto. L'indomani feci scorta di cibi e mi avviai al mio destino. Tra le montagne, dove avevo scoperto un me stesso che non conoscevo, ero un uomo felice. Ma il dolore per la morte di Guido mordeva il mio cuore come un serpente. Il suo veleno mi indeboliva, faticavo a camminare. Mi fermavo a piangere sotto gli alberi. In una di queste soste di lacrime mi capitò un fatto da non credere. Ero lì che pensavo a Guido arrostito dai Legnole, quando mi si avvicinò un capriolino che se allungavo la mano potevo toccarlo. Mi guardava piegando la testa come a voler piangere con me. Non esagero se dico che pareva con gli occhi lucidi.

Per la seconda volta un animale del bosco era venuto a cercarmi. Ricordo il gufo, che era mia mamma. Questo era Guido. Perché Papo non abbaiava? Perché lo conosceva. Quel capriolo non mi mollò più nemmeno quando la guerra coi Legnole finì nel modo che dirò. Seguitai il cammino fino alle porte di Gea, dove per l'ultima volta avevo abbracciato l'amico e visto il suo sorriso. Per sentirlo vicino decisi di dormire là dove avevo trascorso una notte con lui a parlare del nostro futuro. Avessi evitato quella scelta sarebbe stato meglio. Non passò un minuto senza che percepissi la presenza di Guido là intorno. Ne udivo persino la voce tanto era intensa la suggestione. Il capriolino si era accucciato accanto a Papo che gli leccava il pelo. Mai vista roba simile. Chiusi una palpebra solo all'alba.

In quel tormentato dormiveglia, Guido venne in sogno a raccontarmi la sua morte, e io giurai che avrei ammazzato i gemelli. Ma si sa, nell'ira si dicono tante cose. Avevano usato una latta di resina fusa impregnando le fascine secche che si trovavano sotto il portico. Li vidi sistemare la miccia, focarla e allontanarsi con calma. Non avevano scarpe, soltanto spessi calzettoni, per non far rumore. Arrivarono dall'alto, alle tre di notte, camminando a striscio. Notte senza luna. I cani abbaiarono, ma distanti. Guido era sul vecchio divano. Non si accorse di niente, aveva bevuto un po'. Non morì subito bruciato. Quello venne dopo. Morì col fumo, poi si arrostì. E mentre diventava un tizzone annerito, i due vigliacchi accorrevano coi secchi assieme ad altra gente. Maledetti bastardi!

Appena fu chiaro e trillò la sinfonia degli uccelli, mi avviai verso il Bosconero. La gioia che provai a tornare nei luoghi della mia solitudine fu turbata dal ricordo malinconico di Guido. Solo questo poteva rattristarmi. Quando sei triste le cose belle sembra si voltino contro ad avvilirti ancora di più. Così l'estate che arrivava, portando regali di buonumore e bellezza, il canto degli uccelli, le tiepide e silenziose notti con la luna, diventarono pesi sulla schiena. Quel malessere durò parecchio. Ma un po' alla volta i giorni limarono il ricordo e tornai ad apprezzare il mondo solitario e remoto dove mi ero intanato da ormai otto mesi. Dei gemelli nessun segno, anche se non mi facevo illusioni.

Decisi di spostarmi lontano, come avevo fatto andando a Misurina, Auronzo, Pieve... Volevo fare un giro nel Comelico Superiore, poi a Sappada e, perché no, visitare Dobbiaco, e poi fino in Austria. A me non servivano passaporti o permessi. I miei lasciapassare erano gambe, esperienza, coraggio e pazienza. E soprattutto fortuna.

Non ho idea di come fecero i Legnole a sapere che stazionavo nell'antro di Bosconero. So che un giorno arrivarono laggiù. Penso sia stato verso fine giugno, a stima credo gli ultimi giorni. Splendeva il sole. Stavo binoccolando le conche dei Ziròcoli. Camosci di qua, cervi di là, caprioli più in basso. Neanche un anno prima sarei diventato matto a correre per ucciderli. Adesso erano amici della mia esistenza. Non ero solo pur vivendo in estrema solitudine. Alzai le lenti verso forcella della Spalla. Dopo qualche minuto apparvero due sagome uguali. Stesso passo, altezza, movimenti. Non era detto fossero i Legnole, ma in cuor mio ebbi la certezza si trattasse di loro. Non sbagliai. Li studiavo. Iniziarono a scendere. Dopo mezz'ora udii colpi di fucile, quattro per esattezza. Vidi gli animali schizzare da ogni parte della montagna. Tranne due camosci che rimasero sul terreno. Seguii l'operazione di pulitura delle interiora. A quel punto non ebbi dubbi, erano loro. Si erano abbassati parecchio, li potevo distinguere. Appesero le bestie per le corna a una roccia e iniziarono a calare verso l'antro. Preparai il fucile a palla con cinque colpi nel caricatore e uno in canna. Papo annusò l'aria ma non diede alcun segnale. Il capriolino stava sul bordo dell'antro intento a rosicchiare una radice di muga.

Io binoccolavo i due, che ogni tanto sparivano nel fitto del bosco. Da ora in avanti li avrei persi di vista, le rocce del Duranno, dure e taglienti come lame, cedevano il passo al mare di pino mugo e larici. Ma esistevano delle radure, slarghi e chiazze di pulito, dove per forza dovevano passare. Tenevo d'occhio quei punti chiave. Li vidi tre volte fare nascondino tra uno spiazzo e l'altro. Ormai erano a tiro di fucile e mi balenò l'idea di spaventarli un poco. Rinunciai. Volevo capire le loro intenzioni. Che si palesarono di lì a poco. Un solo colpo di fucile e il capriolino rotolò per terra. Lo chiamavo Guido per il motivo già detto. Urlai. Maledetti bastardi! Imbracciai il fucile e scaricai tutti i colpi verso di loro, potando gli alberi dentro i quali stavano nascosti. Mi buttai sulla bestiola per capire. Pensavo peggio. Aveva uno squarcio sulla coscia sinistra, ma non profondo. Perdeva sangue a fiotti. I gemelli non potevano sapere che il capriolino mi era amico. Avevano visto l'animale e avevano sparato. Io però dissi tra me che volevano uccidere Guido per la seconda volta. E mi arrabbiai. Strappai del muschio dalla roccia e un po' di erba dei tagli. Questa erba, un tempo usata molto, si chiama "dei tagli" perché fa cicatrizzare presto le ferite. Con un occhio spiavo i Legnole. Portai nell'antro la bestiola. Scaldai acqua e sale per disinfettarla. Lavai bene il taglio e applicai l'erba e il muschio. Il capriolino rimaneva immobile come sapesse che lo stavo curando. Anche Papo sapeva. Accucciato accanto a lui gli leccava il muso come a volergli levare un po' di paura. Mi vergognai di aver ucciso animali tutta la vita. Tagliai con la britola una vecchia camicia riducendola a strisce. Fasciai la ferita annodando i lembi sotto la pancia del capriolo. Aveva gli occhi lucidi, di sicuro sentiva male. Forse piangeva. Il cane continuava ad aiutarlo. Le bestie hanno più cuore di noi. Non mi vedo un Legnole vicino che mi cura delle ferite. Casomai ci piscia, su quelle ferite. Prima del colpo di grazia.

Per curare Guido, nome che avevo dato alla bestiola, rimandai il viaggio nel Comelico, a Dobbiaco e in Austria. Ora avevo un impegno: guarire bene l'amico a quattro zampe. Ci vollero quindici giorni perché tornasse a camminare sicuro.

Nel frattempo andavo in giro, in esplorazione senza mai perdere d'occhio l'antro. Non volevo che in mia assenza i gemelli si avvicinassero. Dal momento del colpo al capriolo non si erano più fatti vivi. Li avevo visti risalire lentamente la spalla sull'imbrunire di quel giorno triste. Ognuno portava il suo camoscio. Poi di loro più nulla. Almeno per un po'. Passai un periodo tranquillo accanto ai miei due cari amici: Papo e la bestiola. Sempre con l'occhio vigile mi godevo il tempo dell'estate. Coprivo "Guido" con una giacca quando stava male, e lo curavo.

Di notte veniva giù il freddo dalle montagne, ma il fuoco ardeva sempre. Sorgeva la luna nelle notti silenziose. Lucente come una moneta d'oro, girava nel cielo lentamente, misterioso pellegrino che cercava qualcuno con la lampada. Carezzavo Papo e il capriolo, accanto alle fiamme vive e amiche. Ascoltavo. Pareva che dal buio personaggi misteriosi ci spiassero, respirando adagio per non farsi scoprire. Ogni tanto, da remote lontananze, giungeva il canto tribolato di uccelli notturni, rendendo l'atmosfera ancor più malinconica e bella. Provavo, in quei momenti, sensazioni contrastanti, sentimenti che baruffavano tra loro. Ascoltavo immobile le voci delle brevi notti estive. All'improvviso mi afferrava il cuore una tristezza senza tempo e mi mettevo a piangere. La vita di paese veniva a cercarmi con le sue vecchie tentazioni. Avevo la sensazione di svegliarmi all'improvviso da un sogno, e mi chiedevo: "Che ci faccio qui?". Pochi minuti dopo la tristezza svaniva, tornavo allegro e contento e ringraziavo il cielo e i Legnole per avermi costretto a quella vita. E allora domandavo alla notte il perché di quelle crisi, che mi turbavano molto più dei Legnole. La notte sorrideva comprensiva, quella era la sua risposta.

Luglio-agosto

Una volta guarito il capriolo, decisi di intraprendere quel cammino verso il Comelico e l'Austria. Ma c'era il problema di Guido. Quello mi seguiva ovunque, come Papo. E così avevo sempre con me anche il ricordo del vero Guido, morto nell'incendio, e mi prendeva lo sconforto. Decisi di cambiare aria. Quel viaggio che avevo in mente veniva a proposito per togliermi dalle mie pene. Così partii col mio zaino, il mio Papo, senza fucili e senza soldi. Prima nascosi bene le armi e quel che poteva essere di qualche valore, in verità ben poche cose. Il capriolino Guido si mise in coda e venne con noi. Cercavo di allontanarlo ma non ci fu verso. Allora lasciai che mi seguisse fino alla statale, lì avrei deciso il da farsi. Non potevo portarmelo dietro, alla peggio sarei tornato all'antro rinunciando al viaggio. La bestiola parve capire il mio pensiero.

Quando fummo al ponte di Macchietto, che immette nella strada delle automobili, si fermò. Avevo già deciso di rientrare al Bosconero, ma non servì. Il capriolino Guido si voltò, mi puntò il muso su una gamba, fece dietrofront e con quattro balzi sparì nel folto bosco di luglio. Mi dispiacque così tanto che per un pelo non lo seguii. Ma il viaggio e l'avventura chiamavano e imboccai la carrozzabile. Avevo con me solo la pistola e il coltello, e fu la mia fortuna. Bisogna sempre avere qualcosa di pronto per il non si sa mai.

Non sto qui a dire la noia di camminare sulla strada. Ogni tanto chiedevo a qualche montanaro se m'indicava scorciatoie. Spesso mi andava bene, mi davano le dritte. Venivano ad aiutarmi e a rendermi felice giornate estive una più bella dell'altra. Ero talmente allenato sui ripidi delle valli che nel piano mi pareva di avere le ruote. Tenevo carne secca nello zaino e scorte fiacche, ma sufficienti. Intendevo offrirmi come lavorante per un piatto di minestra. Io so fare di tutto, dal boscaiolo al contadino al muratore.

A Pieve di Cadore mi sedetti fuori da un'osteria. Faceva caldo, in giro circolava poca gente. Venne fuori una donna a chiedere cosa volevo bere.

«Non posso bere niente, sono senza una lira.»

«Allora perché si è seduto qui?»

«Perché sono stanco, e pure il mio cane.»

Forse la signora, sui sessanta, ebbe pietà, perché disse: «Mi dica cosa beve, offro io».

Da tempo sognavo una birra fresca, magari anche doppia, ma non ebbi coraggio di essere sfacciato. «Una birretta» farfugliai, «piccola.»

«Lei non ha la faccia da birre piccole» sorrise la donna, «lasci fare a me.»

Tornò con una caraffa da un litro. «Beva tranquillo, non si vergogni, li conosco gli ubriaconi.»

Quella non immaginava donde provenissi, posti dimenticati dal Signore, dove l'unica cosa abbondante è l'acqua. Pareva m'avesse letto nel pensiero.

«Da dove viene?»

«Dal paese dell'acqua buona» risposi.

«Dov'è?»

Allungai il braccio a est, verso il Duranno e la cima dei Preti. «Di là» indicai. E ripresi a sorseggiare birra come un bimbo succhia cioccolata.

«Sarà mica Erto, per caso?»

«Proprio lui, e non per caso» risposi.

La donna cambiò umore di colpo. «Brutta gente quella, specie gli uomini. Passano di qui a vendere le loro carabattole, a lavorar nel bosco e nelle fabbriche di occhiali. Entrano, si ubriacano, fanno baruffa, a volte manco pagano e se ne vanno. Gentaglia!»

«Non tutti» dissi.

«Certo, non tutti, ma si ricordi questo proverbio: "Causa uno, cento ricevono danno".» Poi si rabbonì e disse: «Tre o quattro mesi fa son passati qui due farabutti, due gemelli alti come pertiche. Chiedevano di qualcuno, un loro amico, dicevano. Poi si sbronzarono e attaccarono briga con gli avventori. Erano brutti da far paura, perfettamente uguali, forti come tori. Venne fuori una rissa. I due farabutti sfasciarono un po' di cose, ma i nostri erano di più. I suoi paesani le presero di santa ragione e scapparono, ovviamente senza pagare».

Mi ricordai di Guido. Un giorno che ero ritornato in paese a provviste. Disse di aver visto i Legnole pieni di botte e lividi. Raccontavano che gli era franata addosso la catasta di legna. Ora sapevo la verità: una catasta di legnate, non di legna. Mi ripromisi di rammentargli la faccenda quando li avrei incontrati.

«Potevate denunciarli» dissi alla donna.

«Denunciare quelli? Ma li conosce?»

«Li conosco, li conosco.»

«Allora ha visto che facce hanno. Quelli ti bruciano la casa se li denunci. Se ne andarono minacciando vendetta con la dinamite.»

I gemelli erano venuti a cercarmi fino in Cadore, dovevo stare su con le orecchie ovunque andassi.

Forse pentita della sfuriata, la donna disse: «Le porto un'altra caraffa, mi sembra stanco».

Bevetti il secondo litro, questa volta lentamente. Poi le chiesi indicazioni sulla casa del pittore Tiziano Vecellio.

«Si trova appena qui sotto» disse puntando il dito, «cinquanta metri.»

Chiamò un giovane e gli chiese di portarmi a vedere questa casa. Così, nel mio vagabondaggio, ebbi la fortuna di sostare tra i muri dove era nato il grande pittore cadorino. E quella fu la prima di alcune sorprese che lasciarono il segno. Salutai la donna dell'osteria, la ringraziai e ripresi il cammino. Voltandomi ancora per un "grazie", notai il nome del locale, scritto in alto, sopra l'ingresso: TIZIANO. Il mio pittore aveva un'osteria.

Feci poca strada. La birra mi aveva segato le gambe. Allora rampicai una scarpata e al primo abete che incontrai mi ci stesi sotto, le mani dietro la testa. Mi addormentai con Papo ai piedi. Mi svegliò la luce della luna. Dopo otto mesi di fughe, paure, pericoli e fatiche, mi trovavo di nuovo sotto un abete bianco. Decisi di passare la notte lì. Preparai il giaciglio ma non accesi il fuoco. Troppo vicino alla strada. Fu una notte tiepida, piena di suoni e misteri. Conoscevo quelle voci. Ma essendo un posto nuovo sembravano diverse. Pensavo che ogni luogo dà vita e carattere a chi lo abita. Certo, il lamento di un gufo è sempre lo stesso, ma lì sembrava più triste. Mi piaceva pensare così, aiutava l'immaginazione, inventare voci nuove ma udite tante volte. E allora ascoltavo queste persone dei boschi e delle montagne che mi salutavano con parole diverse. Tutti gli esseri viventi per me sono anime, quindi persone, con sentimenti e dolori. Sono sicuro che i cani hanno un loro paradiso e da lì ci guardano quando non ci sono più. Io, quando non ci sarò più, vorrei che le mie ossa riposassero sotto un larice, nell'alta val da Diach. Un larice che conosco, dove mi fermavo con Guido quando cacciavamo insieme.

C'era un picchio quella notte, forse ormai troppo vecchio, che trapanava lento come non avesse più forza nel becco. Poi smise di colpo e s'addormentò nel buco che da mesi probabilmente scavava. Un allocco tribolava il suo verso, ma stavolta invece che disperato mi pareva giulivo. Sentii spaccare rami poco lontano, e tonfi di zoccoli pesanti. Un cervo solitario percorreva la sua notte, in attesa di settembre per andare in amore. Io, al contrario, non avrei mai voluto che tornasse quel mese che porta l'autunno. Ma chissà, forse al tempo delle foglie colorate poteva essere tutto finito.

Saettò una volpe, vicinissima, sottovento non mi sentì. Papo impassibile. L'avevo abituato al silenzio quando c'erano animali. Abbaiava soltanto alle belve Legnole.

Così passò quella notte di luglio, nell'incanto della natura e delle voci amiche. L'indomani mi avviai per Auronzo, paese sviluppato in lunghezza e per niente largo. Arrivai a mezzodì. Avevo gola di un quarto di vino, ma c'era sempre il problema soldi. Questa mancanza di denaro stimolò una prova alla sopravvivenza senza una lira. Volevo sapere come potevo cavarmela, e in quali modi. Così, di punto in bianco, il fatto di avere le tasche vuote non fu più un cruccio ma una sfida. Che mi rese allegro. Entrai nella prima osteria sulla destra, dove in terra c'era legna sparsa. Papo restò fuori. Dietro il banco un omone.

Dissi: «Non ho un soldo, se vi faccio qualche lavoro potrei avere un bicchiere di rosso?».

«Un litro se accatasti la legna fuori.»

«Prima o dopo?» chiesi.

«Prima il dovere poi il piacere» rispose l'oste.

Un'oretta e avevo finito. Mi sedetti all'esterno. L'uomo portò la bottiglia.

«Buona bevuta» disse.

«Ne prende uno anche lei?» dissi.

«Volentieri» rispose.

Sedette accanto a me. Non c'era nessun cliente e finimmo la bottiglia in pace. Solite domande: da dove venivo, dove ero diretto, che lavoro facevo, eccetera. Restai sul vago. «Boscaiolo, faccio il boscaiolo, cerco lavoro.»

«Qui fatica non ne manca, posso darti dei riferimenti.» Poi mi raccontò una brutta storia che riguardava gente della mia terra. Quattro uomini davano la caccia a un boscaiolo per uno sgarro imperdonabile. Dopo mesi di ricerche vennero a sapere che tagliava legna nei boschi d'Auronzo. Individuarono il sito e, muovendosi di notte, lo raggiunsero nella baracca e lo uccisero a coltellate. Quella storia mi spaventò, era uguale alla mia, solo che io ero ancora vivo e i miei inseguitori due anziché quattro. L'avevo già sentita circolare in paese ma ora, nella mia situazione, udirla di nuovo mi inquietò non poco.

«Brava gente anche da voi!» concluse l'oste.

Per la seconda volta, in pochi chilometri, sentivo giudizi poco lusinghieri riguardo ai paesani. Ora aspettavo la terza, da qualche parte. Ringraziai, salutai e ripresi il cammino.

L'uomo disse: «Non vuol sapere dove c'è lavoro?».

«Quando torno» risposi.

Allungai il passo con le gambe insicure per il vino e la calura di luglio. Giunsi a Misurina verso l'imbrunire. I Quinz, contenti di rivedermi, offrirono la cena e un buon letto. Non riuscivo a dormire tanto mi infastidivano lenzuola e materassi. A quella brava gente non serviva segnalare che ero senza soldi. L'indomani, appena albeggiò, dopo aver chiesto informazioni, partii per Dobbiaco, che raggiunsi al pomeriggio. Andavo piano per osservare il paesaggio. Cime di qua, cime di là, un lago, poi un altro. Che meraviglia! Notai un cambiamento drastico riguardo alle case, la cura dei prati, l'architettura in generale di stalle e fienili. Respiravo la sensazione di un ordine maniacale e pulizia assoluta. "*Todésch*"[19] ripetei mentalmente.

A Dobbiaco non mi andò molto bene nella richiesta di pane e birra in cambio di mano d'opera. Mi cacciarono via

[19] Tedeschi.

da tre locali. Parlavano tedesco, ma per indicarmi la porta si facevano capire eccome. Andò meglio in un albergo che mi sembra si chiamasse Santer, ma non sono più sicuro. Lì furono gentili, una signora e il marito. In cambio di un pasto e birra a volontà pulii la canna fumaria del caminetto per l'anno successivo. Lo spazzacamino ritardava e loro volevano essere a posto. Mi offrirono pure un letto. E siccome in quella famiglia erano cacciatori, pretesero che Papo rimanesse accanto a me, nella camera.

L'indomani feci un giro per il paese, che trovai magnifico, pulito, ordinato e di carattere piuttosto chiuso. Salutavo, ricevevo un mugugno in tedesco e via dritti. Verso mezzogiorno suonavano le campane. Gente di qua, auto di là. Mi accorsi che c'era un matrimonio. Con ironia dissi: «Sta' a vedere che mi invitano a pranzo». Infatti fu così.

Alcuni uomini, vestiti con i loro costumi, palesemente ubriachi, lasciarono il corteo, si avvicinarono bofonchiando qualcosa come "*Italien?*".

«Sì, *italien*» risposi.

Ridevano con gusto, ma di scherno. Due mi presero sottobraccio trascinandomi in una bettola a bere. Papo ringhiò vedendomi portato via a quel modo. Lo fermai a voce. I due che mi sostenevano arricciarono il naso di schifo sentendo il mio odore di animale da bosco. Entrammo piuttosto dondolanti. Pensavo già a cosa ordinare, quando uno dei due mi tirò un calcio in culo e l'altro mi spintonò malamente. Papo azzannò il braccio del secondo mentre l'oste usciva a dar manforte. Papo ricevette un calcio. Realizzai che volevano impartire una bella dose di legnate all'italiano invasore e maleodorante. Infilai una mano dietro la camicia, tirai fuori la pistola e la puntai al più vicino.

«Coraggio» dissi, «chi vuol essere il primo?»

Arretrarono come conigli. A marcia indietro guadagnai l'uscita dileguandomi nei boschi soprastanti. L'avevo scampata bella. Per fortuna, la prudenza del non si sa mai era venuta a salvarmi.

Quella notte dormii all'aperto, lontano dagli esseri umani, con il mio cane, gli amici delle selve e il dio Pan che suonava il flauto.

Il giorno dopo rinunciai all'Austria e tornai dai Quinz, a Misurina. Avevano legna rimasta nel bosco dall'autunno prima. Due braccia in più potevano servire. Mi offersi di dar loro una mano. Furono contenti. Rimasi in quel paradiso terrestre un mese, dimenticando i Legnole e tutte le mie disgrazie. Mi impegnavo nel bosco assieme a due uomini più taciturni di me. I Quinz dovevano badare alla locanda, ma quando c'era poco lavoro sia Giuseppe che il giovane Valerio apparivano tra gli alberi.

Lavoravamo assieme, tutti e cinque, in armonia e senza dialoghi. Anche padre e figlio Quinz non sprecavano parole se non molto raramente. Eravamo una squadra di muti. L'unico a parlare era Papo, abbaiava quando passava qualcuno.

Un giorno il giovane Valerio, segnando col dito una montagna, mi chiese: «Ti piacerebbe salire lassù?».

«Magari» risposi.

«Allora si va domani.»

Quel ragazzo, fuoriclasse della roccia, mi portò sulla cima grande di Lavaredo. Era una giornata splendida. Ma forse sembrava tale perché stavo lassù, vicino al cielo terso e ai gracchi naviganti. Ebbi modo, quel giorno, di ammirare la velocità e la sicurezza del ragazzo sulla roccia. Una cosa da non credere. Mi insegnò alcuni trucchi per muovermi meglio. Alla fine del mio soggiorno, avevo scalato con lui tutte le cime di Lavaredo. In seguito avrei saputo che suo padre, Sepp Quinz, e lui stesso, avevano fatto da guida allo scrittore Dino Buzzati, amante delle arrampicate.

Settembre

Verso i primi di settembre, sbarbato e pulito, salutai la famiglia Quinz e ripresi il vagabondaggio verso il Comelico e Sappada. Lassù l'aria cominciava già a pizzicare il naso, portando sentori d'autunno. A bassa quota faceva ancora caldo, potevo dormire all'aperto. E camminare per boschi e scorciatoie. Piano piano tornai ad Auronzo, ma non mi fermai a chiedere l'elemosina o una stalla per dormire. Ne avevo abbastanza di dover rendere conto a ogni persona che avvicinavo. Meglio aria aperta e animali, anziché umani.

Però ho un bel ricordo di una persona che a Misurina mi portava a pescare. Bisogna che lo dica per riconoscenza. Si chiamava Osvaldo, come me. Gestiva un bar-negozio assieme alla moglie Onorata. Lo incontrai una mattina che pescava nel laghetto di fronte ai Quinz. Mi fermai a guardare e lo vidi tirare su una trota di almeno tre chili. Disse che voleva farsi una foto con quel trofeo. Gli raccontai che pescavo anch'io. In due modi. Uno con la canna, come lui, per passione. L'altro con la dinamite, per vendere le trote ai ristoranti. Bisogna pur vivere.

Rispose che così non si fa. Aveva ragione. Ma io ho anche bisogno, o meglio, avevo bisogno, e dovevo andare contro la legge. Se stai lì con una lenza tutto il giorno per due o tre pesci, cosa guadagni? I ristoranti ne chiedevano almeno quindici o venti. E io glieli portavo. Che vita per campare!

Eppure mi piaceva. Non amo le imprese facili. Se devo dirla tutta, la guerra coi gemelli mi intriga assai. Ma pensandoci sarebbe ora di finirla. Quando tornavo dal bosco dei Quinz, cercavo Osvaldo per chiacchierare e fare qualche lancio di pesca. Rimase sorpreso quando gli rivelai che portavamo lo stesso nome.

«Ah» disse, «allora piacere.» E mi tese la mano sorridendo. Gran brav'uomo, onesto e simpatico. Quando me ne andai pensando al Comelico, gli strinsi forte la mano, promettendo che sarei tornato a trovarlo. E assieme a lui gli amici Quinz, il paese, le osterie. E il gioiello del lago dove ogni tanto zampillava controluce l'argento delle trote.

Attraversai Auronzo con Papo dietro a passo cadenzato. Quando fui alla deviazione, presi a sinistra verso il paese di Santo Stefano. Camminavo piano, ammirando un paesaggio spettacolare. Boschi e montagne, profili nuovi, torrenti, prati curati come vasi di fiori, campi di patate. Cataste di tronchi facevano da parapetto sia a destra che a sinistra della strada. Ruscelli canterini rotolavano dall'alto gorgogliando nelle balze, nei gorghi, dietro le cateratte che incupivano la loro voce. E quando invadevano, allargandosi, i campi di muschio, tacevano di colpo come inghiottiti da una spugna. Incontrai sulla destra la prima osteria. Entrai. Giuseppe Quinz, oltre che vitto e alloggio, mi aveva dato un po' di soldi. Non volevo, ma fu tassativo: «Hai lavorato e devi essere pagato. Qui usa fare questo».

Ecco perché entrai nell'osteria. Avevo di che pagarmi le birre. Che ordinai subito. Mentre bevevo fui preso da una strana delusione. Mi pareva di aver tradito la condizione di fuggiasco. Avevo soldi, ero sbarbato, lavato, pulito. Camminavo sulla strada contento, senza timore dei gemelli, senza nascondermi. Che fuga era quella? Da turista. Mi consolò ricordare i patimenti, le fatiche, il freddo che avevo provato durante l'inverno. Allora, sapendo che presto sarei tornato nelle zone pericolose, decisi di non punirmi ulteriormente con paturnie assurde e pentimenti stupidi.

Lì dentro c'erano quattro boscaioli che giocavano a morra. Mi avvicinai a vedere, visto che quel gioco piace anche a me, e sono pure bravino. Da Pilin, stavo accanto ai giocatori di briscola e di morra. Guardavo le scelte di ognuno nel buttare le carte o le dita. E mi dicevo: "Io cosa avrei calato al posto di quello?". Insomma, curiosavo, imparavo. Per imparare bisogna guardare chi sa già. Rubare il mestiere, dicono qui. Dopo un po' che osservavo, uno mi chiese: «Vuoi giocare?».

Ordinai mezzo litro di vino e risposi: «Proviamo».

«Chi perde paga» disse un altro ridendo.

Persi le prime tre partite. Poi memorizzai i loro meccanismi mentali. Il primo che mi sfidò, per esempio, dopo tre battute usciva con un solo dito chiamando tre. Ma io non calavo due dita, altrimenti vinceva lui. Due più uno fa tre. Buttavo invece quattro dita chiamando cinque. Così bevetti gratis per alcune ore e mi sbronzai. Ma anche loro perdevano colpi.

Alla fine stava avanzando l'imbrunire. La coperta scura della notte calava dai monti trascinata dal vento della sera. Sentivo passare qualche auto, dei cani abbaiavano lontano. Suonò una campana, non saprei cosa annunciasse. Poi, come se il paese avesse paura di qualcosa di fronte a un misterioso segnale, entrò il silenzio dei monti dentro i muri delle case, dell'osteria e della natura circostante.

Papo sonnecchiava sotto un tavolo. Chiesi ai miei compari un posto per la notte.

«Puoi dormire da me» disse quello che m'aveva invitato al gioco, «ho letti e camere.»

«Anche qua» disse l'oste «c'è un divano nel retrobottega, devi solo promettere che non rubi e scappi.»

Scelsi il divano, ma non subito. Prima chiacchierai con il

locandiere, dopo che gli avventori se ne furono andati. Spuntò la luna a illuminare la valle. Pareva giorno. Mi girava la testa, non ero più abituato al vino. Comunque il ragionamento era lucido. L'oste cominciò a fare domande. Era un uomo piccolino, sui settanta, baffoni spioventi.

«Conoscevo uno del tuo paese» disse. «Un vecchio. Veniva qui ogni anno, il 2 novembre, alla fiera dei morti. Trascinava un carretto. Vendeva robe di legno: cucchiai, forchette, ciotole, setacci. Si metteva qui, seduto all'angolo dell'osteria, a costruire i suoi *tamèis*.[20] La gente lo guardava incuriosita. Lui non parlava. Gli offrivano vin caldo, ne beveva un secchio. Era alto sicuro due metri. Arrivava un giorno prima della fiera, e il 4 novembre spariva. Al mattino non c'era più. Lo facevo dormire nel retrobottega, dove accendevo la stufa. Si chiamava Felice Corona. Da almeno dieci anni compariva alla fiera, puntuale come il cuculo a primavera. Poi, un anno, non arrivò, e da quel giorno non l'ho più visto.»

«Lo conoscevo» dissi, «so di chi parla. Un brav'uomo. Fu investito da un'automobile, a Belluno, mentre attraversava la strada. Andava in giro a chieder elemosina, quel che gli davano, tutto buono. Aveva tre nipoti in tenera età, maschi. Il più vecchio sei anni, il più giovane quattro mesi, tra i due uno di cinque. Girava paesi e vallate a raccogliere qualcosa per loro. Li accudiva la nonna paterna. La mamma aveva abbandonato il nido, padre assente. Bevitore e fannullone. Erano soli. Ce l'hanno fatta, sono grandi.»

«Ah» sospirò l'oste.

«Sì, il vecchio morì un agosto di sole, il giorno della Madonna, schiacciato da quella macchina.»

Così dissi, prima di chiedere al brav'uomo il permesso di

[20] Strumento per setacciare la farina di polenta.

accucciarmi sul divano. Guardò il cane sonnecchiare e disse: «E lui? Ci siamo dimenticati, avrà fame».

Sparì e tornò con degli avanzi che Papo divorò in un lampo. Gli portò anche un po' d'acqua: «Dobbiamo bere solo noi?».

Non chiusi occhio. Pensavo a quel vecchio, Felice Corona. Anni prima aveva dormito dove stavo io adesso. Ora la stufa non c'era più. Chissà cosa gli passava per la testa. Silenzioso, lontano da casa, solitario, pochissime parole, qualche cenno col capo. Così anche in paese. Nessuno riusciva a dialogare con lui. Alcuni mormoravano che si fosse buttato di proposito sotto quell'auto. Io dico di no. Voleva troppo bene ai nipoti per privarli d'aiuto e presenza.

Mi fece commuovere, il ricordo di quell'uomo. Al mattino salutai l'oste gentile e mi avviai verso l'Alto Comelico. Gran gente da quelle parti! All'inizio ti studiano, ma dopo l'ospitalità salta fuori dai cuori come acqua sorgiva. Come se ti annusassero a sentire che odore hai. I cani fanno uguale: si incontrano, si scrutano, si annusano, poi, o si mordono o vanno via assieme trotterellando. Camminavo dietro il bosco rasente la strada. Passava qualche automobile o camion di tronchi. La differenza tra la quiete e l'amicizia delle piante e il rumore delle macchine era notevole. Ascoltavo entrambi, un orecchio di qua un orecchio di là.

Era stata così lunga la mia assenza dal mondo che mi piaceva tutto, anche il fracasso di un motore. Stavo attento ai particolari. Dettagli che conoscevo ma che, non vedendoli da tempo, sembravano nuovi, usciti all'improvviso dalle madie dell'oblio. Mi diressi in alto, verso la quota di aria pura dove dimorava gente pulita, levigata da quell'aria fina che tornisce corpi e anime rendendoli essenziali. Sui prati, uomini intenti al fieno. Falciatori e rastrellatrici, uniti nella calura da fatiche e canti.

Queste visioni riguardavano la mia terra, il paese dove ero nato e cresciuto. Pieni di tristezza mi si paravano davanti ricordi e scene che ora vedevo coi miei occhi. Perché la sorte, causa due cervelli ottusi, me le aveva sottratte? Ora capivo. Quando il destino ti affranca dalle cose che richiedono tempo, fatica e impegno, ti sembra una liberazione. Dici: "Finalmente". Ma non è così. Quando poi non puoi più farle, ti prende la malinconia. Vorresti riprenderle ancora, e subito. Infatti decisi di offrirmi a quella gente per falciare, fare la legna, pulire boschi e sentieri. Mi bastavano un pasto al giorno e un litro di vino. A Papo solo il pasto. Quell'estate meravigliosa, visitai Padola, Dosoledo, Candide, Casamazzagno, San Pietro, Danta. E frazioni minori non per questo prive di fascino.

A Casamazzagno conobbi un uomo di tempra e personalità uniche. Si chiamava Beppi Martini, professione guida alpina. Gestiva un rifugio, se non sbaglio, si chiamava Lunelli, ma non son più sicuro. O forse Carducci? Non è importante. Importante è quell'uomo, che viveva sul verticale più che in orizzontale. Anche lui, come i Quinz, mi portò a scalare qualche cima. Gli avevo confessato che amavo le crode, ma lo aveva già capito da come guardavo le montagne.

La prima cosa che notai, e che mi colpì, a Danta, fu il campanile. Uguale e preciso a quello del mio paese. Fui contento che qualcosa legasse la mia terra a quella gente fiera, forte e laboriosa.

La prima notte la passai in un *tabià*,[21] tra il profumo del fieno e i rantoli degli uccelli notturni. Una pace e una dolcezza mi accontentavano l'anima. Come le notti nei miei antri e nelle mie caverne. Dopo alcuni giorni di vagabondaggi per soddisfare la mia curiosità e anima, domandai a Beppi Martini se conosceva qualcuno bisognoso di mano d'opera.

«Qui hai solo da scegliere» rispose. «O prati o boschi, i campi sono a posto, e anche gli orti.»

«Va bene tutto» dissi, «pur di restare qua un po' di tempo.»

[21] Fienile.

«Allora calcola di essere già ingaggiato» disse Martini con un sorriso. E mi portò nel suo rifugio a bere un bicchiere.

Rimasi in quelle zone fino a sentire l'odore dell'autunno. Ne conosco di gente; ho una certa età, mi son passate accanto molte persone, ma anime fiere e nobili come quelle del Comelico e Misurina mai ne avevo incontrate. Poche parole e tanta umanità. Parlavano con le mani. Mi porgevano di tutto. Roba da mangiare, da vestire, da bere, e pacche sulle spalle.

Falciai fieno, accatastai legna, lavorai sulle teleferiche, bonificai terreni disossati dalle frane. Tutto assieme ai nuovi amici del Comelico, che a quel punto sentivo fratelli.

Avevo dimenticato quasi del tutto i Legnole e le minacce che partivano dai loro cuori malvagi. Solo ogni tanto, qua e là, mi apparivano quelle facce da gorilla, col labbro inferiore sporgente e bavoso e gli occhi iniettati di sangue e alcol, sempre, perennemente, gli stessi. Erano timori brevi, lampi istantanei che sparivano nei prati sui quali faticavo come le saette estive che vangano il terreno e sprofondano.

Durante la permanenza nell'Alto Comelico e a Misurina, tante volte mi son chiesto perché non rimanere lì, dove cime acuminate graffiano il cielo scrivendo la storia millenaria di quella brava gente. Più i giorni passavano più mi convincevo a stabilirmi lassù. Tuttavia ero spesso incerto sul da farsi. Finché capitò quella giusta a farmi dire "resto qua".

Ma devo seguire l'ordine dei fatti o creo confusione.

Un giorno che c'era poco da fare decisi di visitare Sappada, che loro chiamano Plodn. Ero a Danta. Ivano Mattea, sindaco di quel grazioso villaggio il cui campanile è uguale a quello del mio paese, si offrì di portarmi in auto. Rifiutai cortesemente. Non per superbia o vanteria, bensì perché volevo godermi ogni metro di quei posti incantevoli e misteriosi. Per gustare odori, visioni, sapori e meraviglie occorrono i piedi.

Una volta, quando ero "civile" e non braccato, sarei salito su un asino pur di non camminare. In montagna ero un camoscio, andavo di corsa e sempre con fretta. Ora non più. Prigioniero all'aria aperta, i boschi mi avevano insegnato la lentezza antica degli avi, che svela dettagli a ogni passo, ogni giorno e in tutte le stagioni. Fiori a bordo strada, insetti, radici con forme umane, alberi contorti, suoni, voci di caprioli, abbaio di cani. Tutto intorno a me, tutto magnifico, tutto gratis.

Impiegai una giornata per arrivare a Plodn. Il cane dietro, come al solito. A un certo punto sentii il fruscio di una pioggia sottile. Papo abbaiò. Mi voltai. Una donna in bicicletta da corsa arrivò alle spalle come un fantasma. Frenò e disse: «Ciao».

L'avevo vista più volte sui prati di Padola e Candide, non l'avevo mai vista in bicicletta. E come andava! Indossava braghe blu tipo meccanico. Una molletta da bucato stringeva in basso il pantalone, ché non finisse nella catena. Dove vai, dove non vai, scese dalla bici e camminò un poco accanto a me. Avrà avuto poco meno della mia età, i capelli biondi mettevano fili di fumo grigio.

Avremmo fatto forse un chilometro chiacchierando. Più la guardavo di sfuggita, più mi piaceva. Tipa fiera, che non si vergognava della montura da meccanico e del cavallo d'acciaio.

Disse che era di Sappada, dove aveva una casetta mezza di pietra e la parte sopra in legno. I genitori erano morti da tempo. Lavorava qua e là, prestando manodopera. Estate sui pascoli, autunno nel bosco, inverno in qualche ristorante, primavera intorno ai campi.

«Non mi piace il lavoro fisso» disse, «non voglio padroni eterni.»

«Hai ragione» risposi, dandole subito del tu per creare confidenza. «Nemmeno a me garbano i padroni.» Non per assecondarla ma perché era vero. Non ho mai sopportato qualcuno che mi dica fai così, fai colà. Quando ero negli alpini a Tarvisio, ho scontato quarantacinque giorni di punizione. Un mese e mezzo di naja in più perché non ubbidivo. Veniva là un graduato, uno mai visto, che ti urlava: «Mettiti sull'attenti, imbecille!». «Si metta lei sull'attenti» rispondevo. Per le mie intemperanze finii cinque giorni a Peschiera, al tribunale militare. Avevo dato una picconata di piatto nella schiena di un sergente. Schiena di cristallo, mai piegata alle fatiche. Ma io gliela piegai. Mi andò bene perché il prepotente non portava gradi sulla tuta da lavoro. Dissi che pensavo fosse uno di noi. Invece sapevo che era un sergente maggiore addetto agli automezzi. Mi aveva spintonato buttandomi per terra. E la pagò.

Ma torniamo alla mia fuga. La donna ciclista volle sapere il nome del cane.

«Papo» dissi con orgoglio. «Un amico vero e unico.»

A quell'"unico" mi venne in mente Guido. Allora aggiunsi: «Ne avevo un altro, di amico, ma è morto».

«Un cane?»

«No, no, era un compagno di caccia e di baldorie, si chiamava Guido.» Non andai oltre. Pensai invece all'altro Guido, il capriolo. Chissà dov'era e se l'avrei più rivisto. La donna voleva sapere notizie della mia vita. Rimasi sul vago. Poi, come ogni uomo che cerca di capire se vi sono possibilità, domandai: «Sei sposata?».

«No» fu la risposta. «E non intendo farlo, mai.» Rimontò in sella con un guizzo da cavallerizza e se ne andò. Prima si voltò e disse: «Ti aspetto a Sappada, nella trattoria di Giacomo, che io chiamo Jacum».

Ancora non immaginavo che avevo incontrato quella giusta, quella a cui accennavo. Prima che sparisse dietro una curva urlai: «Come ti chiami?».

«Te lo dirò da Jacum», e svoltò.

Mentre pedalava le guardai il didietro. Premuto sul sellino, si era dettagliato in larghezza. Pensai a quelle forme per il resto del viaggio.

Di Sappada mi impressionò la bellezza antica. Case in tronchi e pietra, boschi a perdita d'occhio, cascate che cantavano ovunque, di qua e di là della strada, e montagne acuminate. Regnava assoluto un senso di ordine e pulizia. Gli orti, curatissimi, parevano giardini di ville. Stava per finire settembre ma c'erano ancora turisti e uomini, sui prati, intenti al secondo taglio del fieno.

Passavano parecchi camion carichi di legnami pregiati, diretti alle segherie del Cadore. Sulla destra c'era una bella chiesa col suo campanile aguzzo. Veniva giù dalle montagne, come un fruscio di seta, il fiato dell'autunno imminente. Stava dietro i larici della valle, pronto a saltare fuori e fare "buh!". A sinistra della strada, in uno spiazzo, vidi un ristorante. Fuori c'erano grandi sculture di tronchi. Una rappresentava una specie di mostro carnevalesco che i valligiani chiamano Rollate. Venne fuori dalla chiesa una vecchietta. Le domandai dov'era la trattoria di Giacomo. È destino che siano donne anziane a darmi informazioni. Due volte, al mio paese, la vecchina del cimitero. Ora questa.

«Ce l'ha davanti al naso» disse indicando le sculture in legno.

Avevo qualche soldo guadagnato e mi feci coraggio. Traversando lo spiazzo notai una bicicletta poggiata alla ringhiera di legno. Aveva il manubrio da corsa. Il cuore accelerò.

Stava seduta a un tavolo d'angolo, la caraffa di birra in mano. Prima di entrare detti il "seduto" a Papo, fuori la porta.

«Ben arrivato» sorrise la ciclista, «cosa bevi?»

«Come te» dissi.

«Jacum, portami una birra.»

Al bancone stavano in piedi almeno dieci uomini, con la montura dei boscaioli. Bevevano vino rosso. Subito mi pentii di aver preso la birra. S'avvicinò un uomo sui cinquanta, alto, bell'aspetto, folti capelli ancora scuri. Portava una caraffa piena fino all'orlo.

«Questo è Jacum» disse la donna.

Gli strinsi la mano e mi presentai.

«Io» disse «sono Giacomo Puicher.» E, indicando la donna: «Amici di Furia, amici miei».

«Così ti chiami Furia?»

«No. Mi hanno dato quel nome, ma il vero è un altro.»

«Quale?»

«Indovina.»

Guardai Giacomo per avere una dritta. Rimase impassibile.

«Non saprei» dissi imbarazzato.

«Quando ti alzi al mattino cos'è?»

«Mattino.»

«No» rispose. «Se ti alzi appena fa giorno, cos'è?» proseguì.

«Giorno.»

«No.»

Stavo per diventare rosso. Presi la caraffa e la vuotai per metà.

La donna mi guardò soddisfatta e disse: «Alzarsi presto vuol dire alzarsi all'alba».

«Ti chiami Alba?»

«No, mi chiamo Consalba, detta Furia.»

Mi alzai. Volevo andarmene, e lo avrei fatto se Jacum non avesse detto: «Dài, siediti, ne beviamo un'altra. Non badare a lei; ha voglia di scherzare, ti mette alla prova. Adesso è un angelo. Vedessi quando si incazza! Mica per niente l'han battezzata Furia».

«Come si chiama questo locale?» bofonchiai per togliermi d'impaccio. Le provocazioni della donna mi avevano messo a disagio.

«Ti Spiazza» rispose Giacomo.

«Me ne sono accorto» dissi.

«Di che?»

«Che quella ti spiazza.»

Giacomo si mise a ridere.

«Non hai capito, Ti Spiazza è il nome del locale.»

A quel punto sì che diventai rosso fuoco.
«Il cane?» chiese la donna.
«È fuori.»
Giacomo si alzò e disse: «Come fuori? Hai un cane? Portalo dentro. Le bestie han diritto come noi di stare qui. Anzi, di più».
Tirai dentro Papo. Giacomo gli portò un catino d'acqua. Ancora una volta incontrai persone che avevano a cuore l'amico dell'uomo come loro stessi.
A un certo punto entrò da Jacum un uomo sui cinquanta, piuttosto atletico, silenzioso, lo sguardo attento ai particolari, aspetto buono e comprensivo. Il gestore mi rivelò essere stato un grande campione dello sci nordico, con medaglie d'oro al collo e gloria mondiale.
Conoscevo quello sport faticoso, che ti porta in mezzo a boschi pieni di neve, in un silenzio e una magia che hanno pochi rivali. Per non dire nessuno. Li avevo frequentati anch'io, cacciando martore d'inverno. Andavo piano e mi piaceva. Devi spingerti con le braccia, facendo il passo lungo, trascinando in aderenza quelle strisce di legno strette e sottili.
«È Silvio Fauner» disse Giacomo presentandomi quell'uomo.
Incuriosito dall'atleta e dalla sua storia, iniziai a fargli domande. Volevo capire perché lassù, nella Plodn bella e misteriosa, tanti giovani amavano gli sci stretti. Allora Fauner, documentatissimo, narrò storie affascinanti di rocciatori e sportivi che avevano onorato la loro terra. Fondisti gloriosi furono Eliseo Sartor, Aldo Piller e Piero Quinz. A quest'ultimo cognome rizzai le orecchie.
«Conosco i Quinz di Misurina» dissi. «So che son partiti da qui.»
«Sì» intervenne Jacum, «il vecchio Giuseppe è di Sappada.»
Fauner narrò di grandi alpinisti. Ricordò Emilio e Luigi Pachner, fratelli di vita e di corda. E Giuseppe Oberthaler, che guidò i soldati sul monte Peralba, nella Prima guerra. Ogni tanto arrivava un giro di birre e si andò avanti raccontando.

Ciò che udii quella sera meriterebbe un libro intero, assieme alle storie di Beppi Martini e Sepp Quinz. Molti racconti ricordavano la mia terra, giacché i fatti nei paesi di montagna spesso si assomigliano.

«Ti piacciono i fondisti?» chiese improvvisamente Giacomo.

«Sì, è uno sport che amo, se avessi avuto i mezzi avrei voluto praticarlo di più.»

«Vado a prenderne subito un altro campione» concluse. Pronunciò un nome che non afferrai. Rivolto ai boscaioli del bancone, disse: «Andate a chiamare Pietro».

Uno partì e tornò di lì a mezz'ora assieme a un uomo i cui occhi non li potevi guardare tanto erano penetranti e profondi. Grande fondista pure lui, più giovane di Fauner. Olimpionico medaglia d'oro e ancora medagliato con metalli di ogni tipo. Era Pietro Piller Cottrer. Mi dissero che a Presenaio, poco più in su, o a San Pietro, bene non ricordo, viveva un altro fondista di fama mondiale. Si chiamava, e si chiama, Maurilio De Zolt. Venni a sapere che aveva la mia stessa età, e questo inorgoglì il mio animo. Mi sentii un po' campione anch'io. Avevo trascorso un inverno tra nevi ostili, pericoli, fatiche e freddo. Il mio "fondo" lo avevo praticato tutti i giorni, senza sci e con la paura di essere ucciso.

Intanto era venuta sera, il locale cominciò a riempirsi. Mai vista così tanta gente dopo mesi di solitudine, con unica compagnia il mio cane, le voci di animali, le valanghe e il canto degli uccelli notturni. A forza di storie e birre, cominciai a sentire sonno e stanchezza. Allora, per stordirmi del tutto, a un certo punto passai al vino. La ciclista beveva con noi, silenziosa, curiosa, guardinga.

Piller Cottrer mi disse: «Se rimane qui» mi dava del lei, «domani le faccio conoscere un bel posto».

«Dove vuole che vada, sarà ormai mezzanotte» risposi.

«È passata da un pezzo, se è per quello» puntualizzò l'oste.

D'improvviso la donna della bicicletta, senza una parola in più, si alzò, disse: «Notte» e cercò l'uscita. Passando accanto al bancone, uno degli avventori le diede una manata sul culo.

La scena che vidi mi tolse il desiderio di attaccar bottone con lei. Si voltò di scatto e mollò un micidiale ceffone all'energumeno. Lo schiocco riempì la sala.

«Mai più» gridò, «o ti do una coltellata.» Uscì saltando di bile.

Il serafico Giacomo, rivolto a me, disse: «Adesso sai perché la chiamano Furia».

Venne ora di chiudere. Uno alla volta, gli avventori se ne andarono. Fino all'ultimo sperai che la ciclista mi invitasse a casa per ospitarmi una notte. Sono rimasto un povero illuso, un sognatore di sogni assurdi. Chi invece mi offrì un letto fu Jacum Puicher.

Gli ex campioni si congedarono, Giacomo e io rimanemmo soli con Papo sotto il tavolo. Bevemmo l'ultimo calice, poi l'uomo mi indicò lo sgabuzzino ospiti, dove c'erano un letto, un bagno e una grande finestra che dava sulle montagne illuminate dalla luna. Quando vidi quel lucore amico, spiato tante volte da antri e caverne, volli uscire a godermi la notte. Jacum si ritirò dicendo: «Quando rientri, dai due o tre giri di chiave». E sparì.

Uscii in punta di piedi, ma sbandavo. Papo con me. Notai la bicicletta della donna appoggiata alla ringhiera di legno. Se n'era andata a piedi, saggia scelta quando si beve.

C'erano panche intorno, mi sedetti sulla più vicina. Guardai, ascoltai, pensai e presi decisioni. La luna mi guardava. Forse cercava il mio pensiero come la prima notte di fuga, sotto un abete bianco, le mani dietro la testa. Era passato quasi un anno, mi parevano secoli. Tempo lungo d'avventura, conoscenza, miglioramenti, paure e pace. Sembra strano parlare di pace quando ti inseguono due bruti per ammazzarti. Eppure, nei segmenti di sogni quieti, nelle notti insonni, nelle attese vigili e costanti, la natura, gli animali, il cielo, la luna e il pallido sole dell'inverno mi avevano regalato quella pace che sapevo esistere ma non avevo mai trovato.

Ogni tanto passava una macchina, rara a quell'ora. Poi calava il misterioso silenzio della montagna e la notte spediva le sue voci. Udivo alle mie spalle, appena sopra, dove comincia il bosco, rantoli di gufi reali. Chissà, dissi, che non riveda mia mamma nelle sembianze del gufo. Ma sarebbe meglio di no, pensai subito dopo. Lei era morta. La sua anima arsa nel rogo della grotta. Visto che parlo di morti, in ogni paese che toccavo prima di tutto cercavo il cimitero, per visitare i defunti. Se non lo individuavo con un'occhiata, chiedevo a qualcuno dove si trovasse. Mi è sempre piaciuto girare tra le tombe, guardare le foto dei morti, rivolgere loro un pensiero, un saluto, un *Requiem*. A ogni volto che fissavo, sorgeva spontanea la domanda: Chi era quell'uomo, quella donna, quel vecchio, quel bambino? Che esistenza aveva vissuto? Era stato felice? Com'era morta tutta quella gente? Malattie, incidenti, vecchiaia? Nei cimiteri mi prendeva la tristezza delle vite perdute, la rassegnata malinconia dei trapassati, il silenzio delle fosse. Su alcune era nata l'erba, omaggio della terra ai dimenticati, a quelli che non avevano nessuno. La natura portava loro fiori e canti di grilli. Là dentro mi sentivo in pace, sereno, tranquillo. Avevo l'impressione di essere amico di tutti quei morti, come li avessi conosciuti. Nessuno mi risultava antipatico, indisponente o inaffidabile come accadeva coi vivi. Io voglio bene ai morti dei cimiteri. E credo visiterei anche i Legnole, se dovessero morire prima di me. Questo sentivo sotto il cielo stellato di Sappada, con la luna che acuiva le mie pene, raccoglieva i miei pensieri tristi.

Lontano abbaiava un cane, passò una motoretta a zig-zag, qualcun altro aveva bevuto. Chissà dove abitava la donna ciclista. Forse fu quella strana notte di luna che fece nascere in me la decisione di trasferirmi da quelle parti. Lasciare il paese dove ero nato e cresciuto, dove pochi mi volevano bene. Ma io non ho bisogno di bene, mi basta la compagnia del mio cane. Poi ricordai la ciclista e capii che avevo bisogno di bene.

Quando la luna, stufa delle mie lagne, sparì dietro il monte, andai a dormire nell'accogliente sgabuzzino di Jacum. Vino e birra aiutarono il sonno con la pazienza di Papo che vegliava.

L'indomani mangiai pane e pancetta offerti dall'oste mentre aspettavo Piller Cottrer, che arrivò verso le dieci. Andai sull'uscio del ristorante: la bici non c'era più. Mi venne un groppo, avrei voluto riveder la ciclista, salutarla, bere il caffè. Niente di tutto questo. Pazienza.

Pietro Piller Cottrer mi caricò in macchina insieme al cane e salimmo a Cima Sappada, dove ammirai un giardino fantastico. Mai vista in vita mia una tale meraviglia. Erano case di legno, *tabià*, stalle e pollai. Costruzioni varie di tronchi rossigni, invecchiati dal tempo, raspati dalle intemperie, silenziati dalla vita passata. Su balconi, davanzali, portici e finestre fiori colorati di ogni tipo. Signore di tutti trionfava il geranio, re assoluto del tripudio multicolore. Quello fu il giardino che mi si parò davanti agli occhi: case di legno che fungevano da vasi per fiori di ogni sorta. Sorse spontaneo il paragone con le abitazioni del mio paese. Anche lì c'erano fiori ai davanzali, ma solo muri di pietra grigia, finestre piccole, usci che per entrare dovevi fare l'inchino. Ogni cosa, azione, costruzione che fa l'uomo ne rispecchia stato d'animo e carattere. Non vi è scampo, è così e basta.

Piller mi fece entrare in una di queste meraviglie erette ponendo uno sull'altro larici ossuti e antichi, cresciuti su terreno magro, ripido e ostile. Le condizioni essenziali per diventare forti. L'ampia cucina accogliente, tutta in legno di cembro, era guardata a vista da una vecchia cucina economica, messa in un angolo. Al centro, una tavola lunga, coperta dalla tovaglia di pizzo, bianca come neve. Apparve un omone alto e robusto, sui settanta, giacca di fustagno, cappello in testa. Senza proferir parola, mi strinse la mano con la sua, larga come un badile. Stringendo a mia volta quella pala, intuii il suo lavoro. «Boscaiolo?» domandai.

Fece cenno di sì col capo. La vera carta d'identità dei montanari, quelli ancora degni di tal nome, non è la solita, di carta con foto incollata. La carta d'identità di chi vive sul ripido sono le mani. Basta stringerle e sai chi hai davanti. Vale per tutti, donne, bambini e vecchi. Su una sedia a capotavola stava seduta una signora anziana che mi sorrise. Nemmeno lei aprì bocca. Solo quel sorriso mite che ripeté più volte guardandomi. L'uomo, che forse si chiamava Pakner, ma non sono più sicuro, posò sul tavolo un bottiglione di rosso, affettò un salame, riempì quattro bicchieri e, sollevandone uno, disse: «Viva».

Non aggiunse altro, fece soltanto cenno di mangiare. Nel frattempo la vecchina si alzò, sparì in un tinello. Tornò con una grossa pagnotta rotonda. La posò sul tavolo e con lo stesso coltellaccio del salame la ridusse in fette. Ci guardò, sorrise ancora e con una voce da ciuffolotto disse: «*Tuit essn*».[22] Poi sedette al solito posto senza più muoversi né parlare.

Alla mia secca domanda «Ci sarebbe un lavoro per me?», l'uomo si fece loquace ma non troppo.

«Fin che vuoi, anche domani.»

Pietro Piller Cottrer, rivolto a me, disse: «Se lei vuole, può lavorare in rifugio, Ettore gestisce il Calvi».

«Non mi dia del lei» brontolai, «non sono abituato.»

«Va bene, signore, non le darò più del lei.» E continuò a darmelo.

Girai tutto il giorno per Cima Sappada assieme all'uomo taciturno e alla mia guida campione di fondo. Osservavo stupefatto le magnifiche case di legno. Rossigne, ordinate, equilibrate da un istinto costruttivo montanaro che non ha riscontri negli architetti moderni. Parevano nidi accoglienti piantati nel pendio. Manifestai a Pakner la mia convinzione sugli architetti.

Risposta: «Chi impara a scuola insegni a scuola. E basta».

[22] Mangiate.

Trascorsi una bella giornata visitando case e *tabià* insieme a uomini silenziosi, leali, affidabili. Pietro mi riportò da Jacum, al ristorante Ti Spiazza. Per prima cosa cercai la bicicletta. Non c'era. Rimasi male.

Pakner disse che potevo lavorare già da subito. «C'è due mesi buoni ancora, poi viene la neve, i boschi s'addormentano.»

Incuriosito da un'esperienza nuova, fuori tiro dai gemelli, tra gente per bene e in mezzo al paradiso terrestre, dissi: «Affare fatto».

Ma se devo essere sincero, non erano quelli i motivi per cui intendevo rimanere. È che improvvisamente mi interessava la bicicletta. Soprattutto quella che ci pedalava sopra. Appena pensavo alla ciclista, il cuore batteva forte. Pensavo anche a Guido, l'amico morto nel rogo. Mi pareva di tradirne la memoria, ma la donna a ruote aveva preso il suo posto. Meglio così, fu come una liberazione.

Papo trovò spazio sotto il solito tavolo. Era molto discreto, il mio cane. Pareva vergognarsi delle persone, era timido, schivo, si nascondeva. Ma ascoltava. A ogni rumore o voce strana, girava gli occhi come i gufi, tenendo la testa immobile piallata al pavimento. Le orecchie facevano appena un *tic* di movimento. Vigile e invisibile, il mio amico a quattro zampe. Anche quella sera, nel locale di Giacomo Puicher, fiorivano birre e bicchieri di vino come funghi. Non facevo in tempo a tracannarne uno che ne spuntavano altri due o tre. Dal sottobosco del bancone, concimato dall'humus di speck, pane e formaggio, ogni tanto faceva capolino un bottiglione di acquavite. Ero un uomo contento. Dopo mesi di isolamento e solitudine, scoprivo amici nuovi, veri, e una sconosciuta esistenza. E chissà, forse anche un'anima che mi sarebbe piaciuto avere accanto. Ma, a togliermi da questi bei sogni, improvvisamente calava su di me l'ombra inquietante dei Legnole. Nel mondo le voci corrono. La notizia che il forestiero di un certo paese stazionava tra il Comelico, Sappada e Misurina li avrebbe raggiunti. E loro avrebbero raggiunto me. Dovevo risolvere la faccenda al più presto o la pace non sarebbe mai stata mia compagna.

Per il momento scelsi di aspettare l'autunno nei boschi di Sappada e Forni Avoltri a fare il taglialegna. Jacum Puicher mi offrì alloggio gratis nell'accogliente sgabuzzino. Voleva darmi pure il mangiare, ma dissi di no. Quello me lo sarei pagato. Non si deve profittare del buon cuore di chi senza interesse ti dà una mano.

Così, tre giorni dopo il mio arrivo iniziai a lavorare. Credevo di essere capace, con la scure e la motosega, ma lassù ricevetti la paga. Quelle erano macchine da taglio: veloci, precise, resistenti, infaticabili. La prima settimana tornavo da Puicher con le ossa spaccate. A ogni rientro spiavo di traverso se c'era la bicicletta. Niente. Una sera, scendendo dalla jeep, notai la ruota posteriore di una bici. Con un balzo corsi a vedere. Non era quella.

Si doveva tagliare una lunga striscia di bosco per dare luce alla nuova pista di sci da fondo. Fauner, che conosceva quei luoghi fin da bambino, ne aveva disegnato il percorso. Salite a norma di regolamento, discese impegnative, curve difficili, rettilinei sfiancanti. Dopo i successi a livello planetario – Olimpiadi, campionati mondiali, nazionali – di Fauner, De Zolt, Piller Cottrer e gli altri, molti ragazzi avevano preso passione per quello sport. Servivano piste, percorsi, novità che incentivassero la voglia di faticare. I giovani non mancavano, ma occorreva stimolarli.

UN NUOVO AUTUNNO

Ottobre

Intanto era passato settembre e venne ottobre. Un giorno chiesi a Pakner quando sarebbe finita la stagione di taglio.

«Quando le cascate dell'Acquatona saranno gelate» disse.

«E quando gelano?»

«Quando l'acqua non salta più.»

Capii che non serviva insistere. Da allora, ogni giorno spiavo se l'acqua s'addormentava, ma era ancora presto. Non bastò un mese a finire la pista. Eravamo in ventidue. Chi tagliava, chi sradicava ceppi, chi spianava e livellava il percorso. I camion portavano a valle legname da opera e da fuoco.

Una sera, che già l'aria pizzicava il naso, rientrando al Ti Spiazza vidi la bicicletta. Mi venne un colpo al cuore.

Finalmente, pensai. Erano trascorsi almeno dieci giorni dall'ultima volta. Entrai e la vidi al solito posto. Stava sorseggiando una Theresianer, birra speciale a buona gradazione. L'avevo bevuta a Misurina, nel bar di Onorata.

«Bentornato» disse ridendo.

«Bentornata tu» risposi, «io sono sempre rimasto qui.»

Con una pedata mi allungò la sedia dicendo: «Accomodati».

Mi trovai piuttosto impacciato. Per cavarmela buttai lì qualcosa: «Non fa freddo ad andare in bicicletta?».

«Ancora no» disse. «Tu però pensa per te, a me sto dietro io.»

Fosse stata un'altra l'avrei mandata a quel paese. Ma era lei e incassai ridendo. «Va bene, va bene, non t'arrabbiare, beviamo insieme un'altra birra.»

Spesso occorre aver pazienza: capire, interpretare, leggere a fondo le reazioni delle persone. Si fa presto a rovinare tutto con la permalosità. Può darsi che colui o colei che mandiamo a quel paese siano timidi, fragili, impauriti, insicuri. Perciò si difendono graffiando. È peccato buttar via occasioni, sciupare incontri che potrebbero cambiarci la vita in meglio, addirittura renderci felici. Per questo non reagivo alle provocazioni della donna. E nel corso di quel mese ne ricevetti tante come d'autunno piovono in terra gli aghi dei larici. Bevemmo una Theresianer. Adagio, per star più tempo vicini. Fu un buon segnale. Se una non vuol stare con te si alza, se ne va e buonanotte.

«Ero tornata in Comelico» disse «a cavar le patate. Pagano bene. E se non sei a posto fisso, le patate finiscono, come finisce la raccolta del fieno, delle mele, delle verze eccetera. I miei lavori sono come i miei amori: finiscono presto.»

Ci rimasi male. Metti che l'avessi conquistata, se ragionava così la perdevo. Meglio averla per poco ma averla, che non averla mai, mi dissi. Per la prima volta provai paura. Con le altre non era mai successo.

Jacum venne a bere con noi. Gli domandai dove potevo procurarmi attrezzi da barba.

«Ci penso io» disse, «te li metto nello stanzino.»

La ciclista mi guardò beffarda. «Puoi tagliarti anche la testa, non solo la barba, bello non diventerai.»

E giù legnate. Un altro buon segno. Se una ti prende in giro con sarcasmo significa che le piaci. L'orgogliosa non lo farebbe. Ti ignora e basta. Così finimmo la serata bevendo qualche birra, non tante come l'altra volta. Ero stanco ma non osavo dirle "vado a cuccia".

Fu lei a venirmi incontro, con una proposta che mi lasciò sbalordito. «Vuoi sapere dove abito?»

«Magari» dissi.

«Allora lascio qua la bici, domani me la porti a Cima Sappada. Chiedi dove abita Consalba, te lo diranno tutti.» Si alzò e sparì.

Per un metro il cane la seguì: ancora un buon segno. Papo non si muove se non lo comando io. Andai a nanna tremolante e agitato come un bambino. Su un tavolo dello sgabuzzino trovai sapone da barba, rasoio e pennello. Jacum era stato di parola. Grande amico, quell'uomo: simpatico, affidabile, sincero. Mi feci la barba in un lavandino di acqua fredda. Non volevo sprechi inutili. Al mattino presto inforcai la bici e adagio, per non sfiancare Papo, giunsi a Cima Sappada. Faticavo al punto che in alcuni tratti assai ripidi preferii spingerla a mano. Lassù a Cima, domandai a una donna dove abitava Consalba detta Furia.

«Quella che picchia gli uomini? È quella casa lì.»

Indicò col dito un piccolo nido fatto di tronchi, con finestre minuscole, corredate da tendine in pizzo più bianche della neve. Una di queste tendine si spostò di due dita. Dal camino usciva fumo, segno che cominciava l'autunno. I boschi già prendevano colori, alla sera occorreva la giacca.

Stavo per chiamarla, ma lei mi aveva già visto. La tendina mossa! Venne in strada e, senza nemmeno un "ciao", disse: «Hai la faccia che sembra un culo di gallina. Stavi meglio con la barba».

Mai cambiare l'aspetto iniziale, il primo contatto segna a fondo un incontro. Così pensai. Decisi di farmi crescere la barba fino alla morte. Ovviamente accorciandola ogni tanto.

Mi invitò a entrare e vedere la sua casa. Nido fuori, nido dentro. Accogliente, minuscola, ordinata. Tra quei legni mi sentii protetto come un insetto infreddolito raccolto nel palmo della mano. Furia posò sui cerchi di una stufa in ghisa la moka già carica. Servì il caffè corretto grappa senza chiedermi se la gradivo.

«Se non ti va la grappa lo bevo io» disse.

«Se non mi andasse corretto grappa me ne faresti uno liscio?»

«No» rispose, «bevi quello o niente.»

Benone, pensai, questa è una tosta, mi ci voleva. Avevo sempre deciso io con le donne, forse perché non ero innamorato. Anzi, non conoscevo nemmeno il significato di quella parola. Ora la faccenda cambiava, lo sentivo. Cedevo, e questo mi dava fastidio. Lei guardava ironica il mio volto. Tra un sorso e l'altro di caffè disse: «Rimetti la barba, non troppo lunga, così sembri davvero il culo di una gallina spennata».

Le dissi che mi aspettavano nel bosco, dovevo andare al lavoro.

«Io ti aspetto qui» disse più mite, «stasera un altro caffè.»

Aprì la porta e mi invitò a uscire. Robe da matti, mai trattato così da nessuno.

Mentre tagliavo tronchi pensavo a lei. Pakner se ne accorse. Disse: «Che hai? Stai guardando le nuvolette? Cambia il tempo?».

«Ho bevuto troppo ieri sera» brontolai.

«Capisco. Quindi il tempo tiene?»

«Penso di sì.»

«Bene, non perdiamolo, allora.»

Cominciai a lavorare veloce, il rimbrotto mi aveva ferito. Ma lei era sempre lì, girava nel bosco della mia testa. Alla sera, orgoglioso e coglione, non mi fermai per quel secondo caffè. Tirai dritto con gli altri fin da Jacum. Volevo vedere le sue mosse. Che non ci furono. Non si fece viva per tre giorni. Ma io dovevo capire: ignorarla era l'unico modo per sapere. Se tornava a cercarmi significava che le interessavo. Ero come un bambino spaventato. Un po' mi facevo pena. Intanto le ombre dell'autunno si allungavano, le giornate si accorciavano, un camino dopo l'altro cominciava a fumare. I turisti erano spariti, l'aria pungeva, i boschi prendevano fuoco, le erbe dei pascoli piegavano la testa. Quando la campana della sera batteva i suoi *din don*, mi assaliva la malinconia delle cose perdute, della lontananza, del ricordo di amici e gioventù. Si chiama solitudine. Ora la sentivo forte. Più di quando stavo solo, negli antri delle mie montagne. E sapevo il perché. Lei.

Un giorno che pioveva non si lavorò. Facemmo raduno al Ti Spiazza. Eravamo quasi tutti. Fuori la bicicletta, dentro lei. Pensai che se mi fosse stata accanto, vivere insieme, volerci bene, la tristezza sarebbe scomparsa. Ricordavo una frase letta in qualche libro. Diceva così: "Questo è il dolore della vita, che si può essere felici solo in due...". Il seguito non lo ricordo. Io avevo solo il cane. E non ero felice.

Appena mi vide, disse: «Ecco, ora la barba comincia a crescere. Mi raccomando, non troppo lunga».

Fui contento, era partita bene. Sedetti là vicino, Papo sotto al tavolo. Trascorremmo la serata bevendo e cantando. Da tanto tempo non cantavo. Fu la sua presenza a sturarmi la voce. Piano piano, uno alla volta, se ne andarono quasi tutti. Rimasero due boscaioli, e una giornalista di nome Monica. Stava facendo un servizio sulla natura di quelle zone. Intervistava persone. Interrogò anche me. Resi onore a Sappada, al Comelico, a Misurina. Non per ingraziarmi la gente, ma perché era vero. Non dimenticai di elogiare gli abitanti delle terre estreme, leali, affidabili, generosi, ospitali.

All'improvviso la donna ciclista, tirandomi un braccio, disse: «Mi riporti la bici anche domani?».

«Certo, ma se piove?»

«Pedali lo stesso, sotto la pioggia.»

Non cedeva, ma stava mollando. Decisi di riportarle il mezzo con qualsiasi tempo. Alla peggio, l'avrei caricata sulla jeep di Fauner, pedalando solo gli ultimi cinquecento metri per fare il duro. Alla fine, un po' imbarazzato, annunciai che andavo a dormire. La salutai.

«A domani» dissi.

«La bici, mi raccomando» rispose. Poi venne vicino e mi sussurrò: «Quanto paghi per dormire qui?».

«Quasi niente. Giacomo mi ospita a poche spese.»

«Ti ospito gratis anch'io» sorrise, «senza quasi. Da me sei più vicino al lavoro.»

Rimasi folgorato, aveva abbandonato difese e posture, diventava pericolosa. Ora toccava a me accettare il minor danno possibile. Non dormii. Quella proposta mi aveva spiazzato.

Al mattino il cielo era limpido, fumavano i boschi asciugati dal sole. Il vento, calato dalle vette, tirava giù foglie, Papo scalpitava che voleva partire. Non presi la mia roba dallo stanzino di Giacomo. Prima volevo essere certo di qualcosa. Con quella niente era sicuro. Pedalai a tutta birra. Ogni tanto mi fermavo a far riposare il cane. Lassù lei non c'era. Lasciai il mezzo appoggiato alla porta e andai al lavoro. I miei attrezzi stavano nella baracca del bosco.

A fine giornata mi feci lasciare a Cima Sappada. Scesi dalla jeep e notai la tendina spostarsi. Non avevo niente da perdere ed entrai. Lei, come i gufi, apriva gli occhi a metà, dietro le finestre. A me andava bene tutto, pur di starle vicino. Però quella donna era troppo forte per la mia timidezza. Intendo forte di anima, carattere, e anche di fisico, visto che in seguito mi spaccò un dito. E di gambe. Faceva la salita in bici da Sappada a Cima Sappada come Bartali. Io scendevo più volte, spingendola a mano. Appena entrato mi trattò male, come fosse pentita di quell'invito.

«Lavati, sei sporco e puzzi.»

«So di bosco.»

«No, di sudore.»

Anche stavolta la moka era pronta. Bevemmo il caffè senza parlare. Avevamo raggiunto entrambi il punto d'imbarazzo.

«Che facciamo?» domandai.

«Ci guardiamo» rispose.

«E dopo?»

«Dopo guardiamo le montagne» disse.

«Quelle le ho già viste, stammi bene.»

Presi la porta e me ne andai. Il vaso era pieno anche per

uno come me, paziente e calmo. Tornai da Giacomo, profittando di un camion che portava tronchi. L'autista mi conosceva, lassù ormai ero noto e, oso dire, mi volevano bene. Papo era diventato triste, come avesse capito. Non passò un'ora che dal bancone di Jacum, dove volevo ubriacarmi, sentii cigolare i freni di un mezzo.

Una bici! Entrò Furia come una furia. «Sapevo che eri un coglione» gridò, «ma non fino a questo punto.»

Jacum disse: «Sta' attento».

Alcuni avventori si fecero più in là. Non risposi. Ordinò una birra Theresianer. La tirò a canna ma non la finì. Ne lasciò un dito sul fondo. Si avvicinò e me la spruzzò in faccia.

Che fare? Niente. Mi asciugai con la mano e sorrisi.

«Giacomo, porta tre birre» disse.

«Per chi?»

«Una a me, una a te e una per 'sto coglione.»

Fissandomi dura negli occhi disse: «Siediti, bambino, e cresci».

Mi accomodai a un tavolo, lei di fronte. Ero spaventato, e se ne accorse. A quel punto scoppiò a ridere e io resuscitai.

«Domani mi riporti la bicicletta» disse. «Prendi su anche la tua roba.»

«Ho poco da prendere» risposi, «uno zaino e qualche ricambio.»

«Mutande ne hai?»

«Poche.»

«Te ne compro io, non voglio caproni accanto a me.»

Jacum disse: «Non ti invidio. Comunque, se va male, lo sgabuzzino è sempre pronto».

Bevemmo qualche Theresianer, poi arrivò un'amica con l'automobile e si portò via la ciclista. A me rimaneva il cavallo a ruote per l'indomani.

Così, mi piazzai a casa della donna fino al termine di ottobre. Era passato quasi un anno da quando me n'ero andato fra i monti. Mi pareva ieri l'altro. Se ci pensavo, però, erano successe tante cose: fatti strani, avventure, pericoli e paure. Allora il tempo si dilatava, gli anni sembravano dieci.

Adesso avevo una donna, compagnia, affetto. Ma le cose spesso non funzionano. Facevamo baruffe con l'ira delle belve che si contendono il cibo. Una volta, durante l'ennesima discussione, mi spaccò un dito, la falange dell'anulare. Voleva andare via, a bere al Ti Spiazza. Cercai di trattenerla un po' più forte. Ci rimisi il dito. Quella non la teneva nessuno. A quel punto, prendevo la mia roba e tornavo al tinello di Giacomo detto Jacum.

Di lì a un giorno si palesava la ciclista e facevamo pace. Fino alla prossima battaglia. A volte andavo io da lei a fare pace. Ci volevamo bene ma eravamo entrambi insicuri, impauriti e incapaci. Incapaci di capire e comprenderci a vicenda.

Scoprii che amava sciare, scalare, camminare, dormire all'aperto. A fare legna e accendere il fuoco non la battevi. Era una persona bella e pulita, ma fatta a modo suo. Fu, e lo è tutt'ora, l'alba nuova della mia vita. Io non avevo più vent'anni e nemmeno trenta. Con lei vidi nascere un giorno terso, fatto di colori mai visti e un sole diverso che dava calore al mio tramonto. Per questo, quando ci sbranavamo si rimaneva entrambi dilaniati. Ma io sapevo che non c'è silenzio che non abbia fine.

Intanto venne la ricorrenza di San Simone, il 28 ottobre. Quel santo segna la fine dei tagli boschivi. Da noi, al paese ripido, esiste un detto: "*Da San Simon, boke a tassòn e manèra a casòn*".[23] Le foglie avevano preso fuoco, incendi colorati dal pennello malinconico dell'autunno. L'aria fredda calava dai monti a strapparle via. La pioggia ne buttava giù di più. Ma molte rimanevano sui rami, ad allietare l'occhio e intristire il cuore.

[23] A San Simone, legna a catasta e scure in baracca.

Da qualche giorno pensavo ai gemelli. Non potevo vivere con la paura che arrivassero. Dovevo tornare a casa, chiarire, risolvere, sbrogliare la faccenda in ogni modo. Alla donna della mia nuova alba non avevo raccontato questa storia. Volevo tenerla fuori da ansie e timori. A dire il vero non avevo detto niente a nessuno. Il lavoro nel bosco mi aveva procurato qualche soldo. Pakner, da uomo onesto e giusto, aveva diviso il guadagno tra noi in parti uguali. Lasciai la mia paga a Furia, tenendo per me pochi spiccioli. Dove andavo mi serviva poco. Avrei voluto fare il viaggio di ritorno a piedi. Ma Giacomo volle portarmi a Misurina. Andai nel paese dei Cadini, delle tre cime e del lago, per salutare i Quinz e altri amici: Diego, Onorata, Bano, Pintossi, Osvaldo. Insomma, tutti. Mi fermai una settimana. Domandai a Valerio se conosceva qualcuno che affittasse una casetta.

«Farò una ricerca, ti saprò dire.»

Avevo intenzione, a cose finite, di stabilirmi lassù, un po' sul lago, un po' a Sappada con accanto l'Alba della vita mia. Da Misurina mi avviai a piedi, dopo aver abbracciato tutti e promesso che sarei tornato, Legnole permettendo. Poteva darsi mi facessero fuori e tutto sarebbe andato in malora. Mi pentii di non aver detto niente a Furia. Se finiva male almeno le avrei lasciato qualcosa.

Ero quasi arrivato ad Auronzo, con Papo dietro, quando sentii suonare un clacson. Pintossi tirò giù il finestrino e disse: «Monta su». Mi portò fino a Macchietto. Da lì presi la val Montina per salire al Bosconero. Quando fui al ponte, ecco la sorpresa. Il capriolo Guido mi aspettava, pronto a seguirmi. Asciugai alcune lacrime, non volevo crederci. Papo, alzatosi su due gambe, gli leccava il muso.

Verso sera giunsi al mio antro. Tutto saccheggiato, devastato, distrutto. Erano passati loro, ma parecchio tempo prima. I segni lo dicevano. Muschio, ragnatele, muffa. Almeno due mesi prima. Immaginai avessero visitato anche gli altri ricoveri. Decisi che l'indomani sarei andato a controllare. L'antro della Rizéa non era distante, avrei cominciato da quello. Poi, a mano a mano, gli altri, fino al paese. Perché era lì che volevo arrivare e sapere le novità.

Sistemai alla buona il mio appartamento, non prima di aver acceso il fuoco. Papo e il capriolo Guido si stesero vicini, uno accanto all'altro. Mangiai qualcosa e uscii ad ascoltare l'autunno. Dopo il periodo a Sappada e Misurina, dopo il tempo trascorso con l'Alba della mia vita, stare lì mi diventava insopportabile. Non vedevo l'ora venisse giorno per andarmene. Come cambiano le cose in pochi mesi! Avevo conosciuto nuove persone, udito voci, trovato amici, l'amore.

Ora la solitudine pesava come avessi il Duranno sulle spalle. Ma la natura mi piaceva sempre, soprattutto quella dove ero cresciuto. Le mie valli, i miei boschi, le mie montagne contenevano i ricordi dell'infanzia. Su quei dirupi ostili la gioventù tornava a cercarmi. La memoria di Guido, le nostre scorribande, le bevute erano finite in quel catino di monti. L'autunno portava nell'aria la malinconia delle vite perdute, la rassegnazione che ciò che è stato non torna. Se ci ostiniamo a farlo tornare, spunta la delusione. Scopriamo che non è la stessa cosa, le emozioni dei tempi sfumano, l'entusiasmo sbiadisce, la vita perde forza.

Forse per questi motivi volevo cambiare aria. Dimenticare i luoghi, il passato, la gente, il paese. Ricominciare in posti sconosciuti che, se non cancellavano le mie pene e le mie tristezze, quantomeno accendevano il sentimento della curiosità creato dal nuovo. E poi c'era Consalba, l'alba di una nuova vita.

Mi sedetti fuori dall'antro di Bosconero, nella remota val Montina. Ascoltavo, l'ho sempre fatto. Papo e "Guido" rimasero dentro, come a non voler disturbare i miei pensieri tristi. Qualcuno, molto lentamente, fasciò la valle con la sciarpa scura della sera. Qualcun altro tirò subito dopo la coperta nera della notte. Calò il silenzio autunnale come un lenzuolo teso. Lo squarciava qua e là, ogni tanto, il coltello affilato dei rapaci notturni coi loro rantoli disperati.

Faceva freddo, volevo accendere un fuoco all'esterno. Non lo feci. Avrebbe disturbato la magia dell'ascolto. Un'unghia di luna grattava la punta del Duranno. Avevo voglia di piangere. Che vita era la mia? In una grotta, nel posto più sperduto del mondo, solo, nessun essere umano tranne un capriolo e un cane. Che per me erano umani. Molto più dei gemelli. Sentivo prepotente la nostalgia di Furia, dei nuovi amici, di quei luoghi belli e meno ostili. Non vedevo l'ora di chiudere la pratica Legnole e tornare lassù.

Ma come? Denunciandoli? E dopo? Quelli non li spaventavi a carte bollate. Ucciderli? Mai. Dar fuoco alla casa come loro con Guido? Significava ammazzarli. Tentare ancora una volta la pace fu l'unica scelta che mi portò la notte del Bosconero. L'indomani sarei partito per la missione impossibile. Sperando senza speranza, ripresi ad ascoltare le voci della val Montina. Il Duranno tremava, liberando scariche di sassi. L'unghia di luna gli faceva il solletico, e lui si dimenava. Poi l'astro finì più in là e il monte si acquietò. Sotto la brezza autunnale scricchiolava un larice ferito dalla saetta. Emetteva un pianto acuto, un *cri-cri* da grillo ripetuto all'infinito. Avrei voluto tagliare l'albero triste e farne legna. Ma quel lamento rifletteva la mia vita, così lo risparmiai per udirlo ancora. In fondo all'aspra rupe di Collalto brontolava malinconica la voce del torrente Costamolin. Ogni tanto cambiava tono, forse inciampava in qualche pietra o tronco che trascinava. Per un attimo il gorgoglio taceva, come se il mondo si fosse fermato o fosse morto all'improvviso. Ma subito dopo la cantilena riprendeva, e l'inesauribile canto della terra fluiva tra i gorghi del misterioso torrente. Quelle acque, lontane da tutti, rare volte vedevano l'inquietudine di occhi umani. Solo quelli buoni degli animali che immergevano il muso a bere. O quelli miti degli uccelli che lavavano le penne nelle pozze, scrollando il corpo come avessero le convulsioni. Laggiù nei Gravérs del Bosconero tutto era immobile, fossilizzato dal tempo, tranne il dondolio delle piante mosse dalla brezza. E il canto del torrente nel suo perenne andare verso il nulla.

L'autunno aveva riempito la valle di colori. Mi pareva di vederli anche di notte, sotto la falce lucente della luna. Ma ormai le foglie cadevano a sciami, la tavolozza sbiadiva lentamente. Il mio era soltanto desiderio di avere calore intorno. Quella notte dormii poco. Troppi ricordi nella testa. Si palesavano le emozioni degli ultimi mesi. Appariva soprattutto Consalba detta Furia.

A casa sua, una sera, mi ero impegnato ad accendere la stufa. Stentavo, davo la colpa alla legna umida, alla pallina di cera d'api andata a male. Furia mi guardava con un misto di pietà e commiserazione. Imbarazzato, combinavo sempre peggio. E sì che ne avevo accesi di fuochi nella vita. Ma quando qualcuno ti osserva, sbagli tutto.

Lei si avvicinò e disse: «Non sai che le stufe hanno volto e personalità?».

«Le stufe sono tutte uguali» ribattei.

«No, caro mio, hanno il loro carattere, pregi e difetti, entusiasmi e tristezze. Se non gli vai a genio, non accettano fuoco.»

Mi venne da ridere ma lei restò seria.

«Fatti in là» disse. S'accucciò, sistemò la legna sottile a modo suo, ce ne mise sopra dell'altra, spappolò la pallina di cera, puntò l'accendino e... *puff*, il fuoco divampò gagliardo.

«Visto?» disse ridendo «Lei conosce me, non te. Se vuoi accenderla devi fartela amica.»

«Basta che non mi butti le fiamme in faccia, come qualcuno mi buttò la birra» dissi.

Da quella sera ho guardato stufe e fornelli con altri occhi. Prendono l'amicizia di chi li accende giorno dopo giorno. Questo vale per ogni attrezzo, dal fucile alla sgorbia, dalla carriola al badile. Almeno di questo mi volli convincere dopo la lezione della stufa.

Rientrai nell'antro a ragionare per l'indomani. Papo e il capriolo dormivano l'uno accanto all'altro. Buttai legna sul fuoco. La mitragliata di rami secchi non li scosse. Aprirono appena un occhio. Dormii poco e niente. Progettavo l'incontro coi gemelli. Cercavo frasi da dire, le parole migliori per rabbonirli, le offerte da fare per comprare il loro perdono. Tutto questo mi infuse fiducia. Speravo appunto che andasse bene, invece andò benissimo.

Ma procediamo con ordine. Quella notte ricordai di aver lasciato la pistola sul fondo dell'armadio nella camera di Furia. La cosa mi preoccupò. Se l'avesse trovata chissà cosa avrebbe pensato. O magari l'avrebbe tenuta per una delle nostre risse. Al mattino partii che albeggiava. Andai a recuperare l'automatico Franchi e una decina di colpi a pallettoni. Guai se avessi lasciato le armi negli antri. Li avevano visitati e devastati. Infatti passai dalla Rizéa, tutto disfatto, Tamarìa lo stesso, Pagnàch idem. L'antro della Vecchia, invece, risultò meno peggio. Però avevano fatto i loro bisogni dentro.

Con un tizzone avevano scritto sulla parete: "*Te sciataròn e te coparòn*".[24]

[24] Ti troveremo e ti ammazzeremo.

Novembre

Durante il tragitto vidi camosci maschi agitati, veloci, nervosi, eccitati. Era verso i primi di novembre, iniziava il periodo degli amori. L'autunno cambiava loro il colore del pelo, come agli alberi quello delle foglie. Da rossicci diventavano scuri, quasi neri. Era passato un anno, dodici mesi di fuga. Ora ero stufo. Si palesava un po' di buon futuro per me, vedevo un orizzonte migliore, non volevo perderlo.

Passai dall'antro di Pradòn dal quale si vede il paese adagiato come sul fondo di un catino. I tetti fumavano sciogliendo la brina, i camini pure. Unici segni di vita erano quelli, il resto silenzio, atmosfera cupa, nessuno in giro. Binoccolai a lungo, pareva tutto morto. Trovai la casa di Guido, o almeno quel che restava: i muri anneriti. Provai una stretta al cuore, sentii proprio che mi doleva. La sua morte fu uno dei motivi che mi spinsero ad abbandonare quel sinistro villaggio. Gli altri erano motivi più allegri: Consalba, gli amici nuovi, i luoghi acuminati dei monti. Insomma, volevo cambiare vita. Avrei regalato i fucili a Valerio Quinz, che andava a camosci. Un giorno, che gli raccontavo le mie avventure di bracconiere, mi invitò a caccia. Dissi che no, non andavo più.

Rimase stupito. Disse: «La caccia è un tatuaggio, rimane dentro e fuori, prima o dopo tornerai».

«Può darsi» risposi, «intanto ti regalo le armi. Tutte tranne l'automatico Franchi, quello lo tengo per il non si sa mai.»

Con questi pensieri raggiunsi il paese, entrando come sempre dalla curva del cimitero, dove a primavera fioriva un maggiociondolo. Il primo istinto fu quello di sparare il colpo di avviso per l'amico Guido. Poi ricordai che non l'avrebbe sentito e mi venne da piangere. Come se ci fossimo dati appuntamento, incontrai la solita vecchia. Stavolta non usciva dal camposanto, stava per entrare. Mi squadrò come se avesse visto un defunto resuscitato.

«Pensavo fossi morto» brontolò con aria di rimprovero. «Tutti pensavano uguale, mancavi da mesi, credevamo alla tua morte.»

«Ancora non vi darò questa soddisfazione» risposi, «ma tra poco sarà come lo fossi, ve lo garantisco. Qui non mi vedrete più, me ne vado, tolgo il disturbo.»

«A me non mi disturbi per niente, nessuno mi disturba. Sto per andare qua dentro» indicò con la testa il camposanto, «e non con le mie gambe.»

Dopo una lunga pausa continuò facendo i nomi di tre paesani morti nel frattempo: due uomini e una donna. Li conoscevo e mi dispiacque. Poi, fissandomi meno arcigna, disse: «Non sai le novità?».

«Sono via da mesi, non so niente, ma di questo paese non voglio sapere niente, non m'interessa.»

«Invece quello che ho da dirti ti interessa sicuro.»

«Vai allora, ti ascolto.»

La vecchia appoggiò la schiena al maggiociondolo, mi guardò, stavolta come una mamma, e disse: «I gemelli si sono sparati addosso. O meglio, Gianco ha sparato a Gildo più di un mese fa. Lo hanno messo in galera, l'altro è rimasto paralizzato. Sta su una sedia. Noi del paese lo aiutiamo, anche se non merita».

Rimasi di pietra. Non volevo crederci. Scoprii in quel momento di essere un uomo cattivo. Sì, perché volevo urlare di gioia, il mio calvario era finito. Dopo attimi di sbalordimento, chiesi dettagli alla vecchia, ma lei tagliò corto: «Vai da Pilin, ti conteranno tutto. Io so questo». Infilò la porta del cimitero e sparì.

Novembre dava i suoi frutti. L'aria cominciava a pungere, l'erba era diventata secca, giallo paglia nei prati, boschi nudi, foglie accumulate dappertutto, il vento delle montagne le raccoglieva ovunque.

Dovetti sedermi sotto il maggiociondolo tanta era la gioia. Pensavo a Furia, agli amici, alla nuova vita, ai canti da Giacomo. E a quanto di buono mi regalava il futuro. Ma non mi facevo illusioni. Sapevo che il futuro è un tempo e in quel tempo dorme l'ignoto. Allora, sotto l'urto di quella notizia, mi precipitai da Pilin per sapere novità.

Appena entrai sentii quasi palpabile il disprezzo di alcuni. Solo l'oste sorrise dicendo: «Bentornato, ti credevamo morto».

Ordinai da bere per tutti, tanta era la soddisfazione. Avevo lasciato i soldi a Consalba ma qualche spicciolo ancora lo tenevo in tasca.

«Ho saputo dei gemelli» dissi. «Com'è successo?»

Nessuno aprì bocca, motivo in più per accelerare l'addio a quel paese ostile.

«Te la conto io» disse l'oste. Mi accomodai a un tavolo, l'automatico sulle ginocchia.

«È stato a causa di una donna» attaccò.

«Ah» risposi, «chi l'avrebbe detto, una donna ai Legnole?»

«Una donna, una donna» proseguì. «Si vedeva con Gianco e nessuno sapeva. Una notte Gianco era qui, ubriaco. Mi meravigliai che fosse solo, non era mai successo. Venivano sempre tutti e due. Allora gli chiesi: "E Gildo?". "*Non l'ha volù vegnì*"[25] sputacchiò.»

[25] Non ha voluto seguirmi.

«E quindi?» domandai.

«Quindi Gianco andò a casa verso le due di notte e chi trovò? Trovò Gildo sopra 'sta donna. Li vide dalla finestra e non disse niente.»

Io la buttai in ridere, ero troppo contento. «Che differenza fa uno o l'altro? Sono uguali.»

«Sono uguali» disse l'oste, «ma qualche differenza Gianco l'ha trovata se ha sparato alla schiena del fratello.»

«Nella schiena? Nemmeno tra loro hanno il coraggio di non essere vigliacchi» dissi.

L'oste proseguì: «Aspettò che lei andasse via, quasi all'alba. Poi chiamò Gildo, che uscì sulla porta. Quando Gianco alzò la doppietta, capì e scappò dentro. Per questo venne colpito alla schiena».

«Che bastardo!» sussurrai.

«No, non fu un bastardo. Come mi ha raccontato, Gildo correva a prendere un fucile, ma Gianco fu più svelto.»

«E la donna?»

«Dopo aver sentito due colpi, uno distrusse la porta, la donna tornò indietro. Trovò Gildo a pancia in giù che urlava come il maiale quando gli infilano la baionetta.»

«Dovrei provare pietà» dissi, «invece provo soddisfazione.»

«Ti capisco» disse l'oste. E proseguì: «La donna chiamò aiuto, corse gente, in soccorso. Gianco era sparito, Gildo urlava. Lo portarono su in barella e poi all'ospedale, dove si andò a trovarlo».

«Potevate farne a meno, quelli non meritano visite.»

«No, bisogna aver pietà, soprattutto di gente così.»

Saltò su uno degli avventori e disse: «Pietà di chi? Di quelle porcherie? Nessuna pietà. Mi dispiace solo che Gildo non abbia fatto in tempo a prendere il fucile. Magari si stendevano tutti e due».

Ordinai un giro da bere mentre aspettavo il seguito della storia. L'oste proseguì: «Io, Bastian e Carle, saputo che sarebbe rimasto paralizzato, andammo all'ospedale a fargli visita. Volli parlare col medico che l'aveva operato, il primario professor Brolio».

«Che disse?»

«Mi raccontò una storia da fare la pelle d'oca. Una storia che la dice lunga sul carattere dei gemelli.»

«Sentiamola.»

«Quando Gildo si riprese e capì che non avrebbe più camminato volle parlare al dottor Brolio. Gli disse così: *"Dotor, me racomando 'na roba, me meta via i paletoni cal ma cavà dalla schena"*.[26] "Perché?" domandò il luminare. *"Parché co vado a casa, ho da caricar na cartucia e tornargheli a me fradel."*»[27]

Rimasi allibito ma non meravigliato. Li conoscevo bene.

«E Gianco?» domandai.

«Lo catturarono due giorni dopo. Era tornato a casa a prendersi della roba. I carabinieri lo aspettavano. Adesso si trova nella prigione di Baldenich, a Belluno.»

«Quanto gli hanno dato?»

«Dieci anni, io gli avrei dato l'ergastolo.»

«Gildo ormai ce l'ha già l'ergastolo. Tutto quel che gli resta da vivere su una sedia. Poveraccio!» Così dissi. Per la prima volta provai commiserazione per i gemelli.

«Noi» disse l'oste «lo aiutiamo, gli portiamo da mangiare, da bere e tabacco. Poi c'è lei che gli dà una mano.»

«Lei chi?»

«Quella che ha originato tutto, la donna delle fucilate.»

Qui mi venne spontanea la battuta cattiva: «Poveri scemi, essendo identici come gocce d'acqua, potevano godersela tutti e due». Poi, rivolgendomi all'oste: «Vorrei andarlo a trovare, tu che dici?».

«Perché no, ti accompagno, son curioso di vedere la sua reazione.»

[26] Dottore, mi raccomando, mi conservi i proiettili che mi ha estratto dalla schiena.
[27] Perché quando vado a casa devo caricare una cartuccia e restituirli a mio fratello.

Così, io dietro, l'oste davanti, pigliammo il sentiero che menava alla casa dei Legnole. Confesso che mi sentivo agitato, emozionato, confuso. Era tutto finito, incredibile. Comunque, per sicurezza, caricai l'automatico: con quelli non sapevi mai.

Vicino alla casa mi venne quasi paura. Notai che avevano costruito una latrina nuova. Allora mi passò il timore e risi.

«Che ridi?» chiese l'oste.

«Guardavo il cesso.»

A quel punto rise anche lui. «Ne sai qualcosa tu, o no?»

«Non so niente» risposi.

Così, con una certa apprensione, seguii l'oste varcando la soglia della casa proibita. Era un posto desolante. Disordine ovunque, bottiglie vuote negli angoli, sporcizia, nel secchio piatti e scodelle con le croste. Unici oggetti puliti che notai, i fucili appesi alle pareti. Almeno otto, tra robe a palla e doppiette. Poi vidi lui, il nemico giurato. Stava di schiena, su una specie di larga cesta in vimini. Guardava dalla finestra, immobile, silenzioso. Manco voltò la testa a capire chi fosse entrato. Emergeva dalla cesta con l'intero busto, ritto, largo come un armadio, giacca di fustagno sulle spalle. Non portava il cappello come di solito usavano entrambi.

Osservai i suoi capelli fitti, corti, grigiastri. Dei Legnole mi ha sempre colpito il crine. Avevano capelli da riempire un materasso. Io, che ne avevo pochi, li invidiavo assai.

L'oste si piazzò davanti a Gildo, che non si mosse di un millimetro.

«Bondì, indovina chi è venuto a trovarti?»

A quel punto mi portai pure io di fronte all'invalido. Forse sentì l'odore della preda, o intuì qualcosa. Sta di fatto che alzò la testa e mi fissò come pietrificato. Vidi un uomo finito, impaurito, sorpreso, deluso, disperato. Non è facile, quando si è camminato tutta la vita, trovarsi paralizzati su una sedia.

Ma, quando per un attimo lasciò le difese, colsi nei suoi occhi la ferocia della belva che vuole sangue.

«Come stai, Gildo?»

Nessuna risposta. Mi avvicinai un poco. Subito infilò la mano nella tasca dei pantaloni. Scattai indietro, pensando al serramanico. Invece no. Tirò fuori la borsa del tabacco e arrotolò una sigaretta.

Stando a debita distanza, dissi: «Mi dispiace vederti così, Gildo. Era meglio saperti sano a corrermi dietro».

Nessuna parola. Mi guardò con odio, la cicca in bocca. Alzò la destra, me la puntò addosso e fece il gesto di premere il grilletto. Io son uno che non cerca vendetta, però se a un nemico gli va storta me la godo. Eccome se me la godo. Ma di fronte al gemello paralizzato non godetti per niente. Provai tenerezza, pietà, comprensione. Povero diavolo! Tutto quell'odio, quella vita sprecata, sempre all'attacco, con la bava alla bocca, incarognito dalla nascita.

E ora? Uno in galera, l'altro infermo. Avevo la prova della loro sconfitta davanti agli occhi e non gioivo per niente. Erano soltanto due poveri disgraziati. Anche se mi avevano reso l'esistenza un inferno, dimenticai di colpo ogni pena. Tesi la mano a Gildo dicendo: «Dài, facciamo pace, non ha più senso tirarla avanti». Non mosse un dito né parlò. «Gildo, qua la mano» ripetei. Niente. Rimanemmo con lui quasi un'ora e la sua bocca non si aprì. Mi accorsi che la stufa era spenta. Allora preparai la legna e accesi il fuoco. Guardava quel che facevo senza stupore né curiosità, ma con un odio impotente da mettere paura.

Mi avvicinai e gli dissi: «Gildo, mettiamo via la rabbia. Sto qui alcuni giorni, se permetti torno a trovarti, parliamo, chiariamo, siamo stati amici». Alzò di nuovo il braccio nel gesto di premere il grilletto. A quel punto dissi all'oste: «Andiamo». E tornammo all'osteria Pilin.

Rimasi in paese una settimana. Tutti i giorni scendevo a far visita al "nemico". Entravo con le dovute cautele, che non fosse armato. I fucili stavano appesi al loro posto. Poteva avere una pistola e il coltello. Invece niente. Sparava solo a gesti. Ma sempre meno. Finché gli ultimi due giorni non sparò più. Mi parve avesse mollato anche lo sguardo feroce. Seguitava a non parlare. Al suo posto parlavo io.

Gli dissi che non era necessario bruciare la casa di Guido con lui dentro.

Mi guardò fisso e finalmente aprì bocca. «*Pensevìon ca nol fuss*»[28] bofonchiò.

Non era vero, avevo visto in sogno la morte del mio amico.

Gli sistemai un po' la casa alla meglio.

Una mattina entrò la donna che aveva causato tutto. Me lo disse lei.

«Tu non c'entri» risposi. La pregai di pulire un po' dappertutto, stoviglie comprese. Promise che sarebbe rimasta con lui, per aiutarlo. «Il minimo che posso fare» disse.

Ogni tanto pensavo al gemello in galera. Chissà che la reclusione lo cambiasse un poco. In meglio, intendo. Notavo in Gildo una resa, seppur non m'illudevo. Ma Gianco? Lui non era paralizzato, stava bene: forte, sano, rabbioso. Quando usciva ero ancora in pericolo? O avrebbe dimenticato ogni rancore? Occorreva aspettare. Male che andasse, avevo dieci anni buoni da godermi. Poi riflettei che Gianco non era tipo da restare chiuso dentro. E nemmeno Gildo. Ma Gildo ormai stava in una prigione dalla quale non sarebbe uscito mai più. Era messo peggio del fratello. Immaginai che il recluso avrebbe combinato qualcosa. Risse, casini, aggressioni. Nessuno domava i Legnole.

Invece fece quello che non mi sarei mai aspettato. Ma devo andare per ordine.

Rassettai un poco la mia casa. Poi andai all'osteria e con-

[28] Pensavamo non ci fosse.

segnai le chiavi a Pilin. «Usala pure» dissi, «te la lascio. Tienila in ordine.»

«Dove vai?»

«In un posto dove qualcuno mi aspetta, qui non ho più nessuno.»

«Qui hai tante cose» replicò l'oste, «soprattutto ricordi, solo che non hai mai saputo vederli.»

«Mi basta vedere la gente per decidermi a partire.»

«La gente di qui sei anche tu, non dimenticarlo.»

«Hai ragione» dissi, «forse sono io quello storto, motivo in più per andare.» Lo salutai abbracciandolo.

Passai la mia ultima notte nella mia vecchia casa, tra i ricordi, come aveva detto l'oste.

Ero avvilito, stanco, indeciso. Guai se all'orizzonte non ci fosse stata la mia Consalba. Avrei fatto il barbone in qualche città. Invece lassù, nelle aguzze Dolomiti, tra i Cadini e il lago avevo le tre A: amore, amici, aiuti.

Prima di partire rischiai la vita causa due ubriachi complici dei gemelli. Stavo recandomi da Pilin a salutare tutti. Ero arrivato, sentivo i canti dietro l'angolo. All'improvviso qualcuno mi saltò addosso gridando che dovevo morire. Erano due. Finii in terra. Mi calpestavano con gli scarponi e calci nelle costole.

Ricordai che tenevo nella giacca il ronchetto sequestrato ai Legnole. Lo cavai e iniziai a rotearlo. Presero paura e scapparono.

Pilin si accorse che ero agitato. «Che è successo?» chiese.

«Niente, niente, un piccolo segnale che è ora di partire.»

Se avessi avuto Papo mi avrebbe difeso, ma lo avevo chiuso in casa per paura che Gildo lo ferisse.

Non portavo più in giro nemmeno l'automatico, da quando avevo realizzato che il gemello era inoffensivo. Quell'imprudenza quasi mi costava cara.

Prima di prendere la mia strada tornai da Gildo. Mi sedetti di fronte a lui. Ardeva il fuoco nella cucina e regnava un ordine inatteso. La donna s'era data da fare.

Estrassi il ronchetto e glielo consegnai aperto.

«Tieni, è vostro.»

Ero pronto a scattare se lo avesse usato. Invece lo chiuse e lo mise in tasca. Senza dire una parola. Sul tavolo c'era mezza bottiglia di vino. Riempii due bicchieri. Ne porsi uno a Gildo. Prima di afferrarlo col badile della sua mano, mi guardò.

«Viva» dissi.

Alzò il bicchiere in segno di evviva e lo trangugiò. Io pure. Stava sempre con la schiena alla porta, lo sguardo perforava la finestra. Guardava l'autunno. Scrutava quei boschi che non avrebbe più calpestato. Cadevano le ultime foglie, e con esse la ferocia dell'uomo sconfitto, il suo rancore, la sua spietata voglia di vendetta. Tutto quel che c'era di male in Gildo ora veniva meno. Non per un pentimento tardivo, una pacata riflessione sulla vita sbagliata, o la scelta di essere più buono con gli altri. Niente di tutto questo. Gildo Legnole si era arreso perché non aveva più il sostegno del corpo, attrezzo sul quale sia lui che il gemello avevano puntato tutto. Forza fisica per risolvere problemi, zero cervello per diventare migliori. Ecco perché l'uomo che avevo di fronte non parlava né si muoveva. Era stato tradito dal suo corpo, non aveva altro dove aggrapparsi.

Un essere umano qualsiasi, al suo posto, avrebbe ingannato il tempo: leggendo, facendo qualcosa con le mani, intagliando bastoni, costruendo cesti, scrivendo memorie. Gildo Legnole no. Non sapeva fare niente e il tempo immobile lo annientava.

Anni dopo mi raccontarono che passava tutto il giorno a pulire i fucili. Puntava prede immaginarie fuori dalla finestra e faceva *pum* con la voce. Ma tutto questo avvenne dopo, un po' alla volta, lungo gli anni che trascorse immobile. Finché un giorno la donna che lo accudiva lo trovò morto. Aveva fatto *pum* contro se stesso. Stavolta non con la voce, ma con una cartuccia a pallettoni.

Era inverno, la neve copriva il mondo. Le anse gelate giù al Vajont alzavano le nebbie del mattino, creando fiori di brina e arabeschi sui cespugli. In quel silenzio invernale, nella pace dei boschi addormentati, un uomo solo, senza pace e senza gambe, aveva deciso di farla finita.

Lo sparo scosse i fiori di gelo, che crollarono frantumandosi. I cespugli liberati parvero respirare. Forse anche Gildo Legnole fece l'ultimo respiro rilassato, finalmente libero da se stesso.

Queste notizie le seppi dopo, durante un fugace ritorno al paese. Pare, ma non è certo, sia stata la donna a fornirgli la cartuccia fatale. Questo non ha importanza, chi vuole uccidersi un modo lo trova. Lei ereditò la casa. Nemmeno Gianco viveva più.

Ma devo andare per ordine. Quel giorno, di fronte a Gildo nella cesta come un uccellino nel nido, dopo aver bevuto un bicchiere di vino, avevo fatto l'ultimo tentativo di pace. Gli tesi la mano dicendo: «Devo andare, ma tornerò».

Mi guardò dal basso verso l'alto. Dopo una lunga pausa, strinse la mia mano con la forza dell'ultimo addio. Distolsi lo sguardo dal suo, non volli farmi accorgere che gli avevo visto una lacrima. Fu l'ultima volta che lo vidi.

Avrei voluto restargli accanto. Strana la vita! Da un anno fuggivo dai Legnole, disperato e spaventato. Ora ne avevo uno ai miei piedi, inerme, e avrei voluto rimanere con lui, tenergli compagnia.

«Tornerò a trovarti, Gildo, tieni duro.»

Fece un cenno con la mano e riprese a guardare i boschi e le montagne oltre la finestra, divenuta ormai il suo cielo di vetro.

Recuperai Papo, zaino, fucile, e mi avviai al mio destino, forse quello di una vita migliore. Sulla porta del cimitero c'era la vecchia. Pareva sapesse che arrivavo. O era un animale che intuiva. La salutai. «Buona vita, io parto, e starò via molto».

«La vita per me è finita, e non è stata buona. Riguardati e fa' il bravo. Quando tornerai io non ci sarò più.» Fece un segno con la mano come a dirmi buona fortuna. «Porta con te la benedizione dei morti» disse. E sparì ingoiata dal camposanto.

Stavo per seguirla, volevo salutare Guido. Ma tirai dritto. La figura minuta, lo sguardo antico e le sue parole mi sarebbero bastate come viatico.

Percorsi a ritroso i luoghi dove avevo nascosto le armi. Raccattai tutti i fucili, con l'intenzione di regalarli ai Quinz. Dopo due giorni nelle mie zone, confuso e triste, approdai all'antro di Bosconero.

Novembre era già lì che mi aspettava. Freddo, ombra, alberi spogli, terreno duro sotto i piedi. No, non reggevo un altro inverno in quelle terre desolate. Fisicamente ce l'avrei fatta, non temo niente, io. Ma il pensiero era già arrivato a Misurina, a Sappada. Agli occhi pazzi di Consalba. E a quelle vette che tagliavano il cielo con acuminati coltelli di pietra.

Rimasi tre giorni e tre notti al Bosconero. Da una parte il desiderio di andare dal mio amore era prepotente. Dall'altra, il pensiero di lasciare i luoghi natii, forse per sempre, mi fiaccava come una malattia. Ero triste. In quei tre giorni volli depositare nella memoria più ricordi possibile, più emozioni, più visioni, più cose da conservare. Scolpii nel bronzo del mio cuore tutto questo. Come un orafo incide a bulino un collare d'oro, io scrissi l'addio con la sgorbia della riconoscenza.

All'alba di un novembre freddo, sotto un cielo di pietra che indicava neve, con la brina scricchiolante sotto i piedi, abbandonai l'antro, e puntai verso il Cadore. Portavo un fascio di fucili, per l'esattezza cinque, munizioni, alcune carabattole, qualche giaccone e nient'altro. Il resto, pentole, stoviglie, asce, segoni, roncole eccetera restarono nelle tane della mia fuga. Un giorno, magari lontano, sarei tornato in quelle zone, come turista della memoria, per abbandonarmi ai ricordi. Dopo averle narrato la mia odissea, avrei portato Consalba a conoscere i luoghi che mi avevano visto naufrago di terraferma.

Mentre scendevo carico di pensieri tristi, udii uno scalpiccio dietro la schiena. Di lui mi ero dimenticato, al paese non era venuto. Ora camminava accanto a me: il capriolo Guido. Mi tirò una testata sul fianco tanta era la foga di seguirmi. Gli detti un po' di pane che tenevo nella giacca. Lo rifiutò. Lo divorò Papo, con uno schiocco di ganasce.

Pian piano calammo fino al ponte di Macchietto. Prima di mettermi sulla statale, nascosi per bene i fucili. Sarei tornato a prenderli assieme a Valerio, con la sua auto. Infilai la strada verso Pieve e Auronzo. A quel punto, Guido capriolo si fermò. Mi guardò con occhi dolci, fece dietrofront e tornò verso i monti.

Giurai che appena sistemato sarei tornato a prenderlo, gli avrei fatto conoscere i boschi nuovi dove intendevo stabilirmi. Camminai piano sognando i nuovi amici e la mia Consalba. Nell'aria circolava l'odore dell'inverno imminente. Ombre scure salivano ai monti con passo lento. Le auto sfilavano una dopo l'altra. Pareva avessero fretta di riportare a casa i guidatori accanto alle stufe.

Avevo fretta anch'io di arrivare ad Auronzo, prima tappa del mio ritorno. Vidi sulla sinistra un'osteria. L'insegna recitava AL CAMINETTO. Forse là dentro ardeva un fuoco. Il nome lo diceva. Lasciai fuori Papo ed entrai. Il fuoco c'era davvero, alcuni avventori bevevano. Nel piccolo spiazzo esterno stava parcheggiato un camion vuoto. Ordinai una birra grande. La gente è curiosa quando vede un forestiero malmesso con un grosso zaino in spalla. "Dove va, dove non va, da dove viene?"

«Devo andare a Misurina, ma forse mi fermo ad Auronzo.»

Un uomo in piedi al bancone si voltò. «Sei a piedi?» domandò.

«A piedi» risposi.

«Solo?»

«No, ho un cane qui fuori.»

«Vai a prenderlo» disse l'uomo, «può stare con noi.»

Ancora una volta qualcuno aiutava il mio Papo. Camminavo nella terra dove i cani sono benvoluti.

«Ho sentito che vai a Misurina» disse l'uomo.

«Sì, ma mi basta arrivarci domani.»

«Se ti va, puoi arrivare stasera. Io vado su tra poco a caricare tronchi, ho il camion qui fuori.»

L'idea di rivedere gli amici e avvicinarmi a Consalba mi fece dire: «Magari!». Così montai sul mezzo dopo aver bevuto un'altra birra con l'autista. Si chiamava Gianéra e guidava come un pazzo. Ogni tanto si fermava davanti a qualche bettola. Tutte sulla destra, per comodità di ripartenza. L'indomani avrebbe caricato legni antichi per la segheria De Pol di Cima Gogna. Una bella persona, quel Gianéra. Saputo che ero pratico in bosco, mi offrì di lavorare con lui.

«Terrò buona la proposta» dissi, «ma prima devo salire lassù a sistemare alcune cose.»

«Se cambi idea, cercami da De Pol, digli che devi parlarmi.»

«Grazie, terrò presente.»

Tra una chiacchiera e l'altra, giungemmo a Misurina. Abbracci e pacche sulle spalle coi Quinz che, dopo avermi rifocillato, mi assegnarono una bella stanza con vista lago.

Davanti a un bicchiere, dissi a Valerio che volevo disfarmi dei fucili. Glieli avrei regalati, bastava andarli a prendere.

«Li tengo volentieri, ma voglio pagarli.»

«Non se ne parla nemmeno» dissi, «al massimo paghi un fiasco di vino.»

«Anche dieci» rispose.

A noi si era aggregato Gianéra. Poi arrivarono Gianni Pais, Alziro Molin, Bano, Osvaldo e altri. A una certa ora arrivò anche Pintossi, che aveva chiuso la pizzeria. Assieme a lui un giovane alto e magro, i capelli intrecciolati. Disse che faceva il casaro alla malga Misurina, di suo padre. Si chiamava Gioele e mi andò subito a genio.

Proposi a Valerio di recarci l'indomani a recuperare le armi, poteva mutare il tempo, nevicare. Fu d'accordo. Intanto le avrebbe custodite lui, in seguito avremmo fatto il passaggio. Dovevo tornare a casa a prendere i relativi documenti. Ma c'era altro da fare prima, soprattutto incontrare la mia ciclista.

Il giorno dopo recuperammo i fucili. Non appena traversai il ponte di Macchietto, due occhi dolci mi attendevano. Era il capriolino. Come faceva a sentirmi arrivare resterà un mistero. Forse, come ho detto, veniva da altri mondi, dal regno dei morti, forse era davvero l'amico Guido.

Valerio non credeva ai suoi occhi. «Lo hai allevato tu?» domandò.

«No, no, si è avvicinato lui, di sua volontà.»

«Incredibile.»

Quando ce ne andammo, la bestiola riguadagnò il bosco. Provai una stretta al cuore da piegarmi a terra. Fu in quel momento che pensai un'idea balzana, per non dire folle.

Tornammo a Misurina. Il vecio Quinz, nel frattempo, mi aveva trovato una casetta minuscola, tutta in legno, costruita dalla ditta Rubner. Stava in un bel prato, poco sopra la statale, vicino al ristorante Pintossi. Avrei passato l'inverno tra quelle pareti di pino cembro, assieme a Consalba.

Ma sto correndo troppo.

Sistemai un po' la mia nuova tana, accesi il fuoco in una grossa stufa di ghisa. Sepp Quinz aveva preparato una catasta di legna secca, coperta da lamiere. Ero a posto. Dopo tre giorni, partii di buon'ora per Sappada. Qualcuno voleva portarmi in auto, ma preferii le gambe. Mi piaceva osservare, scoprire, stupirmi.

Quando fui a Santo Stefano si fermò una macchina e suonò. Era Ivano Mattea, sindaco di Danta, col figlio Danny.

«Dove vai?» chiese dal finestrino.

«A Sappada.»

«È mesi che sei sparito, dov'eri finito?»

«In giro» risposi.

«Monta che ti porto io, stavolta non puoi dire di no.»

Salii con loro e chiacchierando giungemmo a Plodn. Tappa obbligatoria da Jacum al Ti Spiazza. L'amico mi abbracciò come un fratello maggiore. Sbirciai di lato, la bicicletta non c'era. Bevemmo qualche birra con un tagliere di pane e speck offerto dalla ditta. Dopo un'oretta buona dissi a Ivano: «Già che sei così gentile, mi daresti uno strappo fino a Cima Sappada?».

«Ti porto io» disse Danny. Così andai su col giovane Mattea, persona di una bontà disarmante. Sullo spiazzo davanti a casa di Furia Consalba alzai gli occhi e notai la tendina spostarsi di due dita. Non aveva perso il vizio di curiosare. La curiosità era il suo debole più forte. Non riusciva a sottrarsi. Se per esempio dicevo "Mah", non cedeva finché non avevo chiarito il motivo di quel "mah".

Salutai Danny, lo ringraziai promettendo che ci saremmo visti alla locanda dei Quinz, dove lavorava.

«Ringrazia anche tuo babbo» dissi.

Entrai, un po' intimidito e un po' imbarazzato. La chiamai nella penombra. Feci ancora un passo e mi trovai una pistola puntata alla tempia.

«Mani in alto» gridò la sua voce.

L'abbracciai.

«Mi hai fatto spaventare» dissi.

«Questa cosa ci faceva qui? E cosa ci facevi con questa?»

«Mettiamoci seduti, ti racconterò una storia.»

Aveva trovato l'arma in fondo all'armadio, adesso bisognava chiarire.

Mise a scaldare un minestrone duro come sasso. La stufa andava al massimo, aveva delle birre nel frigo, buone, fresche, e grandi. Durante la cena, fino al caffè e anche dopo, le raccontai per filo e per segno la mia vicenda. Allora capì il motivo della pistola.

«Adesso non ti serve più, uno è morto, hai detto, e uno in galera.»

Le comunicai la novità della casetta Rubner.

«Potremmo abitare un po' di qua un po' di là» dissi, «sei mesi a Misurina, sei a Sappada.»

«Perché segnare date?» brontolò. «Stiamo dove ci piace di più e per quanto ci pare. Impara a seguire l'istinto, a sentire ciò che desideri.»

Un tantino piccato, dissi: «Siamo in due a decidere, se c'è una cosa che non mi piace è comandare, imporre la mia legge, decidere per gli altri».

Si avvicinò, mi cinse le braccia intorno al collo e fissandomi negli occhi disse: «Con me avresti sbagliato tipo, caro mio. Nessuno ha mai deciso per me. E ti avverto, non ci provare nemmeno per scherzo. E adesso fila a lavarti, puzzi di muschio e foglie marce».

Che dire? Niente, lavarsi e basta. Rimasi con lei una settimana, poi tornai a Misurina. Era tempo di neve, dovevo affrettarmi a fare ciò che avevo in mente.

Cercai Gianéra. Mi dissero che l'avrei trovato da Onorata, al bar-negozio. Ci bevemmo una birra, poi un'altra. Non osavo avanzare la mia richiesta. Alla terza, dissi: «Verresti con me, domani?».

«Dove?»

«Mi serve il tuo camion. Un viaggio breve, andata e ritorno.»

«Ma dove?»

«Te lo dirò quando siamo là.»

«Va bene. Allora a domani, alle dieci può andare?»

«Alle dieci qui davanti.»

Diego, figlio di Onorata, ci offrì due Theresianer. Scolate quelle, ce ne andammo.

Al mattino partii con Gianéra e Papo verso Auronzo, Pieve e oltre. A ogni paese l'amico chiedeva: «E adesso?».

«Vai avanti. Qui gira a destra, lì vai a sinistra.»

Così arrivammo a Macchietto. Parcheggiato il mezzo, dissi: «Seguimi». Traversammo il ponte. Le pietre del torrente erano coperte di brina. Un vento gelido s'incanalava nella valle come in un tubo. Fuori dal cunicolo veniva a tagliarci le orecchie senza pietà.

«Dove mi porti?» chiese Gianéra.

«Appena qui sopra, nel bosco.»

Ero un po' in ansia, pensavo non venisse. Invece il capriolino sbucò. Si avvicinò a leccarmi la mano. Papo leccava lui sul muso.

«Incredibile» brontolò l'amico.

Tirai fuori una cordicella, legai la bestiola e, come avesse capito, mi seguì docilmente fino al camion. Papo, lui e io ci accomodammo nel cassone, Gianéra al volante partì.

Per far salire il capriolo tirammo giù la sponda e lo sollevammo di peso. Aveva forse paura, s'accoccolò tra me e Papo. Arrivammo a destinazione. Portai la bestiola alla malga Misurina, chiedendo se me la ospitavano.

«Non c'è problema» disse Gioele.

Da quel giorno Guido ebbe una casa, del fieno e degli amici. Dormiva nella stalla, con le vacche. Al mattino partiva a farsi un giro per i boschi. Appena avevo tempo andavo a trovarlo. Era diventato l'idolo di tutti, e tutti lo proteggevano.

Valerio Quinz disse: «Se stessi per crepar di fame, preferirei morire che ammazzare quella creatura».

Mandai a dire a Consalba che poteva venir giù ad abitare con me nella Rubner. La attrezzammo di tutto quel che serviva. Lei curò il nido come un vaso di fiori d'estate.

Ero molto contento. Solo una cosa mi disturbò, ma non dissi niente. Appena arrivata inchiodò delle tendine alle finestre. Non vedevo più il lago, né la guglia De Amicis, né le tre cime. Maledizione!

Iniziò così la mia nuova vita, la mia alba tardiva ma limpida e raggiante. Il lavoro non mancava. Potevo gestire impianti di risalita, battere piste di fondo o di discesa, tirar giù tronchi dai canaloni. E pure lavar piatti nei ristoranti.

Innocente, padre di Gioele, mi offrì impiego alla malga. Consalba lavorava a ore un po' qua un po' là negli alberghi. Soprattutto da Onorata, al banco alimentari. Per la prima volta percepii qualcosa che, credo, potevo chiamare felicità. E per la prima volta capii cosa significa amare una donna. Quella, solo quella. Verso fine novembre nevicò. Nevicò come usa da quelle parti. Metri di bianco coprirono tutto. La stufa andava giorno e notte. Stavamo accoccolati come in un nido. Ogni tanto veniva Silvio Fauner a insegnarmi lo stile giusto nello sci di fondo. A volte andavo da lui, a Plodn, dove anche Piller Cottrer e De Zolt mi davano dritte per spingere bene.

Mi divertivo, avevo un futuro, qualcuno cui voler bene.

Ma quell'inverno successe qualcosa di brutto. Andò a fuoco in piena notte, alle ore tre, la locanda dei Quinz. Fuggirono quasi nudi a meno venti sotto zero. Padre, madre e i tre figli. Papà Valerio piangeva, aveva perso tutto. Ma non cedettero alla mala sorte. Con l'aiuto di un amico, il grande alpinista Roberto Sorgato, si rimboccarono le maniche e rifecero da capo ogni cosa. Alcuni anni dopo, parlando con Lorenz, uno dei figli, mi disse: «La peggior esperienza della mia vita».

Così, tra un periodo a Sappada e uno a Misurina, trascorsi due anni di pace, serenità e soddisfazioni. Ogni tanto io e Furia si baruffava. Risse violente con mani e piedi. Carattéracci entrambi, a volte esplodevamo per stupidaggini. Ma non passava un giorno senza far pace. Piano piano, quella donna mi insegnò a essere migliore. E la ringrazio. Senza vanità, oso dire che anche io ho insegnato qualcosa a lei. La vita a due è come un trasloco: qualcosa si perde, qualcosa si trova.

Onorata vendeva anche giornali e riviste. Ogni tanto leggevo. Ho sempre amato leggere. Una mattina comprai un quotidiano locale. Stava arrivando primavera. La seconda che prendevo lassù. Mentre sorseggiavo la solita Theresianer, sfogliavo le pagine quasi distratto.

Mi colpì una notizia. Nel carcere di Baldenich, un detenuto si era tolto la vita impiccandosi. Aveva ridotto a strisce i pantaloni, cavandone la treccia fatale. Con quella era andato all'altro mondo. Il giornale riferiva nome e cognome e il motivo della carcerazione. Aveva sparato al fratello gemello, alla schiena, rendendolo infermo per il resto dei giorni. Che furono pochi. Gianfranco Legnole. Veniva dai monti selvaggi di un paese remoto. Ma lassù non tornò.

Non avendo nessuno, lo seppellirono da qualche parte. Corse voce che lo avevano cremato. Non lo so e non mi interessa. Chiusi il giornale, respirai e mi sentii liberato. Gianco, prima o poi, sarebbe uscito. Non dimenticava. Mi ci volle tutto il giorno a convincermi che era finita. Ma non ero felice. Perdere i gemelli fu perdere un po' di me. Solo quando non esistono più scopriamo che certe persone ci mancano.

Ora che i gemelli erano morti, quasi quasi ne sentivo la mancanza. Paradossalmente mi mancava la loro caccia. L'uomo davvero non è mai contento. Due anni prima li avrei voluti stecchiti, secchi. Adesso lo erano e mi dispiaceva.

Mi rimaneva un bel ricordo: l'ultimo incontro con Gildo. Brindò con me, strinse la mia mano, forzò una lacrima. Forse si era ravveduto? Pentito? Difficile. Quel giorno di inizio primavera non uscii più dal bar di Onorata. Mi ubriacai da non reggermi in piedi. Venne a raccattarmi Consalba. Mi dissero che sbraitò, ma non ho memoria di questo. Stavo nel mondo dei rimorsi, ero al di là del confine, nella terra del non ritorno. I Legnole non sarebbero più apparsi, spariti, dimenticati, polverizzati. Vite sbagliate, barbare, ottuse.

E ora? Qualche anno e nemmeno più un ricordo, una memoria, nulla. Tanta rabbia, tanto odio, tanta voglia di vendetta per finire così, miseramente. I gemelli Gianco e Gildo Legnole sbraitavano che avrebbero ucciso qualcuno. Alla fine uccisero soltanto se stessi.

Io cercai di cominciare a vivere.

Erto, 28 gennaio 2022, ore 1.15, notte fredda a -8

Indice

AUTUNNO

9 Novembre
21 Dicembre

INVERNO

73 Gennaio
115 Febbraio
131 Marzo

PRIMAVERA

163 Aprile
198 Maggio

ESTATE

211 Giugno
222 Luglio-agosto
230 Settembre

UN NUOVO AUTUNNO

251 Ottobre
264 Novembre

Mondadori Libri S.p.A.

Questo volume è stato stampato
presso ELCOGRAF S.p.A.
Stabilimento - Cles (TN)

Stampato in Italia - Printed in Italy